钱穆先生学术年谱

【卷五】

韩复智 编著

全国百佳出版社
中央编译出版社
Central Compilation & Translation Press

一九五八年　戊戌　六十四岁

一　国内大事

"中央研究院院士会议",选出一九五七年度院士杨振宁、李政道、吴健雄、潘贯、朱兰成、蒋廷黻、姚从吾、劳干、蒋硕杰等十四人。

"国防部"正式宣布:台湾海峡情况紧张,金、马前线及台湾全省进入紧急备战状态。

八月二十三日起,中共猛烈炮击大小金门,迄十月六日,共发射炮弹四十四万四千四百三十二发。

二　事略

先生续任教新亚书院,并负责院务和所务。

三　著述

二月,《中国文化与科学》,刊于《中央日报》、《新生报》、《幼狮杂志》七卷二期。收入联经《钱宾四先生全集》第四十三册《世界局势与中国文化》,二〇〇一年素书楼文教基金会·兰台出版社整理新版印行。页二六二~二八四。摘要如下:

一

中国人并非没有科学智慧,抑且中国人在科学界亦有卓越成就,绝不逊于其它民族。中国文化亦非反科学,有使科学绝不能在中国文化里生长之内涵性质。西方现代科学,亦自最近三四百年来始产生。叙述西方科学史,固可远涉及于希腊及远古,但现代科学之正式产生,却是崭新的一事件。因此现代科学之开始产生于西欧,此乃一种历史机运,并不当涉及文化本质问题。

二

西方现代科学传入中国，在中国获得其理想发展之后，是否与中国传统文化有冲突？当从两方面讨论：（一）就物质方面言。近人常说，西方是物质文明，东方是精神文明。此一分辨，实不恰当。当知科学便是一种精神事件，我们绝不当从纯物质方面的观点来看科学，而且精神与物质，亦难严格为开。有物质便寓有精神，而且精神亦必在物质上表现。中国传统一向亦并不忽视物质生活，中国古人常以"衣冠文物"夸示其文化之优异，可见中国人一向亦以物质进展来代表文化之进展。《易经》言"开物成务"。《左传》言"正德、利用、厚生"，求厚生必先知利用物质。求能利用物质，必先懂得正德。《中庸》"尽人之性"、"尽物之性"，皆正德也。尽人之性，又能尽物之性，乃始可以赞天地之化育，与天地参。这即是"人工"与"天德"之合一。

（二）就精神方面言。中国人一向重视现实与应用，亦可说重视事实与证验。此一点，亦即是中国文化精神。中国人一向所重，乃在道德与教育。道德乃是一种人类之躬行实践。《论语》说："人能弘道，非道弘人。"离了人生实践、道德便不存在。中国人只是实事求是，在躬行实践中求体悟有得，此是中国文化精神。

其次，中国思想极重天人合一。因人类处于大自然之中，人类一切行动事为，不能不顾及大自然，亦不能不与大自然期求一和会合一之道。此即中国人之所谓"天人合一"。但中国人之所谓"天"，每主即于人以见天，因人自天来，故天即在人身上表现。除人外，尚有物。物亦自天来，故中国人又主即于物以见天。孟子说："莫之为而为者谓之天。"此语最道出了中国人心中"天"字之真体段与真意义。中国人心中之天，乃是一最高不可知境界，而实隐隐作为此一切现实可知界之最后主宰。一切现实界种种事象，或由人道起，或由物理生，此皆可知；而除此之外，尚有不为人类知识所能知者，中国乃谓此为"天意"或"天命"。在目前科学知识之最高限度外，仍有一不可知境界，此正与中国人思想中之所谓"天"相近。由此言之，又安得谓中国传统文化精神乃与西方现代科学精神相冲突而不能并存乎？

三

窃谓科学任务应可分为三方面：（一）格天。（二）格物。（三）格心。西方现代科学，于"格物"方面成绩卓著，但在"格心"方面，则似尚有缺。中国文化传统，于此方面，能直接注意到实际的活的人心，其成就似较西方现代心理学远为超越。中国人自有一套心理学，即所特有的一种"心性之学"。中国的此种心性之学，仍是注重在躬行实践与历久观察。中国传统文化，关于人伦道德、政治社会一切理想与措施，乃悉以其所认识之心性之学作基础。亦可谓中国之文化精神与道德精神即以其心性之学为中心。而此种心性之学，则实具有现代之科学精神者。

再次言"格天"之学。此项学问，应由格心、格物之学两面凑合而逼近之。西方现代科学，本由天文学开始，而转入物理学。照中国人意见，物亦是天，则格物越深，亦即对天之认识益深。故格天之学，必有赖于格物与格心；而格心之学，则有赖于治史。而此天与物与心与史四者之融凝合一之一极大理想，则只在中国思想中早有存在。故西方现代科学，实乃对中国传统理想有充实恢宏之作用。而西方现代科学之传入中国，专就精神方面言，必具如此认识，乃可以别开生面，更有进展也。

四

孔子有言："知之为知之，不知为不知，是知也。"故人类知识最正当与最可贵之处，正在其同时知有所不知。知与不知之谨严分别，此亦科学精神之主要一项目，而同时为中国传统精神之所重。然人类所不知者，实远超过于人类之所知。因此科学家首先当谨守"知之为知之，不知为不知"之明训，同时则于其科学范围之专门探讨之外，必具有一番人文修养。而人文修养则必可相通共认。如是，始可于同一文化中有相悦而解之乐，亦可于各自探求中，有百川汇海之效。

三月，《中国文化与中国文学》，刊于香港《人生杂志》十五卷九期。台北《幼狮学报》一卷一期重载。收入联经《钱宾四先生全集》第四十五册《中国文学论丛》。二〇〇一年又收入素书楼文教基金会·兰台出版社《中国文学论丛》。编按：本篇要义略同于一九四二年《中国民族之文字与文学》，已加摘要，兹略。

九月，《孔道要旨》，刊于《新亚生活》一卷十期。收入联经《钱宾四先生全集》第五十册。《新亚遗铎》，页一七一～一八一。摘要如下：

孔子在中国，一向被尊为"至圣先师"。孔子之伟大处，正在教我们以人道，即人与人相处之道，即教我们如何立身处世，在社会上做一人。孔子的教训，以道德始，也以道德终。孔子所讲的道德，却并无甚深玄义，人人能懂、能说、能做。也许有人要问：孔子所讲已是旧道德，能否继续应用在今天？我们且看，曾子说的："夫子之道，忠恕而已矣。"怎样叫作"忠"？忠就是自尽己心。我们做任何一件事，都该尽我十分之十的心，若仅用到七八分，那就是于己心有不尽，那便是不忠。这样说来，又有什么新旧之分呢？何谓"恕"？恕是推己及人，若别人对我如此，我会不高兴，我为何可以如此对人呢？

孔子又常讲"孝"。"五四"以来，一般人批评孝是封建的，有阶级性的。但如果我们自己做了父母，又盼子女如何呢？"己所不欲，勿施于人。"我们懂得这个道理，却早已是孝道了。因此孔子所讲的道德，只是普通人共有的一种内心之觉。你自己总不喜欢别人对你不忠不信，你自不该以不忠不信对人。可见讲忠信，便是讲恕道。孟子是很推敬曾子的，他在忠恕以外，又提出了两个字：曰"爱"、曰"敬"。人谁不喜欢人家爱、人家敬？所以我也该爱人、敬人。孟子曰："爱人者人恒爱之，敬人者人恒敬之。"一个人若能得到大家的爱、敬，岂不就是人生最高幸福吗？

我们今天听到孔子的话，若我们今天就去做，那今天便是一有道德的人。明天亦然。天天如此做，便是下学而上达，可以直上达"天德"。孔子之道，若从简易平直处讲：在古代是孟子，后代是阳明。若从复杂周备处讲：在古代是荀子，后代是朱子。孔子只是从先知觉后知，先觉觉后觉。孔子之道，还是在人身上，在人心中。但孔子之道，正贵人由身由心去实践。孔子之道，必要配上活的人，才见其为道的。

八月，《两汉经学今古文平议》，由香港新亚研究所印行。一九七一年台湾初版发行由三民书局总经销。一九七八年台北东大图书公司据原版影印刊行。收入一九九八年台北联经《钱宾四先生全集》第八册。摘要如下：

自序

本书共收文四篇：
一、《刘向歆父子年谱》
二、《两汉博士家法考》
三、《孔子与春秋》
四、《周官著作时代考》

清儒治学，始终未脱一门户之见。其先则争朱、王，其后则争汉、宋。其于汉人，先则争郑玄、王肃，次复争西汉、东汉，而今、古文之分疆，乃由此而起。其治今文经学者，其先则争《左氏》与《公羊》，其次复争《三家》与《毛》、《郑》。其于推寻家法，紬绎坠绪，未为无功。而缒之愈幽，凿之益深，流遁而忘反，遂谓前汉古文诸经，尽出刘歆伪造，此则断断必无之事也。本书第一篇《刘向歆父子年谱》，即对此而发。

清季今文学大师凡两人，曰廖季平与康有为。康著《新学伪经考》，专主刘歆伪造古文经之说，而廖季平的《今古学考》，剔抉益细，谓前汉今文经学十四博士，家法相传，道一风同，其与古文分野，已远起于先秦战国间，而夷考汉博士家法，事实后起，迟在宣帝之世。及其枝分脉散，漫失统纪，歧途亡羊，无所归宿。不仅无当于先秦之家言，抑且复异于景、武之先师。两《汉书·儒林传》，可资证明。本书第二篇《两汉博士家法考》，则为此而作也。夫治经学者，则岂有不读《儒林传》？而终至于昧失本真而不知，此即是门户之见之为害也。

然一时代之学术，则必其有一时代之共同潮流与其共同精神，此皆出于时代之需要，而莫能自外。逮于时代变，需要衰，乃有新学术继之代兴。若就此寻之，汉儒治经学，不仅今文诸师，同随此潮流，同抱此精神，即古文诸师，亦莫不与此潮流精神相应相和，乃始共同形成其为一时代之学术焉。清儒晚出于两千载之后，其所处时代，已与汉大异，清儒虽自号其学为"汉学"，此亦一门户之号召而已，其于汉学精神，实少发见。本书第三篇《孔子与春秋》，特于古今经学流变之大体，以及经学与儒家言之离合异同，提絜纲领，穷竟源委，于学术与时代相配合相呼应之处，独加注意，而汉儒与清学之辨，亦朗若列眉，更无遁形。读者必于此有悟，乃可以见清学之所建立，乃所以独自成其为清学，而未必即有当于汉儒之真相也。

清儒主张今文经学者，群斥古文诸经为伪书，尤要者则为《周官》与《左传》。《左传》远有渊源，其书大部分应属春秋时代之真实史料，此无可疑者。惟《周官》之为晚出伪书，则远自汉、宋，已多疑辨。然其书果起何代，果与所谓古文经学者具何关系，此终不可以不论。本书第四篇《周官著作时代考》，即为此而发。然貌若辨伪，而旨切存真，而于后代经师，考礼纷纶，种种误失，其症结所在，亦籍此可见。

本书宗旨，则端在撤藩篱而破壁垒，凡诸门户，通为一家。经学上之问题，同时即为史学上之问题，自春秋以下，历战国，经秦迄汉，全据历史记载，就于史学立场，而为经学显真是。遂若有以超出于从来经学专家藩篱壁垒之外，而另辟途径，别开户牖，此则本书之所由异夫前人也。

夫治经终不能不通史，即清儒主张今文经学，龚定庵、魏默深为先起大师，此两人亦既就史以论经矣。而康长素、廖季平，其所持论，益侵入历史范围。故旁通于史以治经，筚路蓝缕启山林者，其功绩正当归之晚清今文诸师。惟其先以经学上门户之见自蔽，遂使流弊所及，甚至于颠倒史实而不顾。凡所以不合于其所欲建立之门户者，则胥以伪书伪说斥之。于是不仅群经有伪，而诸史亦有伪。挽近世疑古辨伪之风，则胥自此启之。夫史书亦何尝无伪？然苟非通识达见，先有以广其心、沉其智，而又能以持平求是为志，而轻追时尚，肆于疑古辨伪，专以蹈隙发覆、标新立异为自表襮之资，而又杂以门户意气之私，则又乌往而能定古书真伪之真乎？

本书之所用心，则不在乎排挤清儒说经之非，而重在乎发见古人学术之真相。亦惟真相显，而后伪说可以息，浮辨可以止。诚使此书能于学术界有贡献，则实不尽于为经学上之今古文问题持平论、作调人，而更要在其于古人之学术思想有其探原抉微、钩沉阐晦之一得。读吾书者，亦必先自破弃学术上一切门户之成见，乃始有以体会于本书之所欲阐述也。

  一 刘向歆父子年谱

  （摘要见一九三〇年，兹略。）

  二 两汉博士家法考

  （摘要见一九四一年，兹略。）

  三 孔子与春秋

  （摘要见一九五四年，兹略。）

  四 周官著作时代考

  （摘要见一九三二年，兹略。）

当代学者对《两汉经学今古文平议》的评论

  孙国栋教授在从《钱宾四先生的经学观念看中国社会学术与政治的关系》中说："钱先生对经学有几点观念：第一、经学所重在能开一代王制。第二、钱先生认为孔子《春秋》是一部亦经、亦史、亦子的书。第三、西汉经学以公羊学家为主流。第四、钱先生认为东汉虽重经学，但学者治经，已渐忘失了西汉公羊学家开一代王制的精神，只是注意几本旧经典，守着章句家法以牟利录，于是经学变得极为繁琐。第五、钱先生认为先秦平民学术诸子是面对政治，与王官学相对。第六、魏晋政府既缺乏开一代王制与民更始的精神，学术上也无王官学与平民学相对的现象。从上面几点，可见钱先生认为经学不是只钻研几本周代的典籍，必要更进一步了解西汉经学家的精神——认识社会在不断演进，应该不断尊进社会新兴的家言，吸取社会学术思想，会通传统经籍，赋予政府精神上的新血液、新活力，涤荡旧官司掌故，改进制度，以创一新代"。（见台北市立图书馆《钱穆先生纪念馆馆刊》年刊第三期。另见二〇〇三年香港中文大学新亚书院《钱宾四先生百龄纪念会学术论文集》，页一九三~一九七。)

八月，《学籥》一书，初版自印于香港。收入联经《钱宾四先生全集》第二十四册。二〇〇一年素书楼文教基金会·兰台出版社整理新版印行。摘要如下：

序目

……自念少孤失学，年十八，即抗颜为人师。蛰居穷乡，日夜与学校诸童同其起居食息。常以晨昏，私窥古人陈编。既无师友指点，亦不知所谓为学之门径与方法。冥索逾十载，始稍稍知古人学术源流，并其浅深高下是非得失。然仅以存之胸怀间，亦未敢轻有所论述也。嗣后稍有撰着，而终不敢轻谈门径方法。良以人之为学，才性既不同，机缘复互异，从入之道，难可一致。自审所窥有限，岂宜妄有主张，转滋贻误。顷年逾六十，少壮所志，十不偿一；精力就衰，殆不能更有所深涉，而厕身师席，亦垂五十寒暑矣。平生微尚，所拳拳服膺，自以谓是者，举以告人，义亦宜然。古人云："登东山而小鲁，登泰山而小天下。""观于海者难为水。""取法乎上，仅得其中。取法乎中，仅得其下。"本书前两篇述孔学之大体，第三、四篇述朱子读书法。尼山、考亭，学之山海。高山仰止，景行行止。虽不能至，心向往之。管窥蠡测，所不敢辞。第五篇时近俗类，堪资借镜。末篇乃当身感触，私所抱负，亦以附焉。倘有好学之士，取而为法，亦为学入门之一途也。因名之曰《学籥》云尔。

一　略论孔子学大体（略）

二　朱子读书法

……今人读书，只顾要自己发意见。朱子教人读书，只重在教人长趣味。此是莫大分歧点。朱子以最钝滞法教人，实乃是最快捷，最聪明之法。

读书不贵多，只贵熟。少看熟读，不要钻研立说。但要反复体玩，埋头理会，不要求效。

所谓"兼看"，谓方读一书，旁及他书，同时兼读也。当知兼读已读书，实有受用。兼读未读书，只是分心。心分了，便不易有受用。故每逢读一新书，决当全神一志读。只可兼读旧书，万不当同时又兼读另一新书。

读书须看上下文义。不可泥着一字。扬子"于仁也柔，于义也刚"，到《易》中又将刚配仁，柔配义。《论语》："学不厌，智也。教不倦，仁也。"到《中庸》谓："成己，仁也。成物，智也。"此等处，须各随本文意看，便自不相碍。

近代学者，未读宋儒书，便谓宋儒只讲义理，不务考据。又谓宋儒所讲义理，只凭主观，不求客观。此正如判人作贼，却不全戡其赃罪情节也。……如云："莫让人牵着鼻子走"，"莫轻信前人"，"须自出手眼"之类。读书生疑，仍自虚心熟读白直晓会来。……而近人却多犯了高心空腹，游谈无根之病。即如他们批评中国文化、中国思想，其实多是空洞，不凭考据，自发议论，其病远超宋儒之上。

三 朱子与校勘学

朱子旷代巨儒，其学所涉，博大精深，古今无匹俦。以理学名高，其余遂为所掩。即其诗文，亦巍然一世宗匠。其整理文学古籍，平生有三书。四十四岁成《诗集传》，六十八岁成《韩文考异》，七十岁成《楚辞集注》。即就文学史范围言，三书成绩，已可卓然不朽。……朱子《韩文考异》成于晚年，学诣既邃，偶出绪余，莫非精圆绝伦。虽若仅为校勘之末务，而训释之精，考据之密，清儒能事，此书实已兼备。本篇特就校勘一事粗为籀述，指示大例。庶尊宋学者，勿鄙此为玩物丧志，谓为不足厝怀。尚汉学者，亦破其壁垒，辟其户牖，扩心胸而泯声气。知训诂考订校勘之业，亦复别有本源。凡其所得之浅深高下，将胥视其本原以定。于以通汉、宋之囿，祛义理、考据门户之蔽，而兼通并包，一以贯之。

……"监本未必是,建本未必非。""汉学不必不非,宋版不必不误。""宋本亦多沿旧,无以胜今本。"此治校勘学者所不可不知之最先第一义,而朱子固先发之矣。……顾炎武《音论》,自言据《诗经》通古音之方法,曰:"列本证、旁证二条。本证者,诗自相证也。旁证者,采之他书也。二者俱无,则宛转以审其音,参伍以谐其韵。"可见考据之学,亦必有越出于证据之外者。朱子考异所重,则尤重在《韩集》本文之内证,所谓"择其文理意义之善者而从之"是也。文理者,字法、句法、章法皆是。就韩氏所自言,则曰"陈言务去",又曰"文从字顺各识职"。……校勘之学,固贵于客观之取材,而尤贵乎主观之鉴别。……清儒戴震有言:"学有三难。淹博难,识断难,精审难。"……王念孙校《淮南王书》,曾谓:"典籍之误,半由传写误脱,半由凭意妄改。"

四　近百年来诸儒论读书

每一时代的学者,必有许多对后学指示读书门径和指导读书方法的话。循此推寻,不仅使我们可以知道许多学术上的门径和方法,而且各时代学术的精神、路向和风气之不同,亦可借此窥见。本篇为便初学,远的不说,专取其"近己而俗变相类"者,粗述百年来,而自陈澧始。

(一) 陈澧

这是陈氏自述因于时代转变而影响他走上学术转变之大概。陈氏在当时,受了乾嘉汉学考据极深的洗礼,正当考据学全盛时,他能首先觉其锢蔽,要努力来创造一种学术的新途辙,陈氏实不愧是近百年来提倡新的读书运动之第一人。

陈氏要从"善言义理"这一点上来沟通汉、宋之门户,而以"有益于身"与"有用于世"语,悬为著书讲学之标帜,可谓对症发药。故陈氏又谓:

> 经学无关于世道,则经学甚轻。谓有关于世道,则世道衰乱如此,讲经学者不得辞其责。盖百年以来,讲经学者,训释甚精,考据甚博,而绝不发明义理,以惊觉世人,此世道所以衰乱。

又说：

> 今人只讲训诂考据，而不求义理，遂至于终年读许多书，而做人办事全无长进，与不读书者等。此风气急宜挽回。

近人尚多认考据训诂为读书治学之不二法门者，其实若专从训诂考据之见地来读书，其间流弊煞是不少。他们训诂考据之所得，并不说是错了，只是于身无益，于世无用。……"士大夫"则须从读书中明义理，来做社会上一个有用人物。

> 学者之病，在懒而躁，不肯读一部书。此病能使天下乱。

……懒是不肯平心静气，精详阅读。躁是急于成名，好出锋头，掩盖前贤，凌驾古人。

清代干嘉经学，极盛之后，正犯了这个毛病。而况他们还避免不掉一种懒而躁的心理，在不合理的读书风气下，还会制造出种种牵连而生的病态。陈澧可算是在这种空气里面首先有觉悟到的，在他四十九岁刻成《汉儒通义》，以后他便积极干他新理想的读书工作，直到他七十三岁卒年，前后二十余年，积成了他毕生伟大的巨作《东塾读书记》。

《东塾读书记》与干嘉经学专务训诂考据的许多著作对看，也确实是远胜了。即如刘台拱的《论语骈枝》，为当时学者所推尊，若以较之《东塾读书记》中《论语》之一卷，其间高下得失自显。一则专从难解难考处着想，从大义大体上用心，即面目便自不同。然而陈澧在当时，他自身感受经学的影响，实亦太深了。所以陈氏的《读书记》，虽则竭意要追步清初大儒顾炎武的《日知录》，而《日知录》内容，分经术、治道、博闻三类，《读书记》则只能自限于经术之一途。由我们今天来平心衡论陈氏学业上之成就，也仍只可算他是一个经学家，这是极显然的。而且陈氏治经，先劝人从头到尾读一部注疏，他说：

读注疏使学者心性静细。

然而在陈氏当时，内忧外患相逼而来，人人有不可终日之想，究竟已非细心静气来从头到尾读注疏的时代了。即使人人再能从头到尾读一部注疏，人人由此养到心性静细的地位，也不见得对社会有何真用处。因此，陈氏的读书主张，只算是看到了从前人的病痛，但他自己所开的药方，却不见有力量，未能使此病霍然而愈。况且《读书记》又是一部太过谨严的书，温和有余，峻厉不足。只是弦有余音，引而不发，不足以发聋震瞶。所以陈氏身后，还不见有一个面目一新的读书风气，而仍还是五十步与百步的一进一退，在干嘉经学训诂考据的积习下讨生活。换辞言之，陈氏在学术思想史上还不够做成一个画界线的人物。

正因近百年来第一个有志开读者新风气的学者，他自己已不能有他很鲜明的旗帜，很清楚的路线，来领导后生学者向一新方向进行，所以直到如今，陈氏所说当时学术界的种种病痛，也多还未能洗涤净尽。做学问的仍多只为寻题目作文而读书，以作文为名士招牌之余习，依然存在。也未见大家肯细心来读一部书，从头到尾心性静细来读，也还只是随手翻阅，随意驳难。距离"博学知服"的风气，似乎还尚远。学者的心地，不仅全要掩盖先贤，即在并世师友，亦多轻心凌驾。说到此层，则似乎更不如干嘉当时。学者骄矜之气，似乎比前益甚。只听说"我爱吾师，我更爱真理"，究竟真识得真理者未必多，而尊师服善之心，则全为其重道爱真理之一句堂皇话头所牺牲了。大体上，陈澧所谓"懒与躁"的心病，似乎仍是深深埋在我们的身里。而世道衰乱，我们学术界也还不得不负相当的责任。

（二）曾国藩

治近百年史的，论到人物方面，无论如何，不能不首先推到曾国藩。曾氏气魄之雄厚，人格之伟大，及其在政治上、社会上种种之建立，其不可磨灭处，纵然近人有好持异论的，到底也不能不承认。至论学术，曾氏也有他自己一套独特之旗帜与地位。述说近百年来之诸儒读书论，曾氏是极可注意的一人。

曾氏湖南湘乡人，生嘉庆十六年，后陈澧一年。卒同治一年，先陈澧十年。曾、陈是同时代的人物。曾氏读书，生平力主一"耐"字诀，一"恒"字诀。他说："一书未完，断断不读别书。"陈氏常提倡"士大夫之学"，说："士大夫之学，略观大义，有益于身，有用于世。"曾氏做学问，却恰恰是走的这条路。

曾氏在当时，亦曾极力提倡一种新的读书风气，散见于其有名的《家书》，《家训》、《日记》、及《文集》中。当时的曾氏，已是清廷翰林院的检讨，国史的协修，在三十一、二岁的年龄，才开始点读前后《两汉书》。这一点，使我们感到读书运动的对象，不该老是一辈大中小学校里的青年和儿童，或是推车卖浆不识字的贫民；而社会上的中年人物，比较站在领导地位的缙绅士大夫，尤其应该是我们读书运动的第一对象呀！至少他们都应该"稍事学问"，庶乎希望可再有曾氏般的人物出现。否则青年们纵是努力读书，若将来涉足社会，便可不学无术，另以一种快捷方式高翔，那岂不是任何学术全成了八股？此其一。

在这宦海纷纶，乃至戎马倥偬的二十多年时间里，曾氏却建立了他学业上卓绝的成就。这一点，又使我们感觉到，读书并不一定要有一种特殊的环境，乃及一种特殊的生活，而实为社会一般人大家所能从事的。至于达官阔人，政军大僚，以及社会上各色各行的领导人物，他们已然负担着国家社会更大的重任，那么他们更该"稍事学问"，奉曾氏为模范。此其二。

至论曾氏学问、事业，何以能互相辉映，而各有其卓绝的成就，一面固是由于其意志之坚毅，生活之严整；而另一面，则在其眼光之远大，与方法之切实。……曾氏用"约"字诀读书，屡见其《家书》、《家训》中。如云：

> 读经以研寻义理为本，考据名物为末。读经有一"耐"字诀，一句不通，不看下句。今日不通，明日再读。今年不精，明年再读。此所谓耐也。读史之法，莫妙于设身处地。但记一人，则恍如接其人。但记一事，则恍如亲其事。经则穷理，史以考事，舍此二者，更别无学矣。经则专守一经，史则专熟一代，读经史则专主义理，此皆守约之道，确乎不可易。读经读史读专集，讲义理之学，此有

志者万不可易者也。圣人复起,必从吾言矣。

他以后教人"耐"字诀,"恒"字诀,"拙"字诀,"诚"字诀,以及"扎硬寨,打死仗"的口号,凡曾氏功业上的成就,和其从事学问的精神,处处呼吸相通,沆瀣一气。

读书既主守约,则选择不可不审。所以他说:

> 买书不可不多,而看书不可不知所择。余于《四书》、《五经》外,最好《史记》、《汉书》、《庄子》、韩文四种,好之十余年,惜不能熟读精考。又好《通鉴》、《文选》及姚惜抱所选之《古文辞类纂》,余所选《十八家诗钞》四种,共不过十余种。

读书能选择,实为守约之第一要义。而选择的标准,应该"先务乎其大"。他说:

> 书籍之浩浩,著述者之众,若江海然,非一人之腹所能尽饮也,要在慎择焉而已。

曾氏曾从唐镜海闻义理,又私淑于姚姬传学古文法,而曾氏之言义理文章,其识解意境,也均超出于唐、姚二人之上。曾氏与唐、姚之异点,也正在唐、姚空疏,而曾则博大。可见曾氏为学,实能抉破干嘉以来义理、考据、词章三派之藩篱,而求能从大处着眼,俾可兼得三者之精华。他的《圣哲画像记》,平心论之,不能不说他的识解气魄,与其指示学术途径,确已越出江藩、陈澧之上。

现在让我们回头来看最近的学术界。似乎领导学术者,其存心多只看重了博士之学,而不看重士大夫之学。因为有此趋向,所以我们当前的学术空气,渐渐和一般社会分离,而形成为一种特殊环境里的一种特殊生活。一个有志读书的青年,他们的最要条件,便是盼望能走进像样的大学,浩博的图书馆,完备的研究所。而论其学问之所成就,则只是一种近乎博士论文式的著作。若我们放大眼光,为一般社会着想,便见学问并不全是关门而做的事。有一种是专门博士之学，为少数人所专攻；另有一种则是普通的士大夫之学，为社会多数知识分子所应理解。

惟专就曾氏个人论，曾氏亦并不仅是一个具有开明常识的读书人，曾氏实还是一个有学术上特殊地位特殊贡献的学者。曾氏对此，亦屡屡自己说过。他说：

> 惟古文各体诗，自觉有进境。将来此事当有成，惟恨当世无韩愈，王安石一流人与我相质证耳。

此乃曾氏开始自觉地寻到他学问的前程，那时他已是三十四岁的年龄了。他那时自定一个每日熟读的书目是：

《易经》、《诗经》、《史记》、《明史》、《屈子》、《庄子》、杜诗、韩文。

曾氏对于指导研究文学上最宝贵的意见，即在劝人读专集，而不要读选本。他说：

> 吾意读总集不如读专集。……学诗须先看一家集，不要东翻西阅。

又说：

> 学诗无别法，但须看一家之专集，不可读选本，以汩没性灵。

曾氏研攻诗文，最爱韩愈、王安石，盖取其雄直之性趣，倔强之格调，与己相近也。盖雄直倔强，曾氏性格之所长；恬憺闲适，曾氏性格之所短。曾氏研攻诗文，着眼在此两点上，切就己身，释回增美。纵使不以诗文名家，而此种研习方法，对于自己性灵修养上，也会有绝大益处。此仍是士大夫之学所以与博士学不同所在。

曾氏尝谓："雄奇万变，纳之于薄物小篇之中"，此可谓是曾氏论诗文所悬一大标的。至其对于学术大体之见解，归纳于以文学为全部学问之中心之一点，则见于其《致刘孟蓉书》。故曾氏既选定了一部《十八家诗钞》，主从专集求性灵，又选了一部《经史百家杂钞》，则义理、考据、辞章，兼收并蓄，一以贯之。今天的我们，必须参会曾氏此两选本，细细研寻，庶可得曾氏论诗文学之整部见解。然曾氏学术，论其对自己个人人格及事业上之影响，可说甚深甚大。而就其在近百年来学术界上之影响言，则究竟还嫌不够。

故论曾氏学问上的成就，到底只在文学一途多些。崇仰曾氏者，以道德、文章、经济俱备之一点，把曾氏与阳明并论。实则曾氏在当时政治上的影响，远较阳明为大。而论学术思想，则视阳明望尘莫及。近百年来第一个伟大人物像曾氏，论其在读书运动的成绩上，因此竟亦暗惨地没落了，这不能不说是我们这时代一个极大的损失。

（三）张之洞

张之洞，严格说，算不得是一个合标准的学者，但他的《书目答问》和《劝学篇》，确是代表了当时学术界一种风气和倾向。《书目答问》算不得是一部指导人做学问的门径书，只好算是一部便于翻检的参考书。《书目答问》里面整整齐齐排列着经、史、子、集、丛书五大类，每一类中又各分子目，至于三四十项，一些也不漏。似乎全部的学问其实只是书本，都平铺放在一堆，教人茫如烟海，望洋向若，问津无从。《书目答问》中所举书共二千余种。若论卷数，则应在十万卷上下，分类言之，经、子两部，都在一万卷以上，集部几及两万卷，史部则出两万卷之外。这样巨大的书目，只好算是一种簿录，绝不能作为指导人读书的门径。然而《答问》开首的《略例》明说：

此编为告语生童而设。……因录此以告初学。……

今为分别条流，慎择约举，……令其门径秩然，缓急易见。所举二千余部，疑于浩繁，然分类以求，亦尚易尽，较之泛滥无归者则为少矣。诸生当知其约，勿骇其多。

可见他明明要做一部指导初学的简约的门径书，而所开书目竟如此浩繁。这只好说是编《答问》的人，自己就不知学问；或是他自己对学问上，便就不知甘苦，不知深浅，并未真实如此般去下工夫。所以罗举了二千余部书目，却叫初学的人"当知其约，勿骇其多"。其实《答问》中所告诉我们的，只是一些版本、目录之学，可说是为一般校勘家、收藏家初步应有的常识。而版本目录校勘收藏，还只是给做某种学问的人以一种方便，并不算是一个门径。因此《书目答问》的功效，不啻像在教人去做一种版本目录的学问，或是做一种校勘收藏的工夫。而在指示人真实做学问的一点上，则可说并无贡献。这无异乎告诉我们，在那时提倡读书的人，他实在也只能提倡一种目录版本之学，他只能领人走上收藏或校勘的路子。最多亦不过造成一种博杂无统，泛滥无归的学风而已。

或者有人要为《答问》辩护，说此书《略例》本云：

> 弇陋者当思扩其见闻，泛滥者当知举其流别。

本来教人读书，当视其性之所近，分类以求；《答问》备列群书，也并不是教人去做博杂无统，泛滥无归的学问。此说似而实非。学有流别，学者当就性近，此二义发于章实斋。其《校雠通义》一书，所谓"平章学术，考镜源流"，亦是对当时《四库》馆臣一种进一步的献议。以《书目答问》较之《四库提要》，则所出尚远在其下。读《提要》，多少可以知道些古今学术的流变得失；读《答问》，便只能知道一些现行版本的异同、精恶。所以《答问》一书，最多是一部便于翻检的目录，不能从他书里来懂得学问的流别。

张氏原书《书目》五卷后，亦附一个《国朝著述诸家姓名略》。其《姓名略》又分经学、史学、理学、经学史学兼理学、小学、文选学、算学、校勘学、金石学、古文家、骈体文家、诗家、词家、经济家十四门。这里好像著《答问》的人，亦想把清代学术来笼罩古今，而以小学为清代学术的最先根基；他指示学术大体，亦自有系统，自有涂辙，不能说他仅是一堆的书目。然而亦不尽然。若论学术大体，则张氏所分十四门，可谓不伦不类。若论为学层次，则"由小学入经学"一语，可说是开口便错了。《姓名略》所举"汉学专门经学家"凡一百五十一人，试问这里面几个是真由小学入？又"汉宋兼采经学家"五十人，如黄宗羲、宗炎以下，试问他们是否亦由小学入？若不自小学入，是否可说其经学便不可信？

至谓"经学入史学，其史学可信"，则更属影响之谈。如章学诚，不能不说其史学可信，但却不能说他由经学入。根据《姓名略》两百零一个人的名单来研究经学，不免要使人迷惘眩惑。若根据《姓名略》史学家九十个人的名单来研究史学，便会更得不到史学上的一些纲领把握的。至于理学、词章、经济，照他排列，尚在小学、经、史三累之下，那就更可不论了。不知清初诸老多讲经济，却尚不甚重小学；逮及干嘉考证学全盛时，方力尊小学，却又不重经济。道、咸以下，渐渐又重经济，而小学却又渐渐为人淡视。今《答问》不辨此中消息，其教人治学，似乎该由小学始，由经济终。在他似乎既不知道小学的甘苦，又不知道经济的艰巨。对于清初及干嘉两段的学术界，既属顾此失彼；即在晚清一派经世致用的新思潮下，亦可谓是不分轻重。徒然捃撦了一些装点门面话头，而精神则全不在此，明眼人自能识破。所以我说《书目答问》只可供稍知学问门径的人作参考翻检之用，而并不能指导初学走上学问的门径。

而不幸六十年来的学术界，却多把此书当作教人治学的门径书看。湘潭叶德辉说：

> 其书损益刘、班，自成著作。书成以来，翻印重雕不下数十余次。承学之士，视为津筏，几于家置一编。

则六十年来的学术界，（按：《答问》刊于光绪元年）宜可不言而喻矣。

张氏尚有《轩语》，与《答问》同时并刊，然其书益庸肤，偶作门面套语，全是模糊影响，无足深论。本来清代学术，到同、光以下，已是势在必变，然以陈兰甫、曾涤生两人的气魄力量，尚不能负之以趋。

张之洞只是一名士，一显宦。相传缪荃孙为其代撰《答问》一书，不知信否？要之其人亦只是一名士。由他们来指导人学术门径和读书方法，其成绩宜乎难得使人满意了。然而依今而论，则官僚如张，名士如缪，亦已不可多得。学术一差，人才自退，即此便是一好例。

张氏又有《劝学篇》，在《书目答问》后二十四年，其意识态度乃与《答问》大变。他说：

> 先博后约，孔孟之教所同，而处今日之世变，则当以孟子守约施博之说通之，沧海横流，外侮洊至，不讲新学则势不行，兼讲旧学则力不给。再历数年，苦其难而不知其益，则儒益为人所贱。……今欲存中学，必自守约始，守约必自破除门面始。爰举中学各门求约之法，条列于后。损之又损，义主救世，以致用当务为贵，不以殚见洽闻为贤。（《守约内篇》第八）

这几句话，和《答问略例》所谓："所举二千部，分类以求，亦尚易尽，诸生知其约，勿骇其多"云云，竟如天壤悬隔了。平心而论，不能不说这是张氏的觉悟和进步。因此，《书目答问》还是保存着干嘉相传之门面，而《劝学篇》乃透露了同、光以下的时世。由博反约，正是近百年来诸儒论读书一个共同倾向，共同要求。陈兰甫、曾涤生皆有此意。张之洞虽乏深知灼见，然在此亦不能自外，正见这是时代的压力。

然而读书求博固难，求约更不易。求博只须"功力"，求约则贵有"识趣"。干嘉以来学者，幸值社会安定，世运升平，一向务博，尽肯用功夫，但识趣却日卑日下。一旦要改走守约路子，请问又如何个约法？《劝学篇》说：

> 一、经学通大义。《论》、《孟》、《学》、《庸》以朱《注》为主，参以国朝经师之说。刘、焦《正义》，可资考鉴古说，惟义理仍以朱《注》为主。
>
> 二、史学考治乱典制。

此为张氏对于史学之守约论。……平心论之，其间实自有几许通明的见解，如经学先《四书》，《四书》专主朱《注》。史学主通今致用，不取考古。理学重新加入到学问的圈子内。小学退居到最后。这几点，只须稍治清代学术史的，便可知其意态之开明与识解的重要了。

然而张氏还深恐那种守约的方案，不能见效。他说：

> 如资性平弱，并此亦畏难者，则先读《近思录》、《东塾读书记》、《御批通鉴辑览》、《文献通考详节》。果能熟此四书，于中学亦有主宰矣。

让我们回头再看他二十四年前的《书目答问》，千百种精校精注本，分门别类，俨如七宝楼台，何等庄严！待到《劝学篇》里，语气竟如此萧索，一再的打折扣，只希望人能读《近思录》、《东熟读书记》、《通鉴辑览》、《通考详节》。偌大的学术门面，到底破坏无遗了。这不能叫作"守约"，只能算是"居陋"。譬如一个大商店，愈是削盘大落价，过客愈是怀疑，不愿光顾，结果只有关门大吉。张之洞的《劝学篇》，似乎是那商店大减价的广告，便是将近歇业之预兆。

从光绪元年到光绪二十四年，中国学术界一般情形之恶化，及其急转直下之势，正可于张氏的先后两书中看出。《答问》刊于四川，《劝学篇》刊于江苏，这里也有一些地域的关系。四川僻在长江上游，还能使当时人发其怀古之幽情。江苏接近海洋，门户洞开，风气鼓荡，便最先摇动。因此张之洞在晚清学术史上，虽说没有他的地位，然而他究已粉墨登场，由他来表演出当时一幕很重要的剧情了。

（四）康有为

若俨然以圣贤大师自命，对于当时传统的读书风气，加以鲜明反对，而严正地出来提倡一种新的读书风气的人，则此一百年内，不得不首先要轮到康有为。他正式起来做一种严肃的新读书运动，厥为其三十四岁在广州长兴里万木草堂之讲学。近代的新读书运动，严格说来，并不是百年以内的事，而只是五十年内的事。

记载康氏万木草堂讲学详情的，有康氏自著的《长兴学记》，及其弟子梁启超的《南海康先生传》。梁氏说：

> 先生以为欲任天下之事，开中国之新世界，莫亟于教育，乃归讲学于里城。

又说：

> 其时张之洞实督两粤，先生劝以开局译日本书，辑《万国文献通考》，张氏不能用；乃尽出其所学，教授弟子。

至康氏讲学精神，梁氏说他：

> 以孔学、佛学、宋学为体，以史学、西学为用。其教旨专在激励气节，发扬精神，广求智慧。

这竟依稀是回复到晚明诸遗老之矩矱。干嘉以来学者，可说无一人知有此境界。尤可异者，在他所想象的学术体统里，竟无"经学"一门，因之校勘、训诂、辑佚种种干嘉以来正统相传认为了不起的治学工夫，一到康氏所提倡的新学统里，可说已全无地位。另一点值得注意者，康氏的新学统里，也没有了文学一门，陈澧只想就干嘉经学上略略作补偏救弊的工夫，因此他主张汉、宋兼采。平心而论，康氏所提倡的新学，比之陈、曾两人该是高明得多了。

至康氏以宋、明学与孔学并重，这已为干嘉学者所不肯言；而其以佛学与孔学并重，则又为宋、明学者所不敢言。至云"以孔学、宋学为体，以史学、西学为用"，其意似以自然科学、社会科学与哲学对立，亦较近人只认有科学不认有哲学者稍胜一筹。亦比"中学为体，西学为用"之说较少毛病。至其教旨，提出"激励气节"，"发扬精神"，"广求智慧"三项，尤其恰中了清代两百多年在异族统治下所压迫成的士大夫意态风气之痼疾。

因为康氏所欲提倡之新学术，与陈、曾、张诸人不同，可以说前一种是"经籍书本"之学，而后一种乃是"人文知行"之学。他在《长兴学记》里提出此意见说：

> 孔子曰："学之不讲，是吾忧也。"陆子曰："学者一人抵当流俗不去。故曾子谓以文会友，以友辅仁。朋友讲习，磨励激发，不可废矣。"顾亭林鉴晚明讲学之弊，乃曰："今日只当著书，不当讲学。"于是后进沿流，以讲学为大戒。

读书只是讲学中所有之一事。讲学乃为读书一事所应先决的问题。宋、明学者太看重讲学了，流弊遂成只讲学而不读书。顾亭林则只从此点加以挽救，不谓经历清代异族高压统治两百年后，学者只知读书，不复知讲学，于是所读日趋于纸篇字面记诵考订，而与人文知行了无关。换言之，社会只有经师，却不能有人师。因此学术界也只能有学问，却不再有人才。康氏以"读书之博，风俗之坏"八字来批评清代二百年学人利病，可说一些也不差。康氏要在读书之上先安一个"讲学"，即此一点，已可说是两百年来未有之卓识。

然而康氏长兴讲学迄今已五十年，世局震荡，千变万化，康氏的意趣，终亦未为后人所了解。我们三十年来的大学教育，能重新走上读书路子，已算是极大努力了。到最近，又有人在发起"读经运动"，"书院制度复活"等等口号，这些都还算是在读书的路上打圈子，依然仍是清代干嘉在异族统治下的旧把戏，似乎还赶不上康氏长兴讲学的一段意气。

长兴学舍的课程，分别如下诸目：

> 志于道：
> 一曰格物。（扞格外物，勿以人欲害天理。）
> 二曰厉节。（提倡后汉、晚明之儒风。）
> 三曰辨惑。（近世声音训诂之学，小言破道，足收小学之益，不能冒大道之传。）
> 四曰慎独。（刘蕺山据为宗旨，以救王学末流。）

这里的第一项，即是要复立干嘉所推第一流学者戴《孟子字义疏证》里所要打破的"天理""人欲"之辨。第三项则是要打破干嘉正统派所建立的声音训诂学在这整个学术系统里的地位。第二、第四项，则可说是康氏讲学的新骨干。

据于德：
　　一曰主观出倪。
　　二曰养心不动。
　　三曰变化气质。
　　四曰检摄威仪。
依于仁：
　　一曰敦行孝悌。
　　二曰崇尚任恤。
　　三曰广宣教惠。
　　四曰同体饥溺。
游于艺：
　　一曰义理之学。（原于孔子，推于宋贤，今但推本于孔子。）
　　二曰经世之学。（令今可行，务通变宜民。）
　　三曰考据之学。（贤者识大，是在高识之士。）
　　四曰词章之学。

在这系统里，干嘉考据只占到第四项的第三目，而其间犹有大小之辨。干嘉考据学者能在大节目上下工夫的实在也并不多。这是康氏的学术史观。汉儒经世，宋儒义理，皆在孔门四科设教之系统下，而清代声音、训诂、考据之学不与焉。此是何等的大议论。

当时未满二十龄，亲受业于万木草堂的青年弟子梁启超说：

先生乃教以陆王心学而并及史学西学之梗概。自是决然舍去旧学，自退去学海堂，而间日请业南海之门。（梁以十七岁中举，时年十八。）

辛卯，余年十九，南海先生始讲学于广东城长兴里之万木草堂。……先生为讲中国数千年来学术源流，历史政治沿革得失，取万国以比例推断之。……日课则《宋元》、《明儒学案》，《二十四史》，《文献通考》等。（以上具见梁氏《三十自述》）

虽说梁氏笔端常挟感情，然使熟治清代两百年学术史的人，一看了《长兴学记》的大概，自知梁氏此种记载，也未必是过分张皇了。

然而习俗移人，虽豪杰之士有不免。康氏在粤讲学凡三年，而最先第一年里，康氏已自陷落在经学考据的深阱中去了。他误听了川人廖平的一夕话，他误以为汉代经学有"今""古"文两种绝不同的东西，他遂把一切古文说归罪于王莽、刘歆之伪造。他以为后世流传之经学，全是莽、歆古文学说，全是"伪经"，只可说是王莽新朝的新学，不能称他为孔学。他要想在这上面入室操戈，摧陷廓清，把东汉以来迄于清代相传的经学大统，一笔全写在王莽、刘歆的帐上，然后他再提一种新鲜的、地道的"新经学"出来，这即是南海康氏之学，而上托于董仲舒乃及《公羊春秋》。他要把考据工夫来推翻传统的考据。

然而考据之学亦岂易言！现在康氏要以玩耍大刀阔斧的办法来做闺房绣鸳鸯的考据工作，以他前后不满两年的时间，匆匆地写成乃至刻成《新学伪经考》，（康以庚寅春得廖说，于辛卯秋七月刊成《伪经考》。关于此事，我尚有详细考据，见《近三百年学术史》。）拔赵帜，立汉帜，为中国两千年经学，独创新说。这一书，简直是考据里的海派，野狐禅，不啻如清代初年毛西河之有意为《古文尚书》作《冤词》。其后《新学伪经考》为清廷下谕焚禁，康氏亦避游桂林，而有《桂学答问》。

《桂学答问》与《长兴学记》先后只隔四年（辛卯至甲午），然而两书精神远异。他说：

  天下之所宗师者，孔子也。凡为孔子之学者，皆当学经学。而经学之书汗牛充栋，有穷老涉学不得其门者，则经说乱之，伪文杂之。

如此说来，则孔学仍然是经学，而在经学上又要厘订杂说，辨别伪文，则岂不仍须走上考据、训诂的老路。康氏本以《论语》与《春秋》为孔学之两途，现在康氏既专主《公羊》，则不得不抛弃《论语》，因而遂并抛弃了宋、明。康氏此两种先后看法之不同。孰得孰失，是进是退，稍治儒学，即可以不烦言而辨。

总之，治孔学重《论语》，不失为是一条活路。若改重《春秋》，则是一条死路。此在宋儒早已看透，现在康氏仍舍活路而改走死路，还在《春秋》学中要专走《公羊》，则更是走进了牛角尖，更无出路，更无活意。人家说康氏攘窃了廖平的著作发明权而博得大名，我只说康氏上了廖平的大当而误入歧途，葬送了他长兴讲学的前程，这实在是一件极可惋惜的事。

康氏又说：

> 孔门后学有二大支，其一孟子，其一荀子。孟子为《公羊》正传，荀子为《谷梁》太祖，而群经多传自荀子，其功尤大。

这里又发现了冲突。孟子是否《公羊》正传？康氏已难自圆其说。今康氏既主专治《公羊》，则又何必再敷衍群经多传自荀卿之旧说。

康氏又说：

> 孔学聚讼，不在心性而在礼制。《白虎通》为十四博士荟萃之说，字字如珠，与《繁露》可谓孔门真传秘本。赖有此以见孔学，当细读。

此等话，更为荒唐。完全是道、咸以后始有的不通见解，完全上了廖平的大当，歧之又歧，迷途不返；较之长兴讲学精神，相隔更远。

而梁启超却说：

> 后又讲学于桂林，其宗旨方法，一如长兴。

至少长兴讲学时，康氏还像一个有意提倡讲学的思想家。而《桂学答问》，只是一个自矜博通的读书人。换言之，也可说长兴讲学时的康氏，还像是有意提倡"士大夫之学"的；待到《桂学答问》时，他仍自陷入了"博士之学"的圈套中去了。

"道假众缘，复须时熟。"（《高僧传》昙摩耶舍梦中语。）大概这一百年来，时代的力量始终凌压在人物的上面。我们也可以说是缘不凑，时不熟；但到底还是那些人物，种因无力，不够条件。在康氏早年，粗闻其乡前辈朱次琦之绪论，曾时他对宋学本无深造，而志高趣博，对于考订琐琐，又所不耐。但那时一般的风尚，还是重在博雅考订，所以张之洞从《书目答问》转变出《劝学篇》，而康氏则从《长兴学记》转变出《桂学答问》来。我们从这两面各打一折扣、恰可把握到晚清之学术界。而傲然以圣人自命的康氏，又是汲汲皇皇，热心政治，并不专精在讲学上。

及戊戌政变，康氏奔亡海外，他的学术生命，遂与其政治生命相随俱尽。然而退一步言之，戊戌政变，究不得不说是我们五十年来第一件大事。而且康氏论学，素重《礼运》，直到现在，《礼运》居然已谱成国歌，而"天下为公"的横匾，则凡政府公署所在无不有。可见康氏那时长兴讲学的一段精神，究竟不能说他没有收获，所惜是仅仅止斯而已。

（五）梁启超

追随康门，从事于新读书运动的，最著者为梁启超。梁氏生于清同治十二年癸酉，距今只六十多年；卒于一九二八年，距今还不到十年；他还是一个崭新的现代人物。康有为讲学桂林，又嘱咐梁氏为《读书分月课程》，似乎有意无意地模仿着有名的程氏家塾读书分年日程而来。而梁氏的分月课程，则正为现代新读书运动中一种有力的主张。……朱子所谓："宽着期限，紧着课程，循序渐进，熟读精思，缓视微吟，虚心涵泳。""分年"是宽着期限，"日程"便是紧着课程，翻读程书的自可得其意味。……而梁氏所谓《读书次第表》，则前后只有六个月，故自谓"便易之事无过于此也。"这样的读书，要在前后六月之间，古今中外无不知，微言大义无不晓，至少易犯着两种流弊：一是意思追促，不能有沉潜深细之乐，近于太要讨便宜。二是自视过高，看外面事理太轻率，易于长成一种傲慢与轻率的态度，不肯虚心玩索。现在固然没有依照着梁氏六月课程来读书的人，然而那种意思迫促以及自视过高的风气，似乎已成了四十年来的时代病；而在康、梁指导人读书的意见里，恰恰把此种时代病，十分地透露了出来。

在康氏游桂后三年，梁氏在湖南与谭嗣同诸人创南学会，其时宛平徐仁铸为督学，梁氏主讲时务学堂，徐氏有《輶轩今语》一书，据说出梁氏手。兹再摘要介绍如次：

一　经学

经学当求微言大义，勿为考据训诂所困。

二　史学

史学以通知历朝掌故沿革得失为主，不可徒观治乱兴亡之迹。

三　诸子学

诸子之学，可与《六经》相辅而行。

四　宋学

宋学为立身根本，不可不讲。

此虽寥寥十数条，然经学主以微言大义通今致用，史学主通掌故沿革，以推籀政治人才兴衰之大原，以诸子至《六经》相辅，以宋学为立身基本，皆不失为一种粗大而有气力的见解。《輶轩今语》大体固是《长兴学记》之引申也。

然而一年以后，即是戊戌政变，康、梁均出亡海外，他们所提倡的新读书运动，从此绝响。然而他们以作新人才、改革政治为读书治学的大目标，以经史为根底，以时务为对象，就大体言，他们提倡的一套，实应与北宋、晚明无大悬殊。

所以康氏在学术史上，只有彗光一射，并没有星月贞明。康氏自身在学术修养上并没有一种笃厚坚实的基础，渊深卓绝的造诣，自然不能领导后起的人来走上一条远到的路程。只是就他的彗光一闪而论，也就终不能不说是黑暗中的一线光芒了。

而且康、梁当时所欲提倡的新学术，本以通经达务为职志。而论康、梁所遭的时代，则创古未经。其复杂艰难之情形，尤远非北宋、晚明可比。康、梁在当时，对于中国旧有经史之学，本说不到有甚深之研讨。一旦要援以致用，谈何容易。康、梁以后，"通经达务""学以致用"的观念，一发不可制，而中国旧有种种经、史、诸子、理学，却只见其与时代相扞格，急切挽不上一气来。而热心时务的，却不期然而然的叫出"把线装书扔在毛厕里"的无理呼声来。在此时期中的梁启超，正在努力于中国之"新民"的提倡，中国经、史、诸子、理学等等，亦不得不逐渐疏远。直到辛亥革命前后几年，学校里几乎只有英文、算学和各种教科书，社会上几乎只有政论、新闻以及几种新小说，学术空气稀淡到极点，所谓线装书与毛厕，实在地位也颇已接近。回顾以往陈澧、曾国藩、张之洞、康有为诸人的言论，俨如隔世。

此下接着的是新文化运动，而以往一些旧书，才又借着"科学方法整理国故"那一漂亮口号之掩护，而稍稍复活。因此，一方面，虽在高呼"打倒孔家店"，"打倒吃人的旧礼教"，而那批冷搁在毛厕边缘的线装书，连孔家店的一应旧礼教在内，却逐步的得借科学方法整理国故之美名，而重新受时代之盼睐。在那时的梁启超，又复旧调重弹，而有《国学入门书要目及其读法》之传布。

《国学入门书要目及其读法》，乃接着胡适的《一个最低限度的国学书目》而写成，事在一九二三年四月，距今只有十二年，实在还是一宗崭新的文件。他这一个《书目及读法》，较之百年来陈澧、曾国藩、张之洞、康有为诸人的意见，全要高明得多。

全《目》共有书一百六十余种，分五类：

甲、修养、应用及思想史关系书类。

乙、政治史及其它文献学书类。

丙、韵文书类。

丁、小学书及文法书类。

戊、随时涉览书类。

这是梁氏摆脱康氏束缚，自出手眼的一个绝大进步。梁目前三类相当于义理、经世、词章，而偏偏缺去考据；这亦是梁氏见解卓绝处。因各项学问都该要有考据，而考据不应自成一种学问。……而梁氏则注意及于治学之大体，而于个人立身修养方面，又能处处顾到。又梁氏《书目》中说：

> 我认定史部书为国学中最主要部分。

此亦以前诸家所不及。以前只知重经学、文学，到梁氏始转移眼光看重到史学。他的《輶轩今语》，亦以论史学的几条为最精彩，史学本来是梁氏天资所近的拿手学问。而梁目更重要的精神，则在脱去教人做一专家。梁氏只为一般中国人介绍一批标准的有意义有价值的中国书，使从此认识了解中国文化的大义和理想，而可能在目前中国的政治、社会各方面都有其效益与影响。这一点意义，因为时代较后数十年之故，而使梁氏《书目》，其用意及价值，遂远超于陈、曾、张、康诸家之上。

但不幸这十几年来，梁氏那一篇《书目及其读法》，也并不为时人所注意。我们不妨将最近的读书风气和梁氏意见稍作比较：

第一，似乎近来的风气，只注意在各自做各自的专门家，或教人去做专门家，而没有注意到为一般人着想。

第二，似乎近来的风气，仍犯着陈澧所谓"不肯读一部书，其祸足使天下乱"的旧毛病。

梁氏对此，有一番很恳切的话说：

> 我所希望熟读成诵的有两种类，一是最有价值的文学作品，一是有益身心的格言。好文学是涵养情趣的工具，做一个民族的分子，总得对于本民族的好文学十分领略，能熟读成诵，才是在我们的下意识里头得着根柢，不知不觉会发酵。

可见在梁氏当时，读书界已不耐有熟读成诵的事了，然而梁氏的意见，实在有仔细咀嚼、诚恳接纳的价值。

第三，似乎近来的风气，全看自己的地位远在前人之上，读书只为是供给我著书的材料，著书便是我自己学问的表现。因此无论读文学、读哲学，其意亦只在供我之考订批评。所以治文学，则往往不肯熟读细读前人必读的名集，而专意搜求人家读不到的书，僻书碎札，可为我作文学史的发现与创解。治哲学思想，则必如堂上人判堂下的曲直，高下在手，出入由心。以如此的风气，来看梁氏《书目》，开首便是《论语》，《孟子》，要人熟读成诵，摘记身心践履之言以资修养，宜乎要笑绝冠缨，发生不出影响来。

梁氏《书目》中更有一点值得介绍的，则是他处处站在重视中国文化的立场而为中国读书人说话。他说：

> 饶你学成一位天字第一号形神毕肖的美国学者，只怕于中国文化没有多少影响。若这样便有影响，我们把美国蓝眼睛的大博士招一百几十位来便够了，又何必诸君！

这一点，实在可说是梁氏《书目》中一条中心重要的骨干。否则若中国文化根本要不得，则考订批评以及种种科学方法的整理，岂不全属多事，仍不如把线装书扔茅厕里之为直截干脆。

梁氏《书目》比较在现在最发生影响的，要算他奖励青年好著书的习惯那一层了。他在竭力劝人读书时附带做抄录或笔记的工夫之后，他说：

> 先辈每教人不可轻言著述，原是不错。但青年学生，斐然有述作之誉，也是实际上鞭策学问的一种妙用。

梁氏此说，其奖掖青年接近学问的一番诚意，真可谓无微不至。从来只有读书通了才去著述，并没有为要著述才来读书的。若为著述而始读书，那读书所得的印象绝不会很深，因为他早已心傲气浮，他所读的书籍，只当成他一己著述的材料看，绝不肯虚心静气浸入书籍的渊深处。继此而往，读书工夫，便会渐渐地变成为翻书。

综上所述，要读梁氏五项《书目》，全不能先存一个著述之念在胸中。最好是为着自己的身心修养，及文学的欣赏，情趣之陶写，以及留心政治、文献、思想上诸要项而去读书。……我们莫以为十年前的东西早已过时了。我所以还愿郑重介绍梁氏此项《书目及其读法》于现在有志提倡读书运动的先生们及有志读书的青年们之前。我记"近百年来诸儒论读书"大体将止于此。读者当会其前后而观之，庶可明本篇之作意。却不当割裂分散，认为本篇作者只是有意在提倡某家，排斥某家。

五　学术与心术

尝试论之，必先有学问而后有知识，必先有知识而后有理论。学问如下种，理论犹之结实。不经学问而自谓有知识，其知识终不可靠。不先有知识，而自负有理论，其理论终不可恃。不先下种，遽求开花结果，世间宁有此事？此乃学术虚实之辨。而今日学术界大病，则正在于虚而不实。所以陷此大病，亦由时代需要，寻求有思想，有理论，俾一时得所领导而向往。思想无出路成为时代呼声，而学术界无此大力，学术与时代脱节。于是一般新进，多鄙薄学问知识，而高谈思想理论。不悟其思想理论之仅为一人一时之意见，乃不由博深之知识来。其所讲知识，皆浅尝速化，道听途说，左右采获，不由诚笃之学问来。若真求学问，则必遵轨道，重师法，求系统，务专门，而后始可谓之真学问。有真学问，始有真知识。有真知识，始得有真思想与真理论，而从事学问，必下真功夫。

惟为学不当姝姝于一先生之言。彼一家之思想，我已研穷，又循次转治别一家。我之研治别一家，其虚心亦如研治前一家。不以前一害后一，此之谓"博学好问"，此之谓"广收并蓄"。而或两家思想各不同，或相违背，然则谁是而谁非？我当谁从而谁违？于是于我心始有疑。故疑必先起于信，起于两信而不能决。如此之疑，始谓之好学会疑。

六　学问之入与出

学问之入门，就儒家传统言，可分为两方面。一方面是从行为、人生之真修实践入。一方面则自讲究学问道理入。此两方面实亦不可分，应如人之行路，左右足更迭交替而前。但第一足先起，应是人生行为方面。从人生行为方面入者，古人谓之"小学"。如先则从事洒扫、应对，进而讲究孝、悌、忠、信，此乃儒学入门。倘不自此处入，则如何讲得孔子思想与中国文化？当知孔子教人，即从此处诱人，此是为学之最先起步处，亦是为学之最后歇脚处。离开真实人生来讲儒学，只是自欺欺人。然若谓能洒扫、应对即便是孔子，此话确是有病。

综上所述，进入学问步骤有四：

第一步应是专门之学。专读一书，专治一人、一家、一派，此均可谓之是专门之学。

第二步是博通。从此专门入，又转入别一专门，只此便是博通。

第三步则仍为专门。如昌黎专读三代、两汉，是必经、史、子皆读了。

第四步始是成家而化。既专门，又博通。

现代学术界最不好的风气，乃是先将学问分成类，再把自己限在某一类中。只知专门，不求通学。因此今日之专门家，反而不能成一家言。当知自古迄今，学问能成一家言者并不多。其所以能成一家言者，主要在其学问之广博互通处。自经通史，自史通文，如是而已。

因此，经学、史学、文学，今人都不讲求，却高谈中国文化。这样则纵有高论，也难有笃论。纵有创见，也难有真见。但自民国以来，若无真学问真能应时代之需、身世之用者，千言万语，只是一病，其病即在只求表现，不肯先认真进入学问之门。总而言之，要求学问入门，必先懂得读书。读了此书，再读他书，相杂交错，头头是道，而后可以有所入，有所得，而后可以有所化、有所出。

七　推寻与会通

我此番所讲，主要在劝诸位做学问不可看轻了知识。知识不专是记闻，却贵有"新知"。新知贵能自用思想去"推寻"，不可误认凭空推想即可得知识，此只是想当然。想当然之处，须就事实去检查考订。各人才性相异，兴趣所偏亦不同。因此各人之思索路向亦尽可有不同。但各人都该懂得推十合一，求其能到一以贯之的境界。所贯有小有大，先从小处能一以贯之，再推寻向大处。若在大处亦能一以贯之了，此即朱子所谓"一旦豁然贯通，而求至乎其极"了。因此我说，朱子教人格物穷理之学，实在不可忽。做学问固是该能善用思想，但也该有材料、有根据、有证验、有贯串。此应灵活推寻，由此及彼，发现问题，自可求得答案，增益新知。……做学问不能无师承，又不能离书本。要学，如何不从师、不读书！但也不可拘泥，仍应多以古人为师，自运思索，触类旁通，由近及远，如此才可见出自己之真性情而得真乐。

八　谈当前学风之弊

后起由四川廖平而转入广东康有为，乃有《长兴学记》、《孔子改制考》、《新学伪经考》诸书，而其风乃视定庵所言而所变益甚。又有《大同书》，乃是以其一己之托古改制，大胆妄言。古人之学，乃尽供其一人作为疑古辨伪之用。此后廖平已自变其说，而康氏则坚守不变。其对当时之政治，则既反传统，亦反革命。但知保皇，而加之以变法。清室既亡，康氏又主复辟。失败后，藏身北京荷兰公使馆，而其旧著作《新学伪经考》乃一时风行，又重加翻印，群相传诵。钱玄同、顾颉刚诸人乃随之又有"疑古运动"之兴起。

要而言之，当时高呼西化，实仅属门户，绝无师承。有专门之分别，而无通盘之大义。有派系，无通论。不仅不讲中国传统，于西方传统，亦自立门户，强加分别，不相统一。故当时讲西方传统，真得成为一专门者，乃惟有马克思一家。惟此一家实际已尽转在政治一边，而与学术思想已相远离，全不关涉，对其他各家尽加排斥，一味斗争，而共产党则独占鳌头。此诚近代国人提倡西化，粗浅暴戾，一万分堪悲之事。

今再综合言之，当时之文化革命，只作问题研究，无专书选读。只重发表创造，不求学问承继。提倡西学，而也不看重翻译。五四时代一切口号都已在清末鼎革前后下了种，伏了根。……从事研究学术之三步骤，一、崇信古代一位两位学术人物。二、专意一部两部传统巨著。三、划定一范围探究一个两个研究题目。

故所谓新文化运动，只言方法，不指途径。只有题目，不问体系。近代学术思想，只"空洞"二字可包括尽净。其不能有成效，亦不烦深论而可知。

抑且时代愈下，学术愈坏。要而言之，近代中国乃在一学术衰退时代中，仅见有时代影响，不见有所谓学术，更不论所谓超时代之学术。……惟其如西方，时代性多超过了其学术性，遂使其时代多变，而文化亦随而变，无长时期绵延不断之精神。故中国人好言"传统"。而西方人则多言"变化"与"进步"，对中国"传统"二字非所重，抑且亦非其所知。此乃中西双方文化一大相异处。

中国历史上，独师者非仅开风气于一世，乃可有师承传统绵亘于百世。其仅开一时风气者，则既非前一时代所遗传，亦不为下一时代所师承。就当时一般情况言，也可谓政治变，学术也随而变。故康、章二人，实际上亦不得谓其真有弟子传入。即胡适之亦然。虽其提倡新文化运动，一时风气披靡全中国，若无与伦比，实则亦无真传入。一时人物皆在风气潮流中产生，而实无学术传统可言。中国人之所谓学术，则必当能超乎风气潮流之士，而有其独立存在、承先启后之意义与价值。

梁任公，则颇能随时发挥学问心得，自有其新境界。在世界第一次大战时创为《欧洲战役史论》，于西方此项战争之演进，创痛所在，亦不可谓其无真知灼见。及战争平息，亲赴欧洲，归为《欧游心影录》一书，更能进而批评西方文化之病痛。此实可谓乃当时国人惟一大创见。又如其主张中国传统政治，乃"礼治"非"法治"，剖辨中西文化异同，更为深见卓识。其它不遑一一详说。平心论之，梁氏实可谓中国现代传统学术人物，非仅一时代人物。

在此时代，师道沦亡。有时代师，无学术师。有世俗师，无传统师。更无大师。学者都追随时代，非有师承。求变求新，都不能承先启后。追随风气，而非能卓然自守与超然独立。更不能创造开新，自辟天地。人人亦仅以追随风气而慕为一时代之学者，但并无能自守独立，为一时代中之真学者。故当前一时期，乃可谓实无人能当一大师风格，才使人与学离，学与人离，又复学不成人，人不成学。学绝道丧，是诚当前一至堪悲痛之事。学有师承，乃有传统。所谓师承，有当时之师，也有上追古人为师。

时代中有问题，由时代问题开创出学术生命。时代不同，问题不同，所开创出学术新生命、新精神、新面貌也各不同，但仍不失其由旧传统来。时代中之学术，有传统性，非即时代学术。故凡成为一守先待后之学者，必有其时代，有其师承，有其传统。此种学术虽与时代相结合，而时代既过，其学术仍得继承，传统不息，成为一民族文化之永存。仅是时代，造不出学术来，造不出文化来。……真为人物，则必当有其不朽处。中国古人以立德、立功、立言为"三不朽"，立德乃其首，立言则仅其末。学术之不朽，乃在德性上。此诚有志好学者所当首先了解而首肯之一义。

在时代中同是一人，时代一过，则人生亦同归消灭。而消灭中则尚有其不消灭者，故学术乃为时代之灵魂。而具有学术之人物，则为每一时代之主脑，不随时代以俱尽。学术相传，乃成文化。历史与时代，则仅是文化大体外面一躯壳、一形象、乃形式的、物质的，非灵魂，无生命。亦可谓其无主宰，无内容，无本真意义。天地自然一切变化，亦仅是一外相，永远仅是一变化。中国文化传统则并无明白提出此一上帝之名称，即人生情感，即德性，即仁道，即学术师承，便已不啻一宇宙中之上帝。故中国有师道，而无宗教。

中国学者在学术变化中，找出一人类之性情与师道，传统因袭，即成此文化传统之灵魂与主宰。学者须学得此灵魂与主宰。自中国人言，则其实即在己，在己之心。如此乃有入门，乃有归宿。惟此乃为真学术，亦即真生命与真文化。其主要精神则在学者之能反己以求而自得之。故师道不在远，即在己心。而学者之患，又在好为人师。

但自然科学与人文科学，一属外，一属内；一唯物，一唯心。两者绝不同。然亦同样可影响时代，而不为时代所影响。西方个人主义则仅主"人身"，中国大群主义则主"心即德"，或谓之"性"。西方此种传统，亦可超时代而存在。惟既属个人主义，又主性恶论，乃只能视之为一外在之物，与中国人之"道统即心统"大不同。

世界人类学术真生命之两大端，一为中国传统之"人文精神"，一为西方传统之"物质精神"。惟其为人文的，遂重旧、重保守。惟其为唯物的，遂重新、重开创。中国自辛亥民初以至五四，一意崇扬西化，而实同样违离此两大要素，打倒传统，无师承。时代革命，无追求。只有一番风气，形成了一股力量，流向时代之浮面行动方面去。而又惟知自谴自责，对他人不知真实效法。仅有对己消极方面，并无对人积极正面。仅有破坏，更无建设。而此一番风气，亦形成了一股力量，仅浮在外面。针对着现前时代之政治与社会，并不能沉着内心，而承袭传统民族大群之学术与生命。"以科学方法整理国故",而实非真科学,亦可谓乃反科学的。凡属中国旧有皆为国故,则凡属中国人,岂不亦成国故吗?

所谓"客观",乃抹煞了自我精神,抹灭了人生之意义与价值,而空求其所谓客观。学术之真客观,应在学术传统与人生问题上。在客观精神之下,不容于个人。但在伪造客观之口号下,可以人人各自为政,即自我做主;一盘散沙,不成团体,不成气候,无共同精神与共同目标。但个人力量薄弱,于是哗众取宠,结党为群,形成一时之门户与学阀。无学术性,而仅成为一种时代的群众势力。一切科学探讨,如由苹果落地而发现万有引力,此或本原于人类之最高心灵。最高智慧;如最近发明之电脑机器人,乃及核子武器之类,均非出于人类之性灵,抑且有大背于人情者。此为西方专重唯物科学所必有之后果,即观其以往历史过程而可知。

同时北大学生顾颉刚亦与钱玄相唱和,提出《古史辨》一著作,主张大禹乃一水族动物,其它不备引,此皆承康氏《孔子改制考》、《新学伪经考》来。其于中国古史实未深下工夫,而轻肆疑辨。当时遂成一"疑古运动"之大风波、大浪潮、弥漫全国,可谓乃当时一新潮流,非新学术。当时学术无基础,只能承袭革命前余波,有所吹嘘。如《墨子研究》,则承袭孙诒让《墨子闲诂》一书。

自经"新文化运动"之号召,学术空气若一时蓬勃,各地学社与杂志与日报副刊,风起云涌,一若极有生气。所惜乃仅一潮流,并无真学脉、真道统、真精神为之作中心,更谈不到沉潜工夫。在当时只求普及,不能于学术之高深方面有贡献。社会群众之运动与口号,空疏过激,绝不像一种学术研究。

此一时期学术界大病:

一、在截断旧传统。

二、为轻视前人成绩。

三、为门户之见。

四、为浅薄之时代论。

五、为学术与社会群众实际上乃分立而为二。

今再综言之。余之一生,上自前清光绪乙未,直迄今日,已经九十余载。时代翻新逼人而来，乃更无一新学术堪相追随。仅有一孙中山先生提倡"三民主义"，今日则亦已成为"政党化"，而远离了"学术化"。此诚吾国家民族之一大悲哀，徒堪供后人以嗟叹，更复何言！

九　历史与地理

学地理首先要懂得查看地图，最先要注意"山川"，第二看"疆域"，第三看"都邑"，然后再从都邑回溯到山川；第四要注意"交通"。

我开始能懂历史地理，却是从读经学书入门的，因我早年曾用功读过了《皇清经解》。其中有一部阎若璩的《四书释地》。他把《四书》地名一一查考。例如"子路宿于石门"，好像石门只是一地名，不烦探究。但阎书把此石门究在何处仔细考订，因此这一章的情迹，才得透露无遗，我因读了《四书释地》，才懂得考据之学、如何在历史上活用地理知识的方法。这是我要介绍的第一书。

第二部是胡渭的《禹贡锥指》。《禹贡》所讲都是古代的山川疆域，而胡渭《禹贡锥指》却不仅专讲古代，更重要的在讲述黄河在中国历史上之重要演变。我们常以为黄河是中国之害，其实黄河在古代中国，有如埃及的尼罗河，巴比伦的两河，印度的恒河，同为世界四大文明古国文化发源地的重要河流，应说黄河为中国之利才对。胡氏《禹贡锥指》把古代直到清代黄河历次水患情形，以及各时代治河的意见与办法，一一叙述。我在很早以前写了一篇《水害与水利》的文章，当时很受一辈治史朋友们重视。后来写《国史大纲》时，特有《南北经济与文化之转移》一章中有许多创见，完全因受了胡渭《禹贡锥指》的启发。当知做学问，最先便是要了解从前人的甘苦，和接受从前人的成绩，否则便没法再创新。

我要介绍的第三部是顾栋高《春秋大事表》。这本书将春秋二百四十年十二大国间之军事、外交种种关系详细说明。由此书而始懂得关于中国北方黄河流域这一地区之山川向背、疆域形势、都邑交通，种种地理方面之知识与历史情态间的紧密关联。当知你若能懂得春秋时代，自有许多足以帮助你了解此下各时代的问题，在地理方面也如此。

还有一部书，就是顾祖禹的《读史方与纪要》。此书不在《皇清经解》内。但在我幼时，此书似乎获得广泛的读者，尤其是关于十八省之总论方面。但随后读此书的人变少了。当我在北平时，曾在某篇文章中讲过。

我对地理知识乃在《皇清经解》中开始获得了入门，现在再讲一本书，那是梁任公的《欧洲战役史论》。胡林翼在当时，曾特著了《读史兵略》一书，为实际应用作参考。所谓《读史兵略》，其实仍是一部地理书。

若我们空讲中国传统文化，却不明白文化地理之演变，如洛阳先在魏晋、后在北宋时都很重要，因其是当时文化文物的荟萃集中点。至于杭州、苏州，要到宋以后才慢慢地像样。而到清朝五口通商以后，上海遂成重要商埠，驾过了以前历史上扬州的地位。又如今天的香港，其地位重要，又超过了百年来的上海。我们若不明白文化地理，也就不易真明白文化历史呀！

中国因其历史演变久，每一地方都有其深长的历史性，都有其丰厚的历史遗迹。即以山论，有华山、泰山和庐山的历史。不仅在政治史、宗教史、艺术史和文学史均有关。诸位各自的家乡若能用历史眼光去研究，便知其长远的历史，都有深厚的文化遗迹存留。

我们姑且说，学地理可以帮助我们去研究历史，而如能亲自到各地游历，更可发现许多为从前人所不注意的新问题。在地面上实有许多新鲜的历史材料和历史涵义，待我们去发掘和体会。

中国实是一个大国家，又历史悠久。因此研究中国地理，最好是由分而合，四面凑合，绝不能由一人来包办。诸位今天有志研究史学、文学，要做一个理想的、像样的中国人，对中国的地理如何能不知道，此理极显明。

十　我如何研究中国古史地名

我曾出版了一部书，取名《学籥》，意为做学问的钥匙，即学问之入门。其中有两篇较重要的文章：一是《朱子读书法》，一是《近百年来诸儒论读书》。

我常想，研究中国古代史，如讲年代问题，当自春秋以下始见重要。若上溯之，春秋以前，年代问题实不太重要。如在西周初年，《周本纪》、

《鲁世家》所记年代不甚清楚。商以前年代更不清楚，而且也无法定要考究得清楚。

若说到古史人物，都由传说来，隔几百年有一大人物，而相互间亦不见有甚大差别。我常说，中国古史人物，须从西周初年周公开始，才可有较具体较详细的可信叙述。

一九三九年，在抗战期中，为奉养老母，我曾返苏州，闭门读书一年。日长无事，欲对古史地名作一综合之研究，耗时一年，写成《史记地名考》一书。但因我匆匆离开苏州，从香港飞重庆，此书之《序文》与《编纂例言》尚未及写，而将原稿交予上海开明书店付排。抗战胜利后，开明已将全书排成清样，我又要回来，在不改动页数之可能下，稍稍改订了几条，惟乃未刊行。去年大陆将此书以开明编译所名义出版了。但此书中，已将我凡属于古史地名之不少创见，通体以极简净的断语写进去。我本预备将来以此书与《古史地名论丛》两书相辅并行，此刻我的论丛各篇还未能汇集付印，则《史记地名考》中所收那些结论，只是短短几句的，便真像是无根据的怪论了。

十一　李源澄秦汉史序

"撰述欲其圆而神，记注欲其方以智。智以藏往，神以知来。记注欲往事之不忘，撰述欲来者之兴起。故记注似智，撰述似神也。藏往欲其赅备无遗，故体有一定而其德为方。知来欲其抉择去取，故例不拘常而其德为圆。"彼人与事，皆以往矣，徒事记诵，又何贵乎有此史学乎！然使记载既不足以藏往，复何资以知来？苟使今之撰史者，其意徒为供今日一时之用，则年驰月骋，事运而迁，今日之记载，转瞬将成他日之废纸，史态已失，渺不再得，后之人将何从而复借以为了解其现实之助？故知无藏往之智，斯不能有知来之神。而苟非能有知来之神，亦不贵有此藏往之智。二义互成，固无烦乎分派而争也。

故编年者实纪事本末之记注化，亦即纪事本末之方形化也。若更进而求之，则事由人造，一事之兴，参预其曲折者，常十百其人焉，仅就其年月先后为之排比，犹恐不足以尽其事变之真态；乃进而就其事变中之人物而逐一记述之，夫而后一事之首尾表里正反纵横，乃始更臻于客观。藏往之职能既尽，斯史家之功效已毕，而后之人亦可凭借以得其知来之用，此中国史学方圆兼尽之极深妙意之所在也。

夫史家间世而一出，而记载则不可一日缺。惟其例愈严，体愈方，凡其愈足以资中人之取法，而可为藏往之具者，而后其书乃愈足以行远，而为后世之所师效。

又况中国史官，有"日录起居注"之类，方事变之未兆，彼固已按日而笔之矣。其为藏往之密，凡以求其近客观而为方以智者，有如此。以言传记，西方颇有长编巨制，又率以一人而包综一时；此亦变相之纪事本末也。若欲为客观藏往，则以一人传一时，固不如分以众人传一时之为胜。今人喜追步西方，乃亦效为秦皇、汉武作长传。然秦皇、汉武之事迹，其功罪是非得失之所在，《史》、《汉》成书，固已罗着靡遗矣。惟不专系之于秦皇、汉武之身，乃分而见之于秦皇、汉武并世之诸人。群山万壑，旁见侧出，骤视若博望侯之初入西域，不易得其要领；然此正史家谨严，力求客观之深意所寄也。

抑尝论之，中国之最可夸耀于并世者，固莫史学若矣。然而积至于今，藏往愈富，知来愈惑。物极必反，道穷则变。章氏先瞩，彼已教人曰：盍不求《尚书》未入《春秋》之初意。自西学东渐，世变日亟，人事日繁，编年、纪传浩瀚不可猝究，于是人自负以撰述，家相鄙为记注，治史者竞趋新轨，皆务望为疏通而知远，惟求其圆而神，而不悟"知来"之必基于"藏往"，"圆神"之必本于"方智"。若由今之道，无变今之俗，窃恐他日史学将绝，而往古史迹，亦且日废。矫枉而过其正，轻侮前人而不深究其底里，其势则未有不至于是者。

夫撰述之圆而神，固非尽人所冀；抑欲为鉴古知今，则亦诚读史者之所有事也。夫史之藏往，历千古而不变；而读史者则与时而俱新。故宋、明人读《汉史》，其所见已异于唐人。清人读之，又异于宋、明。今之人复将异于清人。抑且同时之人，亦不妨其互异。斯其所以为圆而神也。昔苏东坡教人读《汉书》，分数番读之。先读其典章制度，次读其文章风采，读之久且熟，必怃然有所见矣。

十二　古史摭实序（略）

一九五九年　己亥　六十五岁

一　国内大事

二月一日,"行政院"正式公布《国家长期发展科学计划纲领》。

台湾省临时议会自六月二十四日起取消"临时"二字,正式改称台湾省议会。

八月七日,台湾省中南部发生八级狂风暴雨,酿成六十余年来最大之水灾。

二　事略

先生应"国防研究院"邀请,来台讲授《民族与文化》课程。

三　著述

二月,《中国文化与传统政治思想》,刊于《中央日报》。一九六九年收入三民书局《中国文化丛谈》。一九九八年收入联经《钱宾四先生全集》第四十四册。二〇〇一年素书楼文教基金会·兰台出版社整理新版印行。页二三〇~二三四。摘要如下:

何谓文化?简言之,即是生活,全体人类的生活。最足以代表中国文化的是历史。因为历史是包括了一切,是客观的、实际的。讲到政治思想,东方与西方不同。西方的思想家并未参加实际政治,知识分子与政治不相干;而中国学者是直接参与政治,与政治有密切的关系。但是中国并无一部代表政治思想的著述,所以没有把政治思想表现在文字上。这是因为中国人注重实际,而不注重理论的结果。

中国统一政府并非始于秦,而是始于周。封建政治与封建社会不同,秦的政治是郡县政治,秦以前是封建政治、秦汉以后的政府,我们由于中西的比较，可以称其为"士人政府"、因为凡是参与政府的，都必须是士人。中国的社会，也同称之为"四民社会"，因为这个社会是包括士、农、工、商等四种身份的人民，这是中国社会的特点。士是要经过考试和选举而来的。所以士人政府的思想，一定要经过教育、服务、选举、考试，才能参加政府，形成了士人政府的制度。这一套思想也就是要选贤与能，把政府交给贤者与能者、所谓"贤者在位，能者在职"的政治理论。除此以外，尚有一种更高的理论在其背后，所以孟子曰："民为贵，社稷次之，君为轻。"这种理论与西方一比，就可以看出他们的不同。西方人讲政治，首先就提到"权"。中国人是讲"职"而不讲权，所以中国历史上称之为"职官"。

君职、民职，是中国人对政治的观念。尽职的内容就是尽责任，是一种政治理想。孔子在《论语》中有云："政者正也，子率以正，孰敢不正？"以"正"来表示尽职和责任。假如统率不正，就会引起人民的反对。所以中国人讲尽职是基于道德性，以道德来感化人民可使其性善。我们称之为"德化政治"。

中国的最高政治理想是太平，因此中国人讲求"太平"与"大同"。而这种思想是由性善而来的。家庭中间有"孝友"，是中国人的道德观念，自秦汉以后，完全是根据这种政治理想而不断的去追求。中国人是不讲"专权"而只讲"尽职"的，假如不能尽职，就必须要禅让或革命。而中国人既然不讲专权，当然也不重视民主，是讲究责任而不强调自由的。政治是没有百年不变的，到了某一时期终会改变的，因为政治有它最高的理想，只是在不断的追求这个理想而已。

西方的民主制度是否与中国的传统政治配合得上，是值得我们研究的。所以孙中山先生接受了西方民主政治思想而加入了考试与监察制度，使政治配合中国的社会。研究中国传统政治思想最重要的是"制度"和"奏议"。前者文人当政，必把政治理想并入政治制度中；后者文人在野，必把其对政治的理想著成奏章，贡献给当政的人。所以要了解认识中国的传统政治思想，必须要与其它思想相配合、相联系才能发现它的异点。这是我们研究中国文化与传统政治思想最应注意的一点。

十月，《中国传统思想中几项共通的特点》，新亚书院十周年校庆学术讲演，刊于《民主评论》十卷二十二期及《人生杂志》十八卷十二期。收入联经《钱宾四先生全集》第四十三册《世界局势与中国文化》。二〇〇一年素书楼文教基金会·兰台出版社整理新版印行。页九三～九八。摘要如下：

中国传统思想，以儒家为主干。所谓共通点，乃指各学派之思想方法及求智态度言。所谓特点，则指对印、欧西方思想界而言。此等共通特点，乃属中国人心情与智慧之自然流露，亦可谓是中国传统文化之主要渊泉，及核心所在。此以七项分说：

一　知识论

孔子云："知之为知之，不知为不知，是知也。"人类知识有一限度，人能知有不知，并能知哪些属于不知，此实为一种极重大的知识。孔子自称"五十而知天命"，天命有所不可，知天命即是知有不可知。孟子说："尽心知性，尽性知天。"又说："莫之为而为者谓之天。"此即认天为不可知。但能走尽可知的路，到尽头处，前面始是不可知的境界，此即中国所谓"天人之际"。故中国人态度，贵能尽其在我。宋明理学虽直承先秦孔孟传统，但有许多与孔孟之说不相同处。如朱子注《论语》云："天即理也。"把一理字来替代了天字，正因天不可知理则可知。宋儒又云："理一分殊。"分殊之理易知，而理之终极到达于一的境界则仍属不易知。中国孔孟传统的知天命，正是要人知道，理虽可知而宇宙人生一切事变有不可知。

二　宇宙论

在中国传统思想中亦无专一讨究宇宙论之圆密著作。但中国人对宇宙，实有一共同信仰，即信仰此宇宙乃一整全体，浑然不可分割。故宋儒喜言"浑然一体"，因其有同一主宰，即天。又有同一原则，即理。故曰："万物一太极，物物一太极。"如是则一可以代表多，部分可以代表全体，人生可以代表宇宙，而个人可以代表全人类。而刹那间之一念，亦可代表过、来、今三世无穷之心念。盖中国人智慧，常主从易简中见繁赜，从无限中觅具足，于实践中证真理。

三　本体论

中国人常认为天即在人之中，理即在事之中，道即在器之中，形而上即在形而下之中，即是本体即在现象中；因此亦不易发展出像西方哲学中形而上学这一门之研究。

四　实践论

中国人既认此宇宙乃浑然一体，同时又认其是变动不居。故宇宙真理乃即变动中见，而人生真理则应在行为中见。故主学思并进，又主知行合一。

五　体用观念

"体用"二字，在中国传说思想中，实是直上直下，无往而不见其存在。体不可见而用可见。宋儒言"体用一源、显微无间"。一源则无先后之辨，无间则无彼此之异。至明儒乃谓"即流行即本体"，又言"即工夫即本体"。如此则宇宙、人生相通合一，即以人生大用来证宇宙本体。

六　理欲问题

中国人言"全体大用"，亦可谓宇宙即全体而道其用。亦可谓人人所同然之性是全体而个人自我之内心即其用。心贵能自知，又贵能自主，此能自知自主之心即道心，即天理。若心陷溺于不自知不自主之境界中，则为人心，为人欲。道心与天理是体，而修身齐家治国平天下始是用。必到达于修齐治平之境界，始可说是天人合一，始是全体无不尽，而大用无不达。

七　理气问题

朱子论理气，则终必言理先而气后。因必如此主张，始见人由天来，事由理来。此乃一终极信仰，仍与孔孟言天命之深旨相合。上述七条，仍是勉强分说，必会合而观，庶可于中国传统思想中之共同特点有心知其意,相视莫逆之乐尔。

十二月,《中国历史演进与文化传统》,刊于《中国一周》第五百〇四期。收入联经《钱宾四先生全集》第三十七册《民族与文化》。二〇〇一年素书楼文教基金会·兰台出版社整理新版印行。页二五~三四。摘要如下:

中国历史演进大势

人类古文化,根源于四地区。巴比伦、埃及已夭折。印度畸形发展,未能创成一个独立完整的国家,未曾留下一部详确明备的历史。只有中国,广大的中国社会,绵长的五千余年的历史传统,全由中国人自己在主演。……中国文化是"一本"的;而欧洲文化则是"多元"的。

一 秦以前之中国

秦以前之中国历史演进,至少已有两千年到三千年。中国文化生命,在此时期中,已茁长完成。其最主要代表人物则为周公与孔子。此下中国政治与社会之大理想,由周公创始。学术与思想之大体系,由孔子建立。……所谓政治与社会之大理想,主要在"礼"与"乐"。所谓学术与思想之大体系,主要在人心之"仁",与夫可以推行之于天下万世之"道"。

二 汉唐时代之中国

中国历史之伟大成就,首要在其"大一统"理想之实现。周公西周时代所创建,乃一种"封建政治"之一统。秦汉以后所改进完成者,乃为一种"郡县政治"之一统。封建政治是一种"贵族分治";郡县政治则为一种"士人合治"。士之养成在教育,士之登进在选举。当时教育制度,分公私两轨并进。社会私家讲学,开门授徒,是一轨;政府自县、道、郡、国学向上集中到中央太学,是另一轨。……因此,当时全国教育,幼学阶段主要教材为《孝经》与《论语》,成学阶段主要教材为

《五经》。

三 宋以下之中国

宋人之最努力者，厥在复兴儒学，又恢复了以往最高领导全体人生之思想大传统。……自宋以下，则成为白屋寒儒之天下。……但此后一千年，中国文化仍得传统勿辍，实胥赖于宋人。

明代光复了中国民族之政权自主。当时之教育与考试，则几乎全依朱子一家言，朱子《四书集注》，七百年来，家弦户诵，成为中国社会之人人必读书。

尤其在满清政权之压迫下，学者心力所瘁，群趋于古经籍之校勘、训诂、考核，埋头故纸堆中，虽于学术内容有贡献，却于社会实际无补益。

四 近代中国及其前瞻

当是时，正值西方东渐，国人内厌清政之腐败，外怵强敌之侵凌，于是有变法维新之要求。"辛亥"以还，不仅上层政治变了，更要的则是下层社会亦跟着变了。……晚清以来，迄于民国，全国上下，努力兴学。各地中小学校，关于国民教育普及教育方面，尚幸薄有成绩。但属于教育最高阶层之大学教育，则始终未臻于理想。

因此，全国思想之最高领导及其安定中心，已不在国内，而转移到国外去。留学政策应运而兴。此一政策，实隐隐掌握了近代中国之国运。少数留学生，不了解国情，群思本其所学于国外者来尽变国内之故常。……渐渐酝酿出打倒孔家店、线装书扔茅厕里、废止汉字、全盘西化等呼声。于是由政治革命转移到社会革命与文化革命。破坏旧的，人尽同意。一谈到建设新的，则意见各别。各有理想的，各有图案。遂使近代中国，多破坏而少建设。

抗战之余，残喘未息，创痍犹新，而中共遂以得志。然中国必有其前途。所堪鼓励吾侪之信心与勇气者，厥在中国传统文化之深根宁极，有其不可消散磨灭之潜势力之存在。

一九六〇年　庚子　六十六岁

一　国内大事

三月二十一日，蒋中正当选第三任"总统"。二十二日，陈诚当选第三任"副总统"。

美总统艾森豪威尔于六月十八日抵台，作为时二十四小时之友好访问。

七月一日，"国民大会宪政研讨委员会"，正式成立。

二　事略

先生赴美国耶鲁大学讲学，课余撰《论语新解》。耶鲁大学颁赠名誉博士学位，后转访哈佛大学、哥伦比亚大学，再赴欧洲访问。

三　著述

一　论文

八月，《中国文化之潜力与新生》美国旧金山讲演，刊于《少年中国晨报》。收入联经《钱宾四先生全集》第四十二册《历史与文化论丛》。二〇〇一年素书楼文教基金会·兰台出版社整理新版印行。页一九四~一九八。摘要如下：

什么是文化？简单的说来可以分为两点：一、文化就是人的生活。二、文化也可说就是民族的生命。谈到生命，就是联想到生命的力量。世界各民族的文化、生命力最强者为中国文化。埃及、巴比伦、希腊、罗马的都成古代文化，今已不存在。讲到文化的力量，可说有两种：其一乃表现于外者，另一为潜藏在内者。中国文化是潜藏在内的。中国历史上曾经历过若干次重大疾病，五胡南北朝、晚唐五代、元、清及近代帝国主义等。在这些时期，中国民族患了重病，政治腐败，社会动乱。可是经过一两百年，中国仍旧是中国，中国文化始终是中国文化。以抗日战争言，我们在科学、经济上都远不如日本，但是八年抗战，中国仍然存在。中国所以能抗日，乃中国文化的潜力使然。

中国古代文化可说是孝与让的文化。"孝""让"是一种最高的道德力量，平时虽不定看得到，在国家多难危急之秋便自然表现出来。以上所论是中国文化的潜力。以下要讨论中国文化的新生。

经过魏晋南北朝而有唐，是为新生；又经过五代十国而有宋，又是新生；再经过元朝到明，又是新生；更经满清二百余年，及西方帝国主义侵略至于民国，又是新生；降至今日，复逢共产主义，但是今后当然还会有新生。为什么我们信仰我国文化会新生呢？因有中国文化伟大的潜力在其后。

晚近西方有一种文化悲观论，流行于德、法、英、美。在第一次世界大战后，德国有一个中学教员斯宾格勒写了一本书《西方的没落》。他认为文化一如人的生命，有生、老、病、死。在历史上，埃及、巴比伦、希腊、罗马的文化已死去，所有的文化亦皆有一死。也有人认为中国文化已死。这种论调是以西方观点来看中国，因为西方文化是表现于外的，但中国文化是潜藏在内的。以经济为例，西方人会使钱，以是形成资本主义；中国人有钱却收藏起来不用。因为中国人重积，所谓"厚积薄发"。

西方社会讲"富"与"强"，中国社会讲"足"与"安"。西方讲富而不足，讲强而不安。中国讲安足在人心，知足自心安。富与强表现于外，足与安在人心，知足心安乃生自信。

我是一个文化乐观论者，我信仰中国文化一定再新生。诸位流亡海外，重要的是对中国文化要抱持信心，没有信心就没有希望，就无法生活。但仅有信心犹不足，还须得做两种工作。第一种工作是向外学习别人。惟有学习人之所长，始有助于我文化新生。第二种工作是向内向下教人。学习外人之时，应勿忘本，勿忘教下层社会的人民。如果知识分子能做到向人学习，向内向下教导时，中国文化自然会新生。

十一月,《中国文学中的散文小品》新亚书院中文系第一次学术演讲。刊于一九六一年三月《新亚生活》三卷十五期。四月《人生杂志》二十一卷十一期转载。收入联经《钱宾四先生全集》第四十五册《中国文学论丛》。二〇〇一年素书楼文教基金会·兰台出版社整理新版印行。页八一~九七。摘要如下:

所谓"小品文"者,乃指其非大篇文章,亦可说其不成文体,只是一段一节的随笔之类。但这些小品,却在中国散文中有甚大价值,亦可说中国散文之文学价值,主要正在其小品。

中国最古的散文小品,应可远溯自论语。自文学眼光看来,《论语》一书之文学价值实很高。例如:子曰:"岁寒然后知松柏之后凋也。"子在川上,曰:"逝者如斯夫?不舍昼夜。"论此两章文字,亦是诗人吐属,只是以散文方式写出,大可说其是一种散文诗。诗必讲比兴,而此两章则全用比兴,话在此而意在彼,所以得称为文学,而且特富诗意。

诗有赋、比、兴三体。"赋"者直叙其事,把一事直直白白地写下,似乎不易就成为文学。但《论语》中此类直叙其事的短章,亦有很富文学情味,实当归入文学者。例如:子曰:"贤哉回也,一箪食,一瓢饮,在陋巷,人不堪其忧,回也不改其乐,贤哉回也。"此章纯属赋体,非比兴,全文共二十八字,极富文学性。此所谓咏叹淫泆,充分表达出孔子称赞颜回之一番内心情感来。"人不堪其忧"五字,正是称赞颜回的反衬,是一种加倍渲染。此章正为能多用复字复句,又从反面衬托,所以能表现得赞叹情味,十分充足。

又如:"饭疏食,饮水,曲肱而枕之,乐亦在其中矣。不义而富且贵,于我如浮云。"此章也是直叙赋体,若在"乐亦在其中矣"一句上截住,便不得算是文学作品了。但本章末尾,忽然加上一掉,说:"不义而富且贵,于我如浮云。"这一掉,便是运用比兴,犹如画龙点睛,使全章文气都飞动了。超乎象外,多好的神韵。因此此一章亦遂成为极佳的文学小品。

《论语》之后,《小戴记》中的《檀弓》,也多文学小品。由此说到庄子。庄子的文学天才实在了不得。他最擅长用比兴的手法,书中许多神话、小说、故事,多只是比兴。把《庄子》各篇尤其是《内篇》七篇,

拆开逐段看,都是上等极妙的小品文。《战国策》中有许多小品文,亦很好。但以较之《论语》、《庄子》,便低了。(以下略)

二 专书

是年夏,《湖上闲思录》,由香港人生出版社初版印行。一九八〇年交台北三民书局再版发行。一九九七年收入联经《钱宾四先生全集》第三十九册。二〇〇一年素书楼文教基金会·兰台出版社整理新版印行。页一~六六。摘要如下:

一 人文与自然

人类在整个宇宙间的地位,实在太渺小了。人类的心智,则偏要在虚空中觅真实,黑暗中寻光明,那只有在人类大群以往历史文化的累积里面去寻觅。我们称之曰"人文",用来与"自然"对立。

也只有这样,这是所谓"人本位"的意见。在中国传统见解里,自然界称为"天",人文界称为"人",中国人一面用人文来对抗天然,高抬人文来和天然并立,但一面却主张"天人合一",仍要双方调和融通,既不让自然来吞灭人文,也不想用人文来战胜自然。

但荀子主张人类性恶,这也没有真认识人类历史文化群业的真相。但你若会通人类大群历史文化之总体而观之,则人世间一切的"善",何一非人类群业之所造,又如何说人性是恶呢?

西方耶教思想,说人生与罪恶俱来,如此则终不免要抹煞人生复归自然。佛教也有同样倾向,他们却不肯转移目光,在人类大群历史文化的无限积业上着想。

近世西方思想,由他们中世纪的耶教教义中解放,重新回复到古代的希腊观念,一面积极肯定了人生,但一面还是太重视个人,结果人文学赶不上自然学,"唯物"思想泛滥横溢,有心人依然要回头乞灵于中世纪的宗教,来补救目前的病痛。就人事论人事,此后的出路,恐只有冲淡个人主义,转眼到"历史文化"的大共业上,来重提中国传统"天人合一"的老观念。

二 精神与物质

"精神"与"物质"对列。物质是目可见、耳可闻、皮肤手足可触捉的东西。则精神应该是不可见、不可闻、不可触捉的。则只有用人内心的觉知与经验。所谓"内心",其实只是一番觉证,而所"觉证"的,依然还是那一番觉证。

知觉是由接受外面印象而生,心则由自身之觉证而成。人类最先应该也只有知觉,没有心。必待那些知觉成为印象,留存不消失,如此则知觉转成了记忆。记忆的功能要到人类始发达。人类的记忆发达了,便开始有了"人心"。《墨经》上说:"知,接也。"人的知觉,是和外面物质界接触而生。心可以知觉他自己,便是知觉他以往所保留的印象,即是能记忆。如是我们可以说"记忆"是人类精神现象之创始。

人类又如何把他对外面物质界的知觉所产生的印象加以保留,而发生回忆与纪念呢?便是"语言"和"文字"。文字又是语言之符号化。从有文字,有了那些符号,心的功用益发长进。人类用声音语言来部勒印象,再用图画文字来代替声音,有语言便有心外的识别,有文字便可有心外的记忆。再由语言文字慢慢产生"心"。这一个心即是"精神",他的功能也即是精神。

有了记忆,再可有思想。记忆是思想之材料,若你心中空无记忆,你又将运用何等材料来思想呢?因你有思想,你始觉证到你自己像有一个心。一切人文演进,皆由这个心发源。因此我们目此为"精神界"。

明白言之,所谓"心"者,不过是种种记忆思想之积集,而种种记忆思想,则待运用语言文字而完成,只要你通习了你的社会人群里所公用的那种语言文字,你便能接受你的社会人群里的种种记忆和思想。即就一个不识字的人言,只要他能讲话,他便接受了无可计量的他的那个社会人群里的种种记忆和思想,充满到他脑子里,而形成了他的心。

我们所谓的精神,并不是自然界先天存在的东西,它乃是在人文社会中由历史演进而来。

三至一一节略。

一二 争与仁慈

近代欧洲人之心灵开发,显然是从基督教开始的。后来拐了弯,从中古神学传统里逃出,而有他们的所谓"文艺复兴",古代希腊罗马人的心灵,才在近代欧洲人心上重见复活。但在其思想传统上,他们仍保留了一个"上帝",神的观念。此后再三转身,而变出他们哲学上的"唯心论",变成一个超乎物质以上的绝对精神来。直到黑格尔的辩证法与其历史哲学,才把唯心哲学的重心又全部降落到人事上来。但其宇宙观的底里,则始终还是中古神学之变相。我们若从斯宾诺莎之泛神论,费尔巴哈之无神论,直看到马克思的历史唯物论,如此嬗递而下,可见近代西方想把上帝和神和绝对精神等等神秘观念尽量从人事中排出,是一件费大力的事。但无神论和唯物论,西方一般思想家,究是不能予以赞同的。正因基督教乃是近代欧洲之最先心灵的曙光初射呀!

但在中国则不然。中国人自始便不曾建立起一套具体的、肯定的、太严肃的一神论,因此也不会反激出无神和唯物的极端思想来。儒家思想并不从上帝和神出发,但仍保留着神和上帝,并没有明白加以破弃。庄子思想,似可归入无神论,但庄子也不是主张唯物的。毋宁说此下中国的思想界,主要是想把"神、物交融"来作人文中心之外围的。近来的中国思想界,因感染了西方潮流,遂认为中国思想传统一向是唯心论,又要盛夸黑格尔的绝对精神来尸祝供奉,认为惟此可对马克思一派的唯物论作祛邪吓鬼之用,那就显得无聊了。

就中国论中国,中国人自有一套中国的历史哲学。黑格尔与马克思同样注重在解说历史,求在历史中发现定律,再来指导人生。只是黑格尔把历史必然地推演到绝对精神上去,那未免玄之又玄了。而且那种历史开展的大责任,又专放在日耳曼民族的肩膀上,又嫌太狭窄了。马克思则一反黑氏之所为,把历史必然地推演到无产阶级专政,那像是比较具体而切近了,而且他又把历史开展的大责任,放在全世界无产阶级的肩膀上,便无怪其多方有人闻风兴起了。至于中国人的历史哲学,却并不专重在解释历史,而更重在"指导历史",并不专重在发现将来历史事变之"必然性",而更重在发现当前事理事情之"当然性",这便与黑、马两氏大相径庭了。

历史是人造的,人生基础不能全抹煞了物质经济生活条件。中国史学家无不承认此一点。但人生问题至少不能全由物质经济生活条件来领导、来解决。人生问题,至少有一个理所当然,而中国思想之看此"理"字,则既不是唯物的,也不是唯心的。因此从中国传统思想来看,马克思至少是不深入，而且是不妥当。若我们也来承认马克思的唯物史观也有其真理，最多只说马氏谓人生历史上一切上层精神活动，无论为政治的、社会的、道德的、宗教的、文学的、艺术的，都将由下层的基本的物质经济生活条件而决定，如是则马克思的唯物史观究竟也并不能否认了历史上有一批上层的精神活动之存在。而且我们也可说，物质经济生活条件之所以重要，所以有价值，正为其能补助一切上层的精神活动之故。若使上层的一切精神活动全失其价值，则在其下层而补足他的物质条件之价值之重要性，亦将连带动摇而失落。若是则人类应该如何来选择他们的物质生活，正应该看其如何能影响其一切上层的精神生活之差异而加以判别。明白言之，我们正因为欢迎那样的精神生活，所以才赞成那样的物质条件。若就纯自然界的立场看，纵说物质生活决定了精神，（仔细说来，则也只能说是规定而不能说决定。）但若改就人文界的立场看，则还应该是精神领导着物质。唯物史观只发挥了上一节，而忽略了下一节。因此马克思的历史唯物论，在西方思想史上，或可说他有一种推倒开拓之处。而在中国思想史上，则应该只成为一种浅薄之短见而已。

达尔文的生物进化论，自然也和马克思的历史哲学有其内部精神之相通处。马克思自己说，达尔文的书，给予了他论历史的阶级斗争以一个自然科学的基础。但在中国人看来，达尔文的创见，似乎也不见有怎样的奇创。因中国根本没有认真主张过上帝创世造物那一套理论。所以中国人骤然看了达尔文的进化论，也不觉得他的伟大的革命性，却只以为事实有如此而已。但其间仍有一不同。中国人只说"天地之大德曰生"，或说"天地不仁，以万物为刍狗"。无论儒家道家，都不说上帝造物，亦没有达尔文万物竞存优胜劣败天然淘汰那一套意想。正面说，生是天地大德；反面说，生如刍狗。你生我灭，在天地的不仁与无心中转圈子。因此达尔文心目中的"自然"，是强力的"斗争"的。就使如克鲁泡特金的互助论，也依然把强力与斗争做骨子。中国人心目中的自然，却把这一种强力与斗争的意象冲淡了，只觉得轻松散漫，甚至活泼自在。这一层同样可以来分别东西双方的历史观。马克思的历史唯物论，以"阶级斗争"为其历史发展之主要骨干。而中国人看历史也如看自然般，总是看不起强力，看不起斗争。虽则中国人并不抱着上帝一神，博爱救世等等信念，但总"主和平"，"主顺随"，警策人虔敬恪恭。儒家在这上又加上了一个指导精神，便是人类相互间的"仁慈"。那种仁慈，却不定说是上帝的爱，只在人与人间，指出那一番恻怛至诚便是。亦并不是什么宇宙的绝对精神，只是在日常人生物质经济生活上相互间之一种体谅与同情便是。儒家提出此一点人心所与知与能者来领导历史发展。又何尝硬要演绎出一套唯心哲学来。

西方的地理环境，气候物产，生活条件，经济状况，多在"分裂"状态中，遂引得他们看宇宙看历史总偏重在"强力与斗争"。中国的地理环境，气候物产，生活条件，经济状况，常在"混一"状态中，遂引得他们看宇宙看历史，总偏重在"和平与仁慈"。在生物进化，在人类历史发展中，固有强力与斗争，终不能说没有仁慈与和平。而在中国人传统思想方面说，和平与仁慈终还是正面，强力与斗争只像是反面。纵说强力与斗争是必然的吧，但必然里还该有一个当然，斗争中还该有一种仁慈。却不该说仁慈中必该寓有斗争呀！

一三　礼与法

"礼治"和"法治"，见称为中国政治思想史上的两大潮流。中国是一大农国，以一个中央政府统治偌大一个国家，应该有一种普遍而公平的法律，才能将全国各地摄合在一起。而且农业社会比较稳定，实在最易走上一条法治的路，用一种统一而持久性的法律来维系政治。但中国思想界却总是歌咏礼治，排挤法治。尤其是儒家可为代表。

比较而言，礼之外面像是等级的，其实却是"平等"的；法之外面像是平等的，其实则是"等级"的。礼是导人走向"自由"的；而法则是束缚"限制"人的行为的。礼是一种"社会性"的；而法则是一种"政治性"的。礼是由社会"上推"之于政府的；而法则是由政府而"下行"之于社会的。无论如何，礼必然承认有对方，而且其对对方又多少必有一些"敬意"的；法则只论法，不论人。因此礼是私人相互间事；而法则是用来统治群众的。礼治精神须寄放在社会各个人身上，保留着各个人之平等与自由，而趋向于一种松弛散漫的局面。法治精神则要寄放在国家政府，以权力为中心，而削弱限制各个人之自由，而趋向于一种强力的制裁的。中国人传统提倡礼治，因此社会松弛散漫，政治只成为一个空架子，对社会并没有一种强力与束缚，往往不能领导全国积极向某一目标而前进。

法的重要性，在保护人之"权利"。而礼之重要性，则在导达人之"情感"。权利是"物质"上的，而情感则是"性灵"上的。权利是对峙的，而情感则是交流的。惟其是对峙的，所以可保卫，也可夺取。惟其是交流的，所以当导达，又当融通。因而礼常是软性的，而法则常是硬性的。中国社会沉浸在"尚礼"的风气中，一切讲交情，讲通融，像是缺乏力量。但弱者在其间，却多回旋转身之余地，因此一切可以滑溜前进，轻松转变。若在尚法的社会，遇到权利相冲突的当口，法律虽为保护权利而设，但既是双方权利相冲突了，保护了甲方，便不能同时保护到乙方。若乙方硬要维持乙方的权利，而不能乞援于法律，便只有要求法律之改制。法律操握在政府，若要改制法律，便只有推翻政府，来另创政府。因此尚法的社会，在其演进途程中，常不免有革命；尚礼的社会，则将无法革命，而亦不需革命。因此尚法的社会常易有剧变，而尚礼的社会，则无法来一个剧变，而且也不需要剧变。中国社会比较建立其基础在农业经济上，本不必有剧变，而且在大一统政府之下，剧变也是害多而利少。中国人宁愿软性的尚礼，不肯硬性的尚法，在这方面，不失为一种"忧深思远"。

人类不能没有社会，但不一定不能没有政治。人类是为了有社会而始须有政治的，并不是为了有政治而始须有社会的。若使能有一个操握得权力最少量的政府，能有一个政治居住在最轻地位的社会，那岂不更合理想吗？但中国的礼治思想，总像是朝着这一理想的方向而迈进。至少是想把政治融入进社会，不是把社会来统制于一政府。现在人痛恨中国政府无能，因而讨厌礼治而欢迎有法治。其实中国人提倡礼治，正是要政府无能，而多把责任寄放在社会。因此想把"风俗"来代替了法律，把"教育"来代替了治权，把"师长"来代替了官吏，把"情感"来代替了权益。

中国道家思想，迹近提倡"无政府"，他们反对法，同时也反对礼。他们不知道人类纵可以无政治，却不能无社会。于是道家既反对礼治，而到底取消不了那政府，则反而要转到法治的路上去。因而在中国，道家思想常与法家思想互为因果,道家反礼治的思想盛行之后,必然法家继起。所以司马迁要说"申韩源于老庄,而老庄深远矣"。此为道家与法家之辨。

西方晚近的无政府主义者,常易与共产主义结不解缘,克鲁泡特金即其一例。然而人类纵可以无政府,到底不能无社会。而有社会,就不能无礼治。所以儒家究竟是更深远于道家了。克鲁泡特金比中国道家高明处,正在其能明白提出人类可以无政府,而同时不能无社会。中国儒家比克鲁泡特金高明处,在其能在社会上安装着一套礼治精神。从礼治精神切实做去,应可由有政府转移到无政府。而今天西方人所想象追求的社会主义与共产主义,也应可以包括在内了。这正是《小戴记礼运篇》里所揭举的"大同世界"之理想所追求的。

一四　匆忙与闲暇（此节以下略）

是年夏,《民族与文化》一书,由台北联合出版中心出版。一九六二年香港再版。收入联经《钱宾四先生全集》第三十七册《民族与文化》。二〇〇一年素书楼文教基金会·兰台出版社整理新版印行。页一~一七〇。摘要如下:

讲义之部

上篇　中华民族之成长与发展

第一章　中华民族之本质

"文化"只是人类集体生活之总称,文化必有一主体,此主体即"民族"。民族创造了文化,但民族亦由文化而融成。

世界上曾有许多优秀民族,创造出许多各自神异的文化。但此等民族,有的忽然中途夭折,他们所创造的文化,仅供历史上继起民族之追慕效法,袭取利用。远者如巴比伦、埃及,近者如希腊、罗马,皆是。

世界上亦有某等民族,他们不仅能创造出一套优秀的文化,而他们所创造的那一套文化，又能回头来融凝此民族，使此民族逐步绵延扩展，日久日大，以立于不败之地。这便是我中华民族之特质，亦即是我中华文化之特征。

一 中国古代之氏姓分别

在中国古史上，只记有"氏""姓"之别。氏主男性，指地缘言，或指职业言。姓主女性，指血统言。

但中国古人，又有同姓不婚之戒。由于各氏族之异姓相婚，而逐渐把各地居民联系融合，成为一大民族。

二 中国古代之华夏与四裔

中国自玄古下到春秋，其时似乎确然已有一种鲜明的民族观念存在。因此当时人，遂有华夏与蛮、夷、戎、狄的分别。

但此等分别，实不从"血统"分，而只从"文化"分别来。文化深演，则目为诸华与诸夏，即所谓之中国人。文化浅演，则称为蛮夷与戎狄，即所谓之四裔。

子曰："夷狄之有君，不如诸夏之亡也。"此条或释作中国礼义盛而夷狄无之，故夷狄虽有君长，不如诸夏之偶无。或释作夷狄且有君，不如诸夏僭乱，反无上下之分，此两释适相反，但其意侧重在衡量文化全体之高下则一。

三 文化观与民族观

今人用"文化"二字，亦由西方语转译而来。但《易经》云："观于人文以化成天下。"是中国古人，原自有其一套人文和文化之观念和理想。

何谓"人文"？物相杂谓之"文"，人文即指人群相处种种复杂的形相。"物"又指种类言，可见大而至于血统不同、种姓各异之民族并存，亦已包括在中国古人此一人文观念之内。

惟其人群乃由不同种类相杂而成，于是乃求相和相通，乃有所谓"化"。循此而往，群体日扩，人文日进，全人类相融，即化成为天下。故中国人之"天下"观念，乃由其"家"与"国"之观念融合会通而成。《大学》八条目，修身，齐家、治国、平天下即本于格物、致知、诚意、正心，大意即如是。

因此，中国人之人文观，乃由"人"之一观念，直演进到"天下"之一观念，而一以贯之。……因此，中国古人，不仅无鲜明的民族观，抑且无坚强的国家观。

中国古人，自始即不以民族界线、国家疆域为人文演进之终极理想。其终极理想所在，即为一"道"字。《大学》三纲领曰："在明明德，在新民，在止于至善"，亦即此一"道"字。此乃中国文化传统精神所特有的伟大处。

四　文化建立与民族融凝

民族创造出文化，文化又融凝此民族。因此此下的中华民族，遂能更融凝，更扩大，成为一更新更大的民族。

最显著，在春秋战国时代。下逮秦汉一统，一个既理想又伟大的民族国家，遂在世界人类的历史上开始完成。

此是人类文化奇迹，但中国人习以为常，却不觉其为奇。……或认为秦汉统一，乃武力所致。不知武力但能创造一帝国，如欧洲之罗马；绝不能完成一民族国家，如中国。

中国之完成为一中国，当远自春秋战国时代开始。当春秋时，楚为南蛮，秦为西戎。而且当时建国，有绵历八百年以上者，如宋、如卫、如燕、如楚皆是。最短亦且三百年，如赵、如韩、如魏皆是。如齐，虽政府更迭，而国家命运已过八百年。战国时代之田齐，命运亦有三百年。试问单凭武力，如何能统一得？

在秦汉统一时，政府所辖，已到处是中国社会和中国人。此即所谓"民族融凝"，正是文化陶铸之功，也即所谓"化成天下"。

五　天下一家与中国一人之大同太平理想之追求

战国时代人，常称"大同""太平"，又说"天下一家，中国一人"，可见当时人已抱有此等观念与理想。

中国文化传统精神重在"道"。此"道"乃一种人与人相处之道，简称曰"人之道",或"人道"。自孔子始,乃特称之曰"仁"。仁道本出于人心,此心又称曰"仁心"。能本此仁心,行此仁道者曰"仁人"。若使仁心大明,仁道大行,便达上述大同太平、天下一家、中国一人之境界,即是《大学》"天下平"之境界。

我们当先认识此大趋赴,乃能认识中国历史,乃能认识中国社会,与中国民族之文化精神。此即中国人所谓之"大道"。

第二章　中国社会之结构

要认识某一民族的文化,必先认识其历史和社会。

一　人文精神的社会理想

中国人很早便确立了一个"人"的观念。由人的观念中分出"己"与"群"。但己与群都包涵融化在人的观念中,因己与群同属人。……人与人该如何相处?此即中国社会最大理想之所寄。

家与国与天下,范围有大小,但同样是一"群",同样只是"人"相处。各个小己则决然不能离群而独立。故《论语》孔子曰:"我非斯人之徒与而谁与!"

因此,中国人的最高理想,只是"行道于天下"。……此乃中国传统文化中之"人文精神"。

二　四民社会之形成及其意义

《论语》孔子曰:"人能弘道,非道弘人。"离了人,便无道。而在人群中,凡能志道、明道、行道、善道者,中国人则谓之"士"。

中国人本此理想而有"四民社会"之建立。士、农、工、商谓之四民,士为四民之首。此"士"之一流品,惟中国社会独有之,其它民族,其它社会,皆不见有所谓士。士流品之兴起,当始于孔子儒家,而大盛于战国,诸子百家皆士也。汉以后,遂有"士人政府"之建立,以直迄于近代。

当称战国时为"游士社会",两汉为"郎吏社会",魏晋以下迄于唐为"门第社会",宋以下为"科举社会",而其为四民社会则一。

三 中国社会中之个人地位与家庭地位及政治问题与经济问题

中国社会建基于人道,因此每一人均有其极端重要之意义与职任。

中国人理想,乃推扩修身、齐家来求治国、平天下,即是以"孝悌"之道来直达于平天下。……中国人乃以仁、义、礼、智、信为五常。……在此五常之大道中,政治事业实属次要。政治事业仍不过是人与人相处,故从政不当忽忘了人道,不当忽忘了教育。中国人政治理论主张"德化",其义便在此。

第三章 中华民族发展之经过及其前途

中华民族有两大特性,一是其"坚韧性",虽经千锤百炼,终是团结一致,有不可击破之耐受力。一是其"容和性",随时添进异民族异分子,均能容纳调和,有不可计量之化合力。

一 秦以后中华民族之逐步扩展与逐步融凝

秦汉版图,大体已奠定了此后中国之疆境。……秦汉版图以内之人群,显然已是"彼""我"一致的中国社会。

世人每以中国先秦与西方希腊相拟。然希腊人麇聚在小地面上,始终未能凝结完成为一国;先秦战国终于抟成秦汉之统一。此其异。

世人又每以汉代与西方罗马相拟。然罗马仅凭武力征服了其四围之异民族,乃西方一帝国。故在罗马政权下,社会异样多采,始终未能融化合一。汉代政权则由中国人建立,以统治此同文同化之中国人,非如西方之帝国。故罗马覆亡以后,即不再有罗马;汉室消灭,却依然有中国。此其异。……可见此项少数民族,在中国一统政权疆境之内,始终不绝其存在。

两汉时代,中国又不绝招致塞外异族内迁。及汉室衰亡,中国政权失统,遂有西晋末年之五胡乱华,而循致南北朝分裂,北朝政权乃属胡人。

隋、唐时代,依然不断有胡人归化。唐末藩镇兴祸,多半尽是蕃将与蕃兵。梁、唐、晋、汉、周五代,唐、晋、汉三代皆由蕃将统治。宋代先有辽、夏,后有金,分割区域,另建政府,相与为敌国。元代异族入主，乃以胡人而统治全中国。明室光复，但清代又是异族入主，又是以胡人而统治全中国。

就中国全史过程言，似乎不断有异族政权在中国疆境内出现。但此等仅是上层政治波动，若论其底层之社会传统，则终始如一，不摇不变。而且此等异族，不久即为中国社会所同化，全消失于全部中华民族史之扩展过程中而不见其踪影，因中国于"国"之上尚有一"天下观"。

二　异族内徙与海外拓殖

中国历史上之异族内徙，大要不外两途。一是归化投降，由中国政府招之来内地；又一是在塞外凭其武力，侵略入主。

外国人来中国，每易为中国社会所同化。但中国人去国外，往往祖世相传，仍保留其为中国人，且又逐渐将中国社会移植去。即就明、清两代中国人之移植南洋各埠言，中国人航海西行，尚在欧洲人航海东来之前。

但此等中国社会，在国外，亦仅是求和求安，并不从事于经济侵略与武力征服。对其寄居地，可说有贡献，无损害。

孔子曰："言忠信，行笃敬，虽蛮貊之邦行矣。"中国人去国外，亦是仅凭各个人之勤恳忠诚，而获得主客相安，侨土和处。并不曾借武力、财力甚至智力而打入，而霸占，而主客易位，而扰乱乃至消灭了各该地原有之土著。

但中国人心中，实存有一种文化自尊感。此种文化自尊感，并非即是鄙视乃至敌视异文化。这正因中国人内心，一向是"人道观"与"文化观"超胜了其"民族观"与"国家观"。而现在世界潮流，则正是民族观与国家观超胜了其人道观与文化观。中国人自己本没有一条狭窄不可逾越的民族界线与国家界线横梗心中。

三　民族观与文化观之冲突与调整

中国文化传统精神，建本于一己，而直达于天下。只求一种人与人相处之道来融通解决人类间一切问题，而期求达于天下一家、中国一人、大同太平的大理想。

但自东西接触，世界棣通，外面势力，却全以民族与国家观念为其力量之主要根源，来从事作相互之斗争。中国逼处其间，若使国家覆灭，民族解体，则其一向所重视的这一套文化传统，亦将不可保。于是中国人在其外患洊至，危急存亡之际，逼得要重新调整自己的传统。

晚清末年如康有为，一面主张"保王"，一面提倡"大同"，亦可谓仍是受了中国传统思想之影响。……近代中国，惟孙中山先生，始能高瞻远瞩，斟酌尽善。其于"民族观"与"文化观"之本末轻重之间，仍不失传统文化之精神。

四　救国保种与文化复兴

当前急务，则仍在以"救国保种"与"复兴文化"之两大纲宗为目标。只有保种救国，才能复兴文化；但亦只有复兴文化，才能保种救国。此在中山先生"三民主义"之讲演中，已揭发明显。保种救国，固需面对世界潮流，但更主要者仍在自己能拿出力量来。……则中国文化力量主要还是寄存表现在中国之社会。中国社会最和平，但同时也是最能奋斗，最坚韧。……"和平奋斗"便是中国社会内部力量之特征，也即是中国文化内部力量之特点。

下篇　中国历史演进与文化传统

第四章　中国历史演进大势

（摘要见一九四九年）

第五章　中国文化本质及其特征

一　中国文化体系之分析观

全世界各民族各文化体系，莫不各有其轻重长短，亦莫不各有其利弊得失。……印度由于气候与物产之特殊影响,生事易足,又对人生实务易生厌倦。因此,在其文化体系中,宗教一枝独秀,文学艺术为其附庸,而其它则无可言。西方欧洲文化,则由希腊之个人自由精神,罗马之法律组织,以及希伯来之上帝信仰,三者配合,而增以现代科学之发明。以中国文化较印度,显属发展匀称。与近代欧洲相较,则遥为调和协合。……中国传统文化,若截至清代乾隆以前,则三阶层之成就,实皆远超西方以上。仅自西方近代科学兴起,中国遂若处处落后。所幸科学无国界,可以向外袭取,迎头赶上。不幸而国人一时迷惘,认为不打倒旧的,装不进新的;为要接受科学,主张先把自己传统尽情破坏。试问在破坏途中,政治社会全摇动了。祸乱相寻,那有科学发展之余地?今以后,当整理旧的,再引进新的,两途并进,始是正办。

二　中国文化体系中之人文精神及其道德观念

中国文化是一本相生的,在其全体系中有一主要中心,即为上述之"人文精神"。中国文化以人文精神为主要之中心,而宗教则独不见发展。

中国特别重视道德观念,故使传统人文精神能代替宗教功用。中国人之道德观念,内本于"心性",而外归之于"天"。……孟子主张"人性善",此乃中国传统文化人文精神中,惟一至要之信仰。……中国人所讲人与人相处之道,其惟一基础,即建筑在"人性善"之信仰上。整个人生惟一可理想之境界,只此一"善"字。……由于人生至善,而达至于宇宙至善。而"天人合一",亦只合一在此"善"字上。

第六章　中国的哲学道德与政治思想

上面所说,似乎近似一套哲学思想。……西方哲学是纯思辨的,先在思辨中寻求建立出一套真理来,再回头来指导人生行为求能配合此真理。他们说:哲学是一种"爱知"之学。因此,便不免把"知"与"行"先就分成两橛了。中国人寻求真理,贵在知行并重,知行合一,知行相辅交替而前进。……故中国哲学,实际则只是一套人生实践之过程。

……因此，在中国有哲人，无哲学。"哲学"一名词，仍是由西方移译而来。……就中国历史言，大政治家项背相望，却只有极少数如西汉初年之贾谊等，始可称为一"政治思想家"。……近代中国，孙中山先生亦能对中国传统政治有其卓见。

一 中国传统文化中修身齐家治国平天下之一贯理想

因此说，中国的文化精神，要言之，则只是一种"人文主义的道德精神"。……亦可说：中国传统文化中的道德精神，实际也是一种如西方般的科学精神。中国人的"天人合一"，亦即如西方之"人文科学"与"自然科学"之合一。

《中庸》云："尽己之性，可以尽人之性；尽人之性，可以尽物之性。"若说尽己之性是心性道德，尽人之性是社会科学，尽物之性是自然科学，则中国人理想，乃从"心性道德学"以贯通达成于"社会科学"、"自然科学"，三者合一，乃始得之。

二 中国传统文化中之天人合一观

中国传统文化，虽是以人文精神为中心，但其终极理想，则尚有一"天人合一"之境界。……能超越此境界而达于"天人合一"之境，此始为有大德之人，中国传统则称之为"圣人"。圣人乃人中之出类拔萃者。然正为圣人亦是人，故证人人皆可为圣人。人人皆可为圣人，即是人人皆可凭其道德修养而上达于"天人合一"之境界。具此境界，谓之"德"。循此修养，谓之"道"。故德必然为"同德"，而道必然为"大道"。……故谓中国传统文化，彻头彻尾，乃是一种"人道"精神，"德性"精神。亦可谓之乃"天命"精神。

三 中国传统文化中之人文修养

最后要一谈中国传统文化中之人文修养。……大学云："为人君，止于仁。为人臣，止于敬。为人子，止于孝。为人父，止于慈。与国人交，止于信。"此乃中国人所讲人文修养之主要纲领。所谓"人文"，则须兼知有家庭、国家与天下。此三者，即今人所谓之"社会"。……人心与生俱来，其大原出自天，即性。故人文修养之终极造诣，则达于天人合一。……今天的中国，似乎已是礼乐衰微，仁道不兴。但"礼失而求诸野"，"为仁由己"，在家庭，在社会，依然仍有其文化大传统可寻。而其主要责任，则仍在现代中国的知识分子，能知、能信、能守、能行。道在迩而求诸远，孔子曰："未之思也，夫何远之有。"复兴中国，其道只近在眼前。

讲辞之部

第一篇　绪论（略）

第二篇　中华民族之成长与发展

第一章　中华民族之本质

一、讲到"民族"与"文化"，这两观念，通常就有很多不同的说法。但有一点值得我们特别提出的，即是某个民族曾创造了某种文化，而此民族却已在历史上退出了，仅是其所创的文化还保留在世界，由另一个民族来承接下去。于是就产生了像德国史宾格勒文化悲观的论调，认为文化也逃不了生、老、病、死的阶段。即在最近，像英国史学家汤恩比，还是逃不了抱持一种文化悲观的论调，他认为人类文化到达了某个阶段，必然会僵化。

这种讲法，由我们东方人看来总不易信。因为中国至少已有四千年的历史记载，而其民族与文化之存在，则绝不只四千年，这显然是一个事实，似乎中国文化是可以长生不老的。

我们今天以东方人立场，来讨论人类文化，我们认为文化可以有两种不同的体系。一种是某一个民族创造了某一种文化，而这个民族忽然中途夭亡了。最显著的，如希腊、如罗马皆是。另一种，像我们中国，不仅由中国人来创造了这一套中国文化，而又由这一套中国文化来继续创造中国人。因此到了今天，中国人仍占世界上人口最多的比数。不仅古代的希腊文化、罗马文化不能把希腊人、罗马人扩大而绵延，即如今天的法国人、英国人一样依然有不能扩大、不能绵延之隐忧。换言之，他们可能扩大他们的"国家"，却不能扩大他们的"民族"。即如英国只有三个岛，英格兰、苏格兰及爱尔兰。他们的大英帝国几乎可以控制全世界，但始终不能把自身三岛融合为一。从他们的根源上探讨，这还是"文化"的问题。我们认为西方文化可以使他们的民族"向外伸展"，却不能使他们的民族"向内融凝"。孔子以前，中国人创造了中国文化；孔子以后，则中国文化又再创造了中国人。全世界更没有另一民族另一文化，可以和此相比。这是中国的文化力量。

二、在中国历史过程中，和西方有一个很大的不同点，便是中国人的"民族观"，似乎很淡漠，而且又特别。我们读西方史，不论希腊、罗马，乃及近代欧洲各国的历史，他们对于民族的界线，分划得清清楚楚。读中国古代史，好像伏羲、神农、黄帝、尧、舜、一线相承，同是"中国人"。究竟我们中国民族开始是怎么一回事，我们已弄不清楚了。下到春秋时代，当时人心中的民族分野，有些处显然值得我们注意。当时中国人自称"华夏"，异民族被称为"蛮夷戎狄"，但蛮夷戎狄同华夏，是不是一种民族界线呢？这就很难讲。近代讲民族的都注重在"血统"分别上，其实世界上并没有一个纯血统的民族，任何一民族都夹杂有异血统。而中国古人则似乎并不拿血统来做民族的界线。那么中国人心目中的民族界线究竟在哪里呢？由中国古人看来，似乎民族界线就在"文化"上。这是中国古人一个极大的创见。

便知中国古人的民族观念，不拿血统分，而拿文化分。孔子说："微管仲，吾其披发左衽矣。"头发装束不同，衣服体制不同，这就变成为蛮夷人了。管仲尊王攘夷，"夷"是一种文化的界线，不是一种血统的转变。因此后人讲春秋，亦谓："诸夏而夷狄，则夷狄之。夷狄而进于诸夏，则诸夏之。"可见中国古代人观念中的民族界线，是在文化上。

今天我们所讲，则只说中国人一向对于"民族"这一观念，是偏重在文化上，和西方看法有不同。这不是中国人头脑不科学，只是中国人的文化体系和西方人不同。

三、我们《易经》上有所谓"观乎人文，以化成天下"的话。这是我们中国古人的文化观。这种文化观，可以说是有体有用的。"人文"就是一个"体"，就是一个客观事实。就可以"化成天下"。所以"化成天下"就是"用"。……现在再讲"文明"二字。此二字出在《小戴记》，所谓"情深而文明"。……这"文明"二字，也是很有意义的。

四、在中国古人的文化观念里，早就存有了我们今天所提出的所谓"民族共存"、"文化交流"的意识了。人与人总可相安相处，推至于全世界人也可以相安相处。中国古人只此"人"字的一观念里，已轻易地把"民族"和"国家"两个观念消融了，已轻易地越过了民族和国家的两道障碍线，而直进到"天下"观念中去了。这是中国的文化理想，也是中国的文化精神。

正因中国人一开始就抱有这观念，所以中国的文化可以永远扩大。民族可以共存，文化可以交流，慢慢地就化出新的民族、新的文化来。如春秋时代之楚，中国人就不当他们是同一民族的。战国时代的秦，中国人也不当他们是同一民族的。当时都称他们是"蛮"是"戎"。到了秦汉统一，中国就是一个中国，秦人、楚人全成为中国人，这就是文化扩大，民族融凝了。

近几百年来，西方的帝国主义和殖民政策，并没有把他们的殖民地融凝成一个新民族，开展成一种新文化，造成为一个新天下。可是中国到了秦代统一，就已是所谓"车同轨、书同文、行同伦"，把整个中国化成了。"车同轨"还容易，"书同文"的问题就大，"行同伦"就更麻烦，这才见中国人的文化理想和文化精神。

现在有许多人习称秦汉统一为秦帝国和汉帝国。其实这个称呼我们绝不该随便用。汉朝人打天下，并不是说江苏人打倒了陕西人。即说秦代统一，秦始皇帝所用的宰相并不是秦国人，所用的大将军也不是秦国人。秦始皇帝受尽后人唾骂，但当时中国的政治，早就进步了，文化理想早在"化成天下"的途程上逐步进趋了。人类的一切创造，主要在其观念上，其它的进程很简单，自然会水到渠成的。

五、中国到秦汉统一，已经就是一个"民族国家"了，只要在中国这个疆土之内的，就全成为中国人。所谓中国人者，就是同在一个中国文化中陶冶而成的。"车同轨、书同文、行同伦"，就是同一文化。

我们当知，西方古代有希腊人，有希腊文化，而并无希腊国；这就是希腊文化不能同中国文化相比的地方，然而所谓罗马国者，其实限于罗马一个城。他们征服了意大利，征服了地中海，成为一个帝国，罗马只是一个征服外围的中心。在中国历史上则并无帝国出现，秦、汉、隋、唐、宋、明都不是帝国。今天我们随便拿西方人所有的"帝国"观念用到中国历史上来，这是极大的错误，这等于说"专制"和"封建"等。中国政治并无专制，而我们偏要把西方的"专制"二字用在中国历史上。中国社会并无封建，而我们偏要把西方的"封建"二字用在中国社会上。

第二章 中国社会之形成

一、当然秦汉统一了中国，罗马也统一了欧洲。但是这里面重要的不同点，却不在政府而在于社会。在中国统一政府之下，是一个中国社会。在罗马统一政府之下，则并不是一个罗马社会，同时还有埃及社会、希腊社会，种种不同社会之存在。

我们讲中国文化，应该有两个重要之点。一是从中国"历史"讲，一是从中国"社会"讲。这都是具体客观的事实。这才能讲出中国文化之真相来。

从历史看，各时期的社会，不断的有着变化。从社会看，眼前的社会也不是顷刻间偶然形成的，我们应当注意它从来的历史。社会并不是一个平面的。社会的形形色色，有些是新兴的，有些是旧传的。社会便是一个历史的结晶。以往的历史，汇成了眼前的社会。

二、西方人讲社会，常拿"个人"与"社会"分作两观念来互相对立。……可是"个人"二字，"社会"二字，中国从前也没有。从前中国人对这两个观念，也是淡漠的，不显明的，亦可说是不存在的。中国人观念，还是从人到天下一以贯之，因此不认为"社会"是可以与人作分别而存在的一体。换言之，中国是以"人"的观念来消融了"个人"和"社会"对立的两观念。

一切社会之形成，在中国人认为有一重要元素，即是"道"。所谓"道"者，则只是人与人相处之道，亦即是人人共行的一条路。……中国人观念中有"天道"，有"人道"。所谓人，所指是很笼统综括的。这个"人"字的观念，在中国文化观念中是非常重要的。我们不喜叫什么民族，如英国民族、中国民族等。若用"民族"二字，便见中间有隔阂。若单用一个"人"字，便不见隔阂了。如说中国人、英国人，便只都是人，不见隔阂。

我们这一百年来走了种种错路，使我们惶惑迷惘，进退失据，原因都在这些观念上。中国人一向看重道统与文化，其意义与价值更在其看重血统和民族之上。近代中国人，便为此所误，看重西方人，崇拜西方人，把自己祖先传统看成一文不值。而实则西方人是看重民族血统，更过于其看重文化道统的。我们愈自谦恭，他们愈自骄傲了，更把我们看得一文不值。这不是当前的实际情况吗？

中国人所谓"人道"，就是一种人与人相处的道。人与人之间，相处而得其道，这就是"仁道"。仁者，相人偶，这便是两个人成一对偶了。

西方人的看法和想法，都是喜欢向外的，因此西方社会就特别看重"富"与"强"。富了还可富，强了还可强，如是无限追求。……中国人的社会理想则不同。中国人主要讲"安"与"足"。由中国人看来，也可说近代西方社会是强而不安、富而不足的。今天的美国人，你说他安吗？足吗？前一时期的英国人、法国人，你说他安吗？足吗？中国人不这样，中国人常主"反而求诸己"，是向内了。因此得了一个"己"字的观念，要安就得安，要足就得足。但这样的社会，亦并不是个人主义的。亦并不是唯心主义的。

三、因为中国人根据了上述这样一种观念来形成中国社会，所以中国人一向不大看重为个己谋利的经济问题。故说："君子谋道不谋食。"讲到政治，中国人说"天生民而作之君、作之师"，政治也是不可缺少的，然而政治也不能妨碍了人生之大道。

所以中国人讲人道，是合于科学精神的。我们要知道，事情向外看，有得或有失。若反向自己心上看，则可有得而无失。……中国人会说饿死也心安，岂不有些不近人情吗？但饿死也心安，也是确有此境界的。

四、中国人根本没有"个人"与"社会"对立的观念,这是中国一长处。有一天我同一位澳洲人谈话,我说香港人口这样多,澳洲为什么不肯开放,让香港多移些人去。他答复得很坦白,他说:中国人很可怕。我说中国人去澳洲,都是些苦力,帮你们开发,仅求温饱,有什么可怕呢?他说中国人当劳工跑到澳洲去,将来他的儿子可以做博士,我们不能在澳洲平添许多中国博士呀!他这话很有理。这也代表了中国的文化精神。

只因每个中国人去新加坡,并非只身去,还带着中国文化一同去。中国人到的地方,自会成中国社会。中国社会、中国人、中国文化,本就是连贯成套的。

但中国社会则到处都差不多。在历史上,中国人同外族接触也很多。外族跑到中国来,尤其像五胡乱华、辽、金、元、清几个时代,他们曾摇动了中国的政治,但并没有摇动得中国的社会。那时我们是亡了国,可是我们没有亡天下。顾亭林曾说:"有亡国,有亡天下。"亡国只是亡了政权,亡天下就是亡了人道,亡了自己的文化传统。当时我们虽亡了国,但中国人还存在,中国社会也依然。因此我们说中国文化力量之强,不强在它的政治,而强在它的社会。中国社会之强,也不是强在它的经济与武力,而是强在它有一个道。此即中国人所谓"人伦之道"的道。

中国社会有一个很特殊的地方,就是中国社会主要乃是由人与人之道而形成的。人与人相交有道,乃可不仗法律,不要宗教,而常得相安。中国社会从开始就不要教堂牧师和法堂律师,而可以形成一个绵延长久,扩展广大的社会。就靠中国人讲的这个简单观念,就是所谓"人"、"人心"和"人道"了。

五、中国社会到今天和中国人几千年来的文化传统根本相反了。……中国人认为真理在我心,在社会,在人类自身。中国哲学不重"思"而重"观"。所谓"观乎人文以化成天下",只如实地观;这是一种科学精神。

依照从前法国孟德斯鸠的说法,有君主、有民主,这是所谓国体。有立宪、有专制,这是所谓政体。于是有"君主专制",有"君主立宪",有"民主立宪",这三种不同的政治。但实在论,中国的政治,是有皇帝、无国会、无宪法，而又非专制的。那么这该叫做什么政体呢？

六、我想称中国社会为"四民社会"。士、农、工、商，谓之"四民"。中国社会的特点，就是包括这士、农、工、商四种人。

"封建"二字在中国是原有的，但中国的"封建"二字是讲的政治。譬如周公封建，这是政治上一种制度。古代中国是封建政治，秦以后是郡县政治。这种制度西方人不懂。西方的国家，或是帝国，或是市府，他们所讲的封建，是社会体制，非政治制度。

学术不独立，自己不知道自己，各凭意气与空想来挣扎国家社会之前途，那是够危险的。……我们说中国社会是一个"四民社会"，早已包括工商人在内。西方"封建社会"则只有地主与农奴。这显然有不同。读西洋史的都知道，希腊以后有罗马，罗马亡了就变成中古时期，于是又产生现代国家。西洋史逐步有变化。中国则秦、汉、魏、晋、南北朝、隋、唐、宋、明、清，都是一个皇帝，一个政府，究竟变化在哪里？此刻我们称中国社会为"四民社会"，只表示我们这个社会和西方社会之不同。

我们该根据此"四民社会"观念，来分析中国社会两千年来的各种形态之演进。今天的我们，该把中国的东西也让外国人知道，然后才能进一步讲出一个世界性的东西来。单凭西方观念来看中国，中国当然不对。头发为什么不红？眼睛为什么不绿？皮肤上为什么没有毛？总之，我们应对我们自己本身有智识，应有我们自己本身的立场。

七、在四民社会中，"士"的一流品最难讲。中国历史上社会变动，主要就变动在士的这一流。……战国时代，中国社会可称为"游士社会"。在这个时代里，"士"是一个新的流品的开始。古代封建政权之破坏，就破坏在这"士"的新流品之兴起。士的流品，在中国社会里发生重大作用，即从孔子始。

两汉时代的社会，我们可称之为"郎吏社会"。……一个国家，有政府，有民众，古今中外历史都如此。中国到汉代已经有一千多个县。这样广土众民的一个大国家，政府自皇帝以下又有什么人来参加呢？在中国，主要就是士、四民社会中第一流品的这个士；只有这一流品是有权参加政府的。由士人来组织政府，政权操在士人手里。这样的政府，西方历史上没有,我们只得特创此一新名称。而士人是社会上一流品,由于这一个流品之参加进政府,而掌握政府之大权,于是政治和社会就得打成一片。

"郎吏社会"汉以后就没有了。下面逐渐造成第二种所谓"门第社会"。读书人都出在门第中,门第就成为社会的中坚与领导阶层。……从"门第社会"再一变,就是"科举社会"。科举是政府的一种公开考试,用来代替两汉选举制度的。考试是公开的、无限制的。每一人都可凭一张履历,去申请应试。只限制工商人不得参加。政治是为公众服务的,工商人完全为私家经济而努力,因此不许他们参加考试,而从政的也就不得再经商。士大夫从政再经商,这是违法的。自唐以下历宋、明、清几代,又可再分几个阶段,在此不详说。

八、我们上述这一个分法,是注意在中国社会和政治两方声息相通的重要点而分的。西方的封建时代,以及现代国家兴起后之专制时代,社会和政府并无紧密联系。直要到法国大革命以及英国产生宪法以后,他们有了民主政治,社会和政府间才有一个联系。而中国社会和政府的联系,从秦汉开始就已经见之于种种的制度了。

近代敢讲这句话的,除了孙中山先生的《三民主义》以外,我还没有看见第二人。我一生崇拜孙先生,就在这一点。

第三篇　中国历史演进与文化传统

第一章　历史的领导精神

一、中国的文化价值,有两项最简单的证明,就是历史中国最久,社会中国最大。我以为我们讲历史,应该要找出这一部历史的精神。所谓"历史精神",就是指导这部历史不断向前的一种精神,也就是所谓"领导精神"。

二、在长时期的历史中,一切事情都像是偶然的、突然的、意外产生的,然而实在是有一种指导历史前进的精神贯彻在里面的。……我现在讲的,是说欧洲历史,没有一个贯彻在历史里面的领导精神。一段时期是希腊的,另一段时期是罗马的,现代一段时期是近代欧洲人的。近代的欧洲人,在历史上本是北方蛮族,而这里面又有英国人、法国人、德国人等等,更加复杂了。

三、我认为中国历史是有一番始终贯彻的领导精神在里面的。因为这一部历史四千年来始终是中国人的。中国史之演进,好像平平淡淡,其实也不能如此说。蒙古人打进来,满洲人打进来,那都是极可怕的。但是一阵风暴过去,还是青天白日。中国人还是中国人,中国社会还是这一套。偌大一个民族,支持四千年,直到今天,他应该是有一个指导历史的精神贯彻在里面的。也正因为有这一个精神贯彻在历史里面,所以我们看不出历史的巨大反复。像欧洲史希腊、罗马,中古时期那样的反复,在中国史里是看不出来的。

我们看见西方历史有一个文艺复兴,我们在"五四运动"时真是心向往之,以为我们中国为什么没有一个文艺复兴呢?其实我们历史上孔子、孟子的书,一直到今天还人人在读,怎样会有文艺复兴呢?北方蛮族跑进罗马,他们是什么都没有,只信耶稣教,忽然在教堂里翻到以前希腊、罗马那些书,所以才有一个文艺复兴。

我想我们有一条路,就如前面所讲,看文化要从"历史"和"社会"两方面来看。历史是过去的社会;社会是现在的历史。而且过去历史还存在现在的社会上,现在的社会又就从过去历史里来。我们看文化,只要从历史记载和社会现象来看。

中国历史从古到今,四千年来有一不变的制度,是最高政治领袖即天子,俗称"皇帝",他们是父子相传君位世袭的。我们正为此故,称中国传统政治为"帝王专制"。其实秦汉以下的郡县政治,并非帝王专制,那时的政府,乃是一"士人政府",只因中国民众地广,君位世袭可免种种麻烦,省去种种争议,使社会上下得以同趋于安定。改朝换代至少是两三百年后的事。这亦可称为是中国人聪明的特创。倘缺了此一君位世袭制,中国不会有这样的安定,秦以下的历史会走向哪里去,便很难预测了。故中国社会乃一"四民社会",而中国政府则是一"士人政府"。不得专以君位世袭那一制度,便称中国是一专制政治。

中国社会有"士"的一流品，那是世界各国社会所没有的。士是中国社会一个领导中心。士在中国社会中，几千年来，有得吃，有得住，有得穿，还得人家看重你，总有一个道理在。我们看中国社会上的士，如何做社会上的领导者。从乡村到城市乃至政府都有士。这个"士"的形成，总有一套理由。这套理由维持下来，即就是历史的领导精神了。

四、现在中国的最大问题，却是社会正在那里变，而且变动得最大，这一变就很严重。罗马帝国崩溃了，北方蛮族是一张白纸，加上耶稣教，后来又加上希腊、罗马，这些变尚简单。中国人则并非一张白纸。近代中国苦难重重，自己觉得没有出路，就在这上面。

"五四运动"时我们要"打倒孔家店"，这就是一难题。欧洲北方蛮族入侵罗马，他们当时没有一个像我们的孔家店要打倒。耶稣教来了，他们就信耶稣教。中国人要打倒孔家店，又要把线装书扔茅厕里，又要废止汉字。要做这三件事，谈何容易，一两百年也做不了。今天大陆中共只不过造出几个简体字，打倒孔家店，直到今天也打不倒。他们说，我们要的是"科学"和"民主"。但科学仅是供人使用的，不能全由科学来支配人；民主政治在某些处也是靠不住，不是那般民，又如何作那般主呢？单有科学和民主，拼不成一个社会，生不出一套文化来。社会该由"人"作中心，单就科学与民主，也拼不成一个人。

从前许多人又说，一部《二十五史》，只是帝王家谱，这样的历史没价值。认为现代人治史，该讲社会史。此下就大家争论着，我们究是何等社会。尽争不出定论。……但孔家店创始迄今两千五百年，愈后愈旺盛，亦必有一开店的精神。你不识其精神所在，又如何去打倒他？又如孙中山先生，倡导革命，成立中华民国，他两次对敌人言和，一在南京，一赴北平，终于病死在旅馆中。他的事业，可谓实未即身完成。他提倡的"三民主义"，首先便是"民族主义"，这便是如上面所说的"孔家店"精神，中国文化中所谓"士"的精神。能近取譬，孙中山先生到今天岂不常在人口里心里吗？中山先生的精神，正是在他及身未能完成，尚待后人继他完成的一条道路上。这正是我所谓中国士的精神，亦所谓孔家店精神。中国文化精神，正是永在向前，永待后人继续，永无完成的一番精神。

第二章　中国历史演进大势

一、中国人心中最崇拜的是圣人。但在唐以前常以周公、孔子并称，宋以后始是孔子、孟子并称。这等于西方人讲耶稣，罗马人讲凯撒，蒙古人讲成吉思汗，任何一个社会，总有受这社会尊崇的人。可是罗马有凯撒，蒙古有成吉思汗，中国也有秦始皇、汉武帝这一类的皇帝，但中国人并不尊这些人。在中国人心中最受尊敬的还是周公和孔、孟、这是中国历史上人物造型一个最高的目标，也可说中国的历史指导精神寄在"士"的一流品。而中国的"士"则由周公、孔、孟而形成。我们由他们对于历史的影响，可知中国历史文化的传统精神之所在。

我现在讲周公与孔、孟。这三人中，周公是一政治家，孟子是一教育家，孔子兼于两者，又是政治家、又是教育家。孔子和周公联合在一起，便见政治意义重过了教育。孔子和孟子联合在一起，便见教育意义重过了政治。我们且不要听到周公、孔、孟就感得讨厌，我们讲周公、孔、孟就如讲政治同教育，也就是中国古人常说的所谓"政教之本"了。

因为中国的地理环境和希腊不同，立国规模和罗马不同。中国由一个广大农村集成，大家有吃，有穿，要使大家能相安无事，而凝成一个大社会，这就在政治问题上。希腊人在一个个小城圈里，从事商业，从地中海发展到亚、非两洲。一个城圈里最多一两万人，他们不觉得政治问题的重要。罗马人是打天下的，他们所以要讲法律与组织。犹太人是流亡的，奔进四方，始终受压迫，所以他们要讲一个上帝。中国是广土众民，要团结成一个大社会，因此要讲政治。

中国古人说："夏尚忠，殷尚鬼，周尚文。"到了周"尚文"，遂开此下传统，中国人直到今天，都还是尚文的。所以中国人讲政治称"文治"，讲教育称"文教"，讲人事称"人文"。所谓"郁郁乎文哉，我从周"，孔子就是第一个崇拜周公的。

二、"文"字的涵义犹如俗语的"花样"。周公从事政治就有许多的花样，或者说许多的文饰。周人的天下从商人手里打来，这时候周公就建立起一套新的政治制度来。这就是所谓"封建政治"。

周公却觉得单凭武力打天下，人家不心服，所以周公又出花样，于是就封纣王的儿子武庚来承接商人的传统。这不是现在人所主张的"民族自决"吗？……周公又主张，不仅是商朝的子孙该存在，从前夏朝的子孙，乃至唐尧、虞舜、黄帝、神农的子孙，凡是我们历史上曾有过的都得要存在。这叫"兴灭国，继绝世。"今天文化进步的世界最好理想也不过如此。犹太人在世界上几千年没有一个国家了，美国人说你们自己可以建立起一个国家来，这就是现在的以色列。周公的"兴灭国，继绝世"，用意注重在保存文化传统。每个国家都得保留他们的旧文化、旧传统。周公这个处置是非常伟大的，他就要叫周朝人也看看，从前有政权的，还有商，有夏，有唐、虞、黄、农，历史摆在你眼前，不要认为我们周朝人可以永远做皇帝；如果我们不行，也会同他们一样，上帝会再挑一个新儿子。

这种想法，不仅是从前的宗教信仰慢慢过渡到政治理论上来，而且又加上了一种历史的精神。他的封建制度就有一种尊重文化历史的精神在里面，要周人懂得警戒历史上以前的坏处，来接纳历史上以前的好处；这就成为中国人此下的人文观念。

这样地封下去，岂不会四分五裂，不成体统吗？不，周公的花样还多。他要各国诸侯每年都集合在一个地方祭上帝，上帝你总不该不承认。可是上帝天高地远，不能来管我们这世界，这世界他得另外派人管。派什么人呢？此刻派的是周朝人。因此祭上帝就要同时祭周朝的天子，这是上帝的代表，配搭上帝的，当时称为"配天"。那么周朝打天下开国的是周武王，配天的应该是他。可是周公说不是。打天下的是周武王，当然别人对周武王可有些不开心，所以周公叫人家一起来祭的，是周文王。他说文王没有打天下，三分天下有其二，还有服事商朝，可见我们并不要夺商朝的权位；这是上帝要我们周朝人起来。周公的伟大就在这些处。此下中国政治常重"文教"，不重武力，便从周公这些伟大处来。

这些事情，我们此刻看来很简单。但当时就是这些很简单的事，把中国变成一个统一天下了。中国古人把这些叫做"礼"。周公这套政治，就是所谓"礼治"，也即是所谓"文"，后人又称为"文治"。而周朝凭此基础，有了八百年天下。……可是这样祭文王配天，也只能使政治上有了个中心，有了个联系，这还是和整个社会民众没关系的。周公觉得兴灭国、继绝世、祭天、以文王配，这些还不够。当时全天下人生所赖主要在农业。周公又说第一个发明农业的便是我们的祖先后稷呀。……他因此叫全社会人都来祭后稷。于是祭文王有一个庙，天子、诸侯、公、卿、大夫都到那里去祭。祭后稷，却许乡村野外到处可祭，不必要宫殿。这样一来，全中国人一到冬至就祭后稷。后稷是周人的祖先。此外周公还制了许多诗，谱为乐章，来配上那些礼。所以后人说周公"制礼作乐"。

现在西方的教堂里，却有和周公所制一样的礼和乐。在中国，三千年以前的周公，就懂得运动这一套。这在中国古人叫做"文"。这一点，直到孔子才拿周公这番道理更深入的讲出来。

三、孔子之道，重在讲人心、人道，就讲出一个"仁"字来。他讲的礼、乐、诗、书，都是根据历史。他的学问来源，主要的是周公。

到了孟子，他就是学孔子，孔子讲心，讲仁，孟子讲性，讲善，由"心"讲到"性"，由"仁"讲到"善"。这套理论，可说是中国学术思想上一套极大的理论。"人性善"这一理论，全世界只有中国人讲。孟子所讲的性善，他实在并没有说人性都是至善的。他只反过来讲："凡是社会上的所谓善，都是发源于人心的。人心便由人性来。违背了人性，则都不是善。"

周公认为人可分为两种，一种是"自然人"，一种是"文化人"。自然人是历史以前的；文化人就是历史以后的。……这就得从"文化"观点上下手了。……人性虽然有善有恶，但是在这个社会上能保留下来的总是善的，恶的便不能常留。历史文化的演变，就是要把善的保留下，把恶的除去了。譬如孙中山先生和袁世凯，到他们两人死后，孙中山先生的志业是传下了，袁世凯的行事在历史上的影响当然也不能抹煞，后代人也会提到他的名字，但是他的势力和影响，慢慢就会被后人洗去的。斯大林一死，赫鲁晓夫就出来清算他，也就是这道理。

四、周公是一个在政治上活动的人，孔子呢？照现在话来讲，那就是一个社会上的自由学者，知识分子，而在中国则称为"士"。秦代统一，在周公封建时代，社会上还有贵族、平民之分。诸子百家兴起，贵族开始崩溃。到秦以后，中国就是一个平民社会。中国古代的贵族阶级，却在和平的进程中消失了。大一统政府开始，不能说不是在当时思想上先有了一个准备，先有了一个领导。倘使孔子也讲民族主义，他是殷商之后，不该向往周公。倘使孔子在当时，抱有狭义的国家观念，那么他生在鲁国，该是鲁国人。然在孔子心中，并不深刻存有民族与国家的界线，他只想行道于天下。孟子亦然，他见梁惠王，又见齐宣王，都不在乎。

即是其它一切学者，在当时都不抱一种狭义的国家观和民族观，他们都想行道于天下。所以在战国时代，在士的阶层中，早已在那里做"大一统"的向往和运动了。

孔子思想，用现代话来讲，可说是一种人文主义的。只是和西方文艺复兴的人文主义不同。孔子很看重政治，就这一点上来讲，耶稣就不能和孔子相比。耶教把政治撇开，佛教以及其它宗教，也多撇开政治不管。孔子不这样，政治是他教训中极重大的一项。孔子讲政治，是根据一个"道"来讲的。这个"道"，孔子是承继着周公的。

大家知道，周公不是一个皇帝，孔子希望做周公。秦汉以下的政治，最要的就是皇帝下面有一个宰相，掌握着行政大权，实际是一"副皇帝"，而由他负责政治上的一切。中国的皇帝照理只代表皇室，宰相则才是代表政府的。中国并没有所谓"朕即国家"这观念。在先是封建，在后是郡县，这都是有一个统一的政府在上面的。郡县制开始，宰相的权位就正式代表了政府。这里面又可分为三时期。宰相，是汉代的制度；中书、尚书、门下三省，是唐代的制度；明、清两代则是内阁制。

儒家思想之表现，往上是政治，往下就是教育。在汉代就有国立的太学了，这是从汉武帝起的。地方有郡、县学。由郡、县学推举优秀子弟进太学，太学毕业就可以补郎补吏，跑进政界。汉代的学校可说是官办的学校。国立学校里的讲座叫"博士"，博士讲的是《六经》，《六经》就是周公、孔子的教训。一般社会上的初级教本是论语和孝经，这都算是孔子的教训。由教育加上行政服务经验，再加上选举、考试，而参加入政府，这是汉代教育和政治直接相通的关系。

可是当时书本都是手抄的，不易得，因此读书人有限。跑进政府的，一个地方只有少数几家。这几家只要有了书本，就有了跑进政府做官的资本。此所谓"家世传经"。在这种情形下，政府的门虽然开着，实际上的道路还是有限。这样就形成了"门第"，这就到了魏晋南北朝时代了。到了门第时代，他们就看不起国立学校，都在自己家庭中读书。东晋以后，宋、齐、梁、陈诸代，都只有几十年的历史。而做宰相做大臣的家庭，从东汉下来，都经历了四五百年的长时期，文化传统都在他们家庭里。士大夫家就变成了门阀。一般平民，没有受到教育以求上进的希望了。

五、在这时，佛教就跑进中国来。宗教本也是一种教。一般社会上人，总愿意受教、领教的。社会上教育的门关了，另外有人来教，当然大家就走这条路。若说世界乱了，宗教就发达；世界好，宗教就衰退；固然魏、晋、南北朝是乱世，佛教来了；但唐代的世界不得说不好，而佛教还是很盛。宋代社会又不好，宋代的佛教却衰了。可见宗教盛衰，和社会治乱，并不准是双轨并行的。

佛教来中国，经过魏晋南北朝时代的一段翻译时期，那工作是极伟大的，几乎把印度所有的佛经都翻完了。到了隋唐，中国人就把印度佛教全部消化。于是遂有所谓"佛教中国化"，亦可谓是中国佛教的兴起。尤其是禅宗，自称为"教外别传"。而禅宗只有"祖师"。这可以说是中国佛教的一个大革命。中国的六祖慧能，就等于西方的马丁路德。但西方的宗教革命，曾经造成大流血。在东方中国，只在佛寺里，嬉笑怒骂，平平淡淡地过去了。中国人的长处，便是能把许多问题在和平状态下解决。这也是一种智慧，可见国民性。

六、后来中国思想界，又从禅宗转身过来，就变为宋明的理学家。唐代一崩溃，下面也同样是黑暗时期来了。五代十国，天地一片沉阴。在那时，逼得和尚寺里的大和尚们，挺身出来提倡读韩昌黎文了。唐代只有一个韩愈是辟佛的，当时的佛家当然讨厌他。然而韩愈所讲的是一套修身、齐家、治国、平天下的道理，上承孔孟。五代十国时，这世界实在弄得没办法，只有和尚寺里还保留一线太平治安，因此才从和尚寺里的和尚们来提倡人读韩文，读中庸，读孔子、孟子的书。到了宋朝，几个伟大的学者，也都从和尚寺里读书出来的。

理学家对中国社会有几个贡献，第一个是书院讲学，宋朝人"由释返儒"，一面接受了佛教菁华，一面再来重讲孔子。但宋朝以后人就不大讲周公，而爱把孔子、孟子联起讲。宋以后，中国出了第二个孔子，这就是南宋的朱熹朱夫子。朱夫子最伟大的贡献，在他另编定了《论语》、《孟子》、《大学》、《中庸》为四书，奉为此后中国人人的必读书。……到了朱夫子出来，教人读四书更重于读《五经》。从前是把孔子承接周公，现在是把孟子承接孔子，在《论语》、《孟子》以外，再加上《大学》、《中庸》，如是则孔子就成为中国学术思想史，即全部文化史中间，第一位最高人物了。

当时中国本分成两个，朱夫子在长江以南，长江以北是金朝人的天下，已经是外族统治了。元朝人统一中国，朱夫子的学问就从长江以南传到长江以北去。元朝亦承接着唐宋的考试制度，但考试的主要项目，亦在《四书》。明代承之，科举取士仍重《四书》。……明代考《四书》，也该要编一部参考书，这就是《四书大全》了。明代得天下，朱子四书的地位已经准备好在那里了。从明到清，中国人考试主要考《四书》。只要是一个读书的中国人，这七百年来，是没有一个不读朱夫子的《四书》的。

七、中国自汉到今，一部论语可说没有人不读，已经有两千几百年的历史了。……孔家店打倒了，耶稣一时跑不进人心，无怪马克思要乘虚而入了。

第三章　中国文化本质及其特征

一、要讲中国的文化，我们先要讲"文化"二字究竟指的什么。我以为"文化"就是人群整个全体的生活。因此我们讲文化，要拿各时代、各部门、各方面，过去、现在、未来，综合在一块来讲。所以文化必有一个体系。

第一阶层是"物质的"，也可以说是经济的，包括衣、食、住、行等等。进到第二个阶层，就是一种"群体组织的"，也就是人与人相处的一种社会的生活。譬如我们处家庭、处社会、处国家，都在这种生活中。

到了第三个阶层，这就应该到了"心灵陶冶的"生活了。到了心灵上的生活，这就有文学、有艺术、有哲学、有宗教信仰了。……我们且把此三阶层，来看世界各个民族的文化体系。一个是中国、一个是欧洲、一个是印度。

二、我们只能说印度是一个早熟的文化，它的发展是畸形的。印度的气候炎热，物产丰富，物质生活很容易解决，因此在物质生活上，反而不能发展到一个高度去。但印度文化也曾发展到最高的一个阶层去。如其在宗教、文学、艺术、思想方面，不能说印度没有一番成功。

西方人的文化，我们可以说是从希腊人的个人主义，罗马人法律、军事、政治的群体组织，再加上希伯来的宗教信仰，由这三方面合起来。耶稣固然有一种"博爱"精神，实在说起来，里面也有一种希腊的所谓"个人主义"。我们研究耶稣教的理论，它是很多采用希腊哲学的。研究他们的神学，有的是采用亚里士多德，有的是采用柏拉图。拿希腊的哲学思想和耶稣的教义配合起来，主要的还是有个人主义的色彩。实在耶稣教已经容纳了希腊精神和罗马精神。以后又有文艺复兴，这样再加上现代科学，四个来源凑合起来，就是今天的西方文化了。

我们拿中国文化这个体系来同印度的体系作比较，我们觉得中国文化是健全的。是从物质阶层进到群体阶层，再到心灵阶层；这三阶层又分配得很均匀，不像印度人单在一方面发展。拿中国文化同西方文化作比较，西方文化是复体的，希腊的、罗马的、耶稣教的，再加上他们自己原始的民族性，再加上近代的科学。因此西洋文化是多彩多姿的，其短处在不容易调融合合，时时在内部起波澜、起冲突。中国文化是一本而来的。我们今天拿中国文化同西方文化比较，当然中国文化有它的发展，也有它的短处。……历史是波浪式的往前进，绝不是直线的。

在清代干隆以前，中国人在此三个阶段的文化造诣上，绝不下于西方人。马可波罗来中国，回到西方，写了一部游记，西方人见了，绝不相信世界上会有这样一个国家。偌大的地区，只有一个统一政府，到处有城市、有商业，而没有关卡，没有军队，大家安居乐业。这样的世界，在西方当时是不可想象的。……可是从道光以后，我们是在直线下降，西方是在直线上升。但我们总不该单把此一横切面来推断双方之全进程。

三、倘使我们真认识人类几千年历史不断的演变前进，我敢告诉诸位，若单就这一点言，英国的前途，不会老在中国人之上，我此十年住在香港，香港这一个小地区，十年来流亡到那里的人，居然能把他们的纺织业威胁了兰开夏的存在。兰开夏的纺织业，就是一百年来大英帝国殖民政策的一根大管子，中国人的血都从那根大管子抽去。而今天他们却说受了香港流亡人压迫了。这不是值得发人深省的一件事吗？……中国这几十年来，一年到头在打仗，社会不安，科学怎么能生根？……明天的中国，谁也不知道。从第一次世界大战到第二次世界大战，再到今天，英国领导世界的地位已让给了美国人，法国人更像在走下坡路。中国人至少在此五十年间是在翻身往上爬。这个端倪，从辛亥革命就已经见到了。

四、所以我们讲文化，要拿人类历史全进程来讲，不能横切一短时期来讲。我们今天是在堕落时期中，我们的祖宗并不曾永远在堕落。堕落的是我们，而今天的我们不自负责，却说中国传统文化不好。

文化体系好像七巧板，用各种方法可以拼成各种花样。文化体系，乃是更复杂的七巧板。就物质人生讲，就有农、工、商、矿、渔、牧等各业。就群体生活讲，就有家庭、国家、政治、法律种种。就心灵生活讲，又有艺术、文学、哲学、宗教等。各系文化中各部门的内容，似乎都是差不多。……我的看法，这七块板中，只要一块的位置换了，块块都得换；只换一块板，其它六块都要跟着动。

第四章　中国传统文化中之人文修养

一、可以作为讲中国文化的一个中心领导特点的，那就是"道德"两字了。我说"道德"两字是中国文化特点，即其特殊精神之所在。……普遍说，中国人是现实的。中国人的现实，只是"理想"和"现实"融在一起，打成一片的，都在这一个圈子里。西方人的"现实"和"理想"则是两层的。……当然我们现在讲文化，我们只讲一个指导人生最大的方向、最高的理论。……但中国人讲儒家思想，主要在研究心性之学。宋明理学家在中国思想史上的贡献，就为他们能注重在研究心性之学上。

二、三、（略）

四、中国人讲道德，主要是从心性来。中国人不是要拿一套理论来叫你跟他走，是要我们各人从自己本性本心中开悟出此理来，所以说"由诚明，由明诚"，明诚合一，便是天人合一了。中国人讲道德，教人做圣贤，却不是硬叫人做牺牲。只有完成了自己，才能完成别人。

孔子在春秋时代，并没有把春秋乱世挽回过来，孔子像并没有救了当时的世界，然而孔子个人自己得救了。因于孔子得救，却可以救后世各时代的人。……所以中国人虽说讲"义"不讲"利"，其实"利"也就包含在"义"里面了。所以说"知之者不知好之者，好之者不如乐之者"。你知道这个道理，不如喜欢这个道理；喜欢这个道理，不如能走上这个道理而自感到快乐。

五、中国人讲道德，不以个人抹煞了社会；但亦不以社会抹煞了个人。尤其讲道德，更该从个人起。道德就表现在每个人的身上和心上。中国人心性之学之最高境界，仍是以"个人"为中心，而以"天下"为终极。这样的道德，可把一"善"字来包括。世界一切最有价值的就是这"善"字。非此善，一切都没有价值。"善"的反面就是"恶"。任何一个真理，任何一项发明，只要违逆人性便是恶，那就一无价值，只有反价值。

就人生论人生，就是这"善"字。所以说"与人为善"，"为善最乐"，"众善奉行"。这是中国社会最普遍的一个教训，而是颠扑不破的。因此善仍是一种心性之学。……中国"心性之学"，由我看，比任何民族都讲得高明。……中国人的忠、恕、孝、弟、道德、仁义，其实完全是一套心性之学，出于人生经验，所谓"圣人先得我心之同然"。……因此我认为中国人讲人生是科学的，但是人文科学更重于自然科学。

第四篇　结言（略）

一九六〇年　庚子　六十六岁

一九六一年　辛丑　六十七岁

一　国内大事

七月二十六日,"外交部"声明西沙群岛为中国领土,不容任何国家对该群岛有所主张。

十一月十五日,台北县文献委员会在大料坎溪中游发现史前遗物,掘出与大陆汉族文化有关之石器六千余件。

二　事略

先生于本年仍任新亚书院院长职。

三　著述

一月,《当仁不让》,刊于《今日世界》。收入二〇〇一年联经《钱宾四先生全集》第四十二册《历史与文化论丛》。素书楼文教基金会·兰台出版社整理新版印行,页三四一~三四四。编者按:本文原名为《肯尼迪著〈当仁不让〉书评》。大意谓:

最近一百年来,中国人看到近代西方的民主政治,认为他们的制度,远胜了我们的;认为我们只要学习到他们那一套制度,一切问题也都解决了。但流弊所及,过分重视了制度,而忽略了制度背后的人物,忽略了作为人物骨干的德性,忽略了作为一个人物所必需具备的良心与勇气。中国儒家一向重视对于人的德性方面之教育之传统意见被弃置,人的德性逐步堕落,尽在制度上求改变,甚至闹革命。似乎民主政治急切也不见有速效,人心思变,一转身遂到极权政治的路上去。从辛亥革命以来,这五十年,种种扰攘动乱,不能不说,太重视了制度,而忽略了人物与德性,这一偏见,也是一项主要的因素。

甘氏此书描写人物,有其极成功的两点。第一点,他能对每一人之某项活动之对于历史与时代之关系重大处扣紧落笔,使读者能了然明白到此一人之所以成为时代人物与历史人物之所在。第二点,他能设身处地,把此一人在当时之某项活动中从其内心深处所藏有之种种刺激与顾虑,压迫与愤懑,清晰剖示,曲折传达,使读者能明白到此一人之所以卓然成为一时代人物而在历史上有其不朽价值者,在其人之内在的德性上,必具备有如是之基础,与如是之磨练。甘氏书之主要价值正在此,而其笔力生动亦足以达,使读者能在无意中受其激动与感召。

一月,《五十年代中之中国思想界》,刊于《中国一周》第五百五十八期;又刊于《五四运动论丛》。收入同前。页二二六～二三〇。大意谓:

这五十年来,努力从事于宣传工作的多了;从事思想工作的,便相形见绌地少。就社会大众言,总是欢迎接受宣传的。一句标语,便是一项真理,浅显明白,易于流传。以多自证,以同自慰,便成定论。思想则有根据来历,有层次曲折,有轻重分寸,有先后步骤,所提出的问题,未必人人邃认为是一问题;所提出的结论,更不易使大家了解此结论中所涵蕴之真义。抑且成为一个思想,往往急切不易得结论,更不易得一项全称肯定的结论。抑既是打倒孔家店、打倒封建社会那一套标语广播到全社会,这些是不需再思想的,而且也并无确切内容的。只要你所不喜欢的,便可分别归入孔家店或封建社会之两大系统之内,而尽你自己的努力去设法打倒。在如此般的所谓学术风气、时代思潮之下,很难有健全而纯正的思想态度,浮现到社会的显明面来。

或说上所指摘固有理,但此五十年来,也有不少埋头在学术界的,不能一笔抹煞了。此话诚然。但不幸此五十年来的学术界,亦有不少,而且可说是占着大多数的,却还是追随结集于此两大系统之宣传标语之下而努力。若我们说一句或许是过分严酷的话,此五十年来之思想家,可说是思而不学的。此五十年来之学术界,则可说是学而不思的。正为此故,乃能沉瀣一气,互相呼应,来形成此五十年代之种种的悲剧与恶果。

一月，《"以文会友　以友辅友"——为人生杂志创刊十年作》，刊于《人生》第二百四十五期。收入联经《钱宾四先生全集》第四十四册《中国文化丛谈》。二〇〇一年素书楼文教基金大会·兰台出版社整理新版印行。页三一三～三一八，摘要略。

一月一日，《一个世界三个社会》，刊于《星岛日报》增刊。收入联经《钱宾四先生全集》第四十三册《世界局势与中国文化》。二〇〇一年素书楼文教基金会·兰台出版社整理新版印行。页一八～三二，摘要略。

一月四日起，开始在港大校外课程部讲授秦汉思想，共六次，讲辞：《秦汉思想六讲》，刊于《人生》二十二卷二、三、五期；收入联经《钱宾四先生全集》第五十二册《讲堂遗录》。又第六讲中，《略述刘邵〈人物志〉》一文，收入同前兰台出版社《中国学术思想史论丛》（三）页八七～九五，大意谓：

今天我要约略讲一部将两汉学术思想开辟到另一新方向之书，此即刘邵之人物志。此书仅有两卷、十二篇。刘邵之时代已下至三国，此书以前向少为人注意；直至最近，始有提及。我们一看其书名，即知此书是专讨论人物的。我尝谓中国文化传统特别注重于人文主义，因此也特别看重讲人物。如在论语中，即曾批评自尧、舜以下直到孔子当时之各类人物；《孟子》书亦然。中国人一向甚重视对人物之批评，此乃中国思想一特点。

因讲政治教化皆儒人。在汉代，政府用人必以读书人为条件，读书必以通经为条件，非读书通经即不得从政。此在孔孟当时，可谓仅存有此一理想；而到汉代，却已真在制度上实现了。政教合一，政治上之人物即是学术上之人物，此项制度，可谓是根据了经学中之最高理论而来。但后来汉代亦趋衰乱，终至于不可收拾，此中原因何在，岂不深值时人猛省？在汉代开始时，讲黄老无为，但亦须有理想适合之人来推行，不是随便讲黄老学的都能胜任愉快。为何到东汉末年，产生了黄巾、董卓之乱，终于导致三国分裂？不容得当时人不觉悟到政治上之失败，其理由即因于政治上用人之不够理想。故退一步先从人物方面作研究，庶可希望在政治上能用到合理想、合条件之人。此亦可谓是一个反本穷源的想法。刘邵《人物志》即根据此一时代要求而写出。

《人物志》主要在讨论人物。"物"是品类之义。将人分成许多品类，遂称之为"人物"。西方人常依职业或知识来分人物，如宗教家、医生、律师、或某类专门学者，这些都从外面职业知识分。中国人却重在从人之内面品性道德分。此一态度，显然与西方不同。中国人向来看重人的道德、性情，如《论语》中讲"仁、孝"、讲"圣、贤"、讲"君子、小人"，此等皆是道德上字眼。汉人最讲求道德，及汉代中央政府崩溃后，曹操却提出了新鲜口号。他说：治天下，"平时尚德行，有事尚功能。"他把材干看重在德行之上。若论曹孟德自己，就其道德论，实在太差了；然其人甚能干，正是"乱世之奸雄"。在此一风气下，更激起有思想者之郑重注意，于是方有刘邵《人物志》之出现。

孟子曾云："穷则独善其身，达则兼善天下。"孔子亦曾说过："道不行，乘桴浮于海。"又说："用之则行，舍之则藏。"从个人立场讲，当世界陷于绝望时，只有退避一旁，采明哲保身之一法。但自另一方面讲，世道否塞，终需要物色人才来扭转此局面。刘邵写《人物志》，并非站在私人立场着想，而是站在政府立场着想。他的意态是积极的，非消极的。因此他衡评人物，一讲德性，一重才能，务求二者兼顾。

刘邵在《人物志》中将人分成十二"流"。中国人所谓"流品"，亦即是品类之义。此十二流乃依其人之性格言。人之"材"皆自其"性"来。谓其本原乃出于人之天性，因此主张要"观人察质"。

刘邵说：看人"必先察其平淡，而后求其聪明。"此两语实有深意。若论圣人，本即是一聪明人，目能视，耳能听，所视所听又能深入玄微，这便是其人之聪明。又如同读一书，各人所得不同，此即其人之聪明不同。圣人便是聪明之尤者。但在看一人之聪明之外，更应察其性格之能平淡与否。此语中极涵深义。从前儒家多讲仁、义、礼、智、信，把美德渐讲成了名色；至刘邵时便不再讲此，转移重点，来讲人之性格与其用处。人之性格与其用处之最高者，刘邵谓是"平淡"一格。此如一杯淡水，惟其是淡，始可随宜使其变化，或为咸、或为甜。人之成材而不能变，即成一偏至之材，其用即有限。故注意人才而求其有大用，则务先自其天性平淡处去察看。

所谓"平淡"，应可有两种讲法：一指其人之内心讲，即其人之所好、所愿望。如人都喜欢在某一方面有所表现，此人即是不平淡。以其不平淡，因而亦只能依其所好、所想望而成一偏至之材。又如人好走偏锋，急功近利，爱出锋头，此等皆是不平淡。必大圣如孔子，始是一真平淡者。惟其平淡，故可大受，而当大任。如孔子之"毋意、毋必、毋固、毋我"及其"无可、无不可"。此即孔子之平淡也。刘邵说："中庸之德，其质无名。"此即或人批评孔子所谓"博学而无所成名"也。亦可说平淡即是不好名，不求人知。刘邵此番理论，正是针对东汉人风气，亦可谓其乃来自道家。如老子说："名可名，非常名。"人若成为一个"名色"，其人亦即只可有一种用，不能再作他用；此即违背刘邵所谓之中庸之德矣。刘邵将此儒、道二家思想配合而自创一新说，此在汉儒中甚少见。

刘邵《人物志》一书，其中所涵思想，兼有儒、道、名、法诸家，把来会通，用以批评、观察人物。依刘邵理论，把道德、仁义、才能、功利、诸观点都会通了，用来物色人材以为世用。此种讲法，颇与宋、明儒所讲德性之学只注重在个人内部之正心、诚意方面者并不全相同。所惜是后人没有将刘邵此一套学问更向前推进。此在刘邵思想本身，自然也有缺点：一是刘邵只注意观察人物，却不注意在各人之修养方法上。二是刘邵所讲，专注意在政治场合之实用上。他的眼光，已就陷于一偏。这可证明刘邵还是两汉以来单注意政治实用一方面的思想传统。

我自己很喜爱刘邵此书，认为他提出平淡二字，其中即有甚深修养工夫。在我年轻时读人物志，至"观人察质，必先察其平淡，而后求其聪明"一语，即深爱之，反复玩诵，每不忍释；至今还时时玩味此语，弥感其意味无穷。

一月二十日，春季开学典礼暨新亚第三十七次月会讲辞《课程学术化生活艺术化》，刊于《新亚生活》三卷十四期。收入联经《全集》第五十册。《新亚遗铎》，页三二五～三三一。大意谓：

将来学校的目标和方向在于"行政制度化、课程学术化、生活艺术化"。学问正要学要问，听了记着这不是学问，须自己在学、在问、在研究，有了心得，那学问便是自己的。因此同学们选课，须先改变心理，不是来听课，而是来做学问、作研究。如此在心理上改变了，始有好学风可冀。

二月二十二日，新亚第三十八次月会讲辞《关于新亚之评价》，刊于《新亚生活》三卷十五期。收入同前书。页三三七～三四五。大意谓：

每一学校应有其特点，正如每一人应有他的个性一样。新亚应该有新亚自己的特长，这并不是说新亚特别好过于他校。只是说，新亚与其它学校比，有其不同处而已。将来你们踏进社会，要贡献你们自己的特长，但同时须知，社会是一个大集体，不可能由一人包办。我们只该希望社会上任何人皆有其特长，不应只知自己，抹煞他人。认为自己有了特长，便社会一切事尽可解决，那只是一种狂妄之见。

新亚自有新亚的特长，不必随波逐流，事事随人脚跟转，这是我们该当仁不让处。但人与人、团体与团体，各该用各自特长来向人群作贡献。至于其相互间，则并无一定的优劣与长短可比。人各有所长，亦各有所短。既不要我跟人脚跟转，也不能要人跟我的脚跟转。海阔天空，鸢飞鱼跃，才是一个平等自由、理想太和的社会。

学校的价值，不在外在环境如何，而在能否保持自身内在的精神，及能否发展自己的长处。

三月二十七日，新亚第三十九次月会讲辞《关于丁龙讲座》，刊于《新亚生活》三卷十六期。收入联经《全集》第五十册，《新亚遗铎》。页三四六～三五〇。

编者案："丁龙讲座"之缘由及丁龙其人，先生屡于著作中提及，《师友杂忆》书中有较完整之陈述，兹录如下：

"有一次曾赴哥伦比亚大学为丁龙讲座作讲演。有燕京大学旧同事何廉淬廉，曾为余详述丁龙讲座之来历。谓：'美国南北战争时，纽约有某将军，退休后，一人独居。其人性气暴，好诟厉人，凡所用仆，皆不久辞去。有山东华侨丁龙，赴其家受雇，亦不久辞去。后某将军家屋遭火，时无仆人，丁龙忽至。某将军问何以复来，丁龙谓闻将军受困厄，中国孔子教人忠恕之道，特来相助。某将军谓不知君乃一读书人，知古圣人教训。丁龙言，余家积代为农，皆不识字，孔圣人语乃历代口舌相传。由是主仆相处如朋友交。一日，丁龙病，告其主，在此只只身，我衣食所需已蒙照顾，按月薪水所积，病不起，愿回主人。及其卒，某将军乃将丁龙历年薪水，又增巨款，捐赠哥伦比亚大学，特设丁龙讲座。谓，中国有如此人，其文化传统必多可观。此讲座则专供研究中国文化之用。至今不辍。'余前在大陆时，留美学人相识不少，亦多留学哥大者，但从未闻彼等谈及丁龙。新文化运动礼教吃人等议论甚嚣尘上，但丁龙虽不识字，亦可谓受有中国礼教极深之感染者，彼之所作所为，何尝是吃了人。美国人深受感动，特设讲座，为美国大学提倡研究中国文化之首先第一处。国内人则倡言全盘西化，却未注意到丁龙。似乎丁龙其人其事绝不曾在彼辈心意中存留有丝毫影响，斯亦可怪。"

又先生讲完丁龙的故事后，有感而发："我们目前的知识界，担当不起来作中国文化的代表人。若要真讲中国文化，或许转在那辈愚夫愚妇一般老百姓身上。他们并不识字，也未曾受过新式教育，但他们身上却还保留得些中国文化。"

六月，《本刊进入第四年》，刊于《新亚生活》四卷一期。本文收入同前《新亚遗铎》。摘要略。

六月二十六日，新亚第四十二次月会讲辞《竞争比赛和奇才异能》，刊于《新亚生活》四卷四期。收入同前《新亚遗铎》。页三五七～三五九。大意谓：

虽然人生最高境界是超乎竞争比赛以上的，但人生是该有竞争比赛的。孔子所谓"见贤思齐"、"三人行必有我师焉"，即有"竞"和"赛"之意义在内。

每一人都具备一套奇才异能，这比清一色好得多。天地生才，必有奇异。诸位读历史，便能见到许多奇才异能之士。我常爱读班固《汉书》的《儿宽传赞》，乃知汉武帝时，获得伟大辉煌之成就，是决非偶然的。

但做人总该做一个普通平实的人，不要把你的奇才异能来损害了你的普通平实。若不普通、不平实，便不足观。

七月，《欢祝本届毕业同学》，刊于《新亚生活》四卷三期。——收入同前。摘要略。

七月十五日，《第十届毕业礼致辞》，刊于《新亚生活》四卷四期。收入同前。页三六〇～三八三。大意谓：

下学年开始，将正式成立理学院，此与新亚提倡中国文化之宗旨并行不悖。本校提倡中国文化，决非抱残守缺。为学方面须能顺应世界现代潮流，须能具备世界现代规模。但做人方面，则须能承受自己文化传统，发扬自己文化传统精神。

八月、九月，《中国历史研究法大要》，刊于《人生》二十二卷八、九、十一期。收入联经《钱宾四先生全集》第三十一册《中国历史研究法》。二〇〇一年素书楼文教基金会·兰台出版社整理新版印行。摘要见后十二月著录。

九月十八日，《秋季开学典礼讲词——儒家人格教育与现代民主制度》，刊于《新亚生活》四卷六期。收入联经《全集》第五十册《新亚遗铎》，页三六四～三六七。大意谓：

儒家教育理想，以尊重人格为主。在双方人格相互尊重下，就产生了中国传统的一种道德精神。人在这世界上，不仅是自己一个人的存在，每一个人都只是人群中的一份子。我们各自的私，全赖在人群公共之中才能存在而表现。孔子曾说："克己复礼为仁。""仁"不能在各人的私见上，必在人群之公上见。

九月二十八日，《论语读法》，刊于《新亚生活》四卷五期。案本文后并入《孔子诞辰劝人读论语并及论语之读法》。收入联经《钱宾四先生全集》第四册《孔子与论语》。二〇〇〇年素书楼文教基金会·兰台出版社整理新版印行。页四一~五七。大意谓：

《论语》应该是一部中国人人必读的书。不仅中国，将来此书，应成为一部世界人类的人人必读书。

读《论语》并不难，一个高级中文中学的学生，平直读其大义，应可通十分之四乃至十分之五。

读《论语》可分章读，通一章即有一章之用。遇不懂处暂时跳过，俟读了一遍再读第二遍，从前不懂的逐渐可懂。如是反复读过十遍八遍以上，一个普通人，应可通其十分之六七。如是也就够了。

任何人，倘能每天抽出几分钟时间，不论枕上、厕上、舟车上，任何处，可拿出《论语》，读其一章或二章。整部《论语》，共四百九十八章；但有重复的。有甚多是一句一章，两句一章的；再把读不懂的暂时跳过，至少每年可读《论语》一遍。自二十岁起到六十岁，应可读《论语》四十遍。

若其人生活，和书本文字隔离不太远，能在每星期抽出一小时工夫，应可读《论语》一篇。整部《论语》共二十篇，一年以五十一星期计，两年应可读《论语》五遍。自二十到六十，应可读《论语》一百遍。

若使中国人，只要有读中学的程度，每人到六十岁，都读过《论语》四十遍到一百遍，那都成圣人之徒，那时的社会也会彻底变样子。

因此，我认为：今天的中国读书人，应负两大责任。一是自己读《论语》，一是劝人读《论语》。

上面一段话，我是为每一个识字读书人而说。下面将为有志深读精读《论语》的人说，所说则仍有关于如何读《论语》的方法问题。

读《论语》兼须读注。《论语》注有三部可读：一是魏何晏《集解》；一是宋朱熹《集注》，一是清刘宝楠《正义》。普通读《论语》，都读朱子《注》。若要深读精读，读了朱《注》，最好能读何晏所集的古注，然后再读刘宝楠编撰的清儒注。不读何、刘两家注，不知朱《注》错误处，亦将不知朱《注》之精善处。

最先应分开读，先读朱《注》，再读何、刘两家。其次应合读，每一章同时兼读何、朱、刘三书，分别比较，自然精义显露。

清儒曾说：考据、义理、辞章三者不可偏废，读论语亦该从此三方面用心。或疑读《论语》应重义理，何必注意到考据、辞章，以下我将举少数几条例来解释此疑。

第一，读《论语》不可忽略了考据。如："子曰：'人而无信，不知其可也。大车无輗，小车无軏，其何以行之哉？'"读这一章，便须有考据名物的工夫。古代的大车小车，体制如何分别？"輗"和"軏"是车上什么零件，若这些不明白，只说孔子认为人不可无信，但为何人不可以无信，不懂孔子这番譬喻，究竟没有懂得孔子真义所在。好在此等，在旧注中都已交代明白，如读朱《注》嫌其简略，便应读古注和清儒注。务求对此项名物知道清楚了，本章涵义也就清楚。万不宜先横一意见，说这些是考据名物，不值得注意。

现在再说，读《论语》不可忽略了辞章。

我此处所说的辞章，包括字义、句法、章法等，即纯文学观点下之所谓辞章亦包括在内。如："子曰：'晏平仲善与人交，久而敬之。'"此章似乎甚为明白易解；但中间发生了问题，问题发生在"之"字上。究是晏子敬人呢？还是人敬晏子呢？"之"字解法不同，下面引申出的义理可以甚不同。古注是解的人敬晏子，晏子解作晏子敬人。现在我们且莫辨这两番义理谁是谁好，我们且先问孔子自己究如何说。这不是一义理问题，而是一辞章问题，即是在句法上，此"之"字究应指晏子或他人？就句法论，自然这"之"字该指的他人。但又另有问题发生，即《论语》的本子有不同，有一本却明作："晏平仲善与人交，久而人敬之。"下句多了一"人"字。若下句原来真有一"人"字，自然又是古注对。此处便又牵涉到考据学上的校勘问题了。

牵涉到校勘，便要问这两个不同之本，究竟哪一个本更有价值些？郑玄本是不多一"人"字的，皇侃《义疏》本是多一"人"字的。但皇侃本在其它处也多与相传《论语》有不同字句，而颇多不可信；则此处多一"人"字，也不值得过信。至于其它本多一"人"字的还多，但皆承袭皇本，更就无足轻重。因多一"人"字始见是人敬晏子，则少一"人"字，自当解作晏子敬人。而多一"人"字之本又不值信据，则此问题也自然解决了。朱子注《论语》，岂有不参考古注异本的？但朱子只依郑玄本，知在此等处，已用过别择工夫。

或有人会怀疑我上文所说，只重在考据、辞章方面来寻求义理，却不教人径从义理方面作寻求，如孔子论"仁"论"智"，论"道"论"命"，论"一贯""忠恕"，论"孝悌""忠信"之类。这一层，我在上文已说到，读《论语》贵于读一章即得一章之益。即如《论语》说："巧言令色鲜矣仁。"又说："刚毅木讷近仁。"又说："仁者其言也讱。"又说："仁者先难而后获。"这些话，逐字逐句求解，解得一句，即明白得此一句之义理，即可有此一句之受用。若解释得多了，凡属论语论仁处，我都解得了；《论语》不提到仁字处，我亦解得了；孔子论仁论道的真意义，我自然也解得了。此是一种"会通"之学。义理在分别处，亦在会通处。会通即是会通其所分别。若《论语》各章各节，一句一字，不去理会求确解，专拈几个重要字面，写出几个大题目，如"孔子论仁"，"孔子论道"之类，随便引申发挥；这只发挥了自己意见，并不会使自己真了解《论语》，亦不会使自己对《论语》一书有真实的受用。那是自欺欺人，又何必呢？

所以我劝人读《论语》，可以分散读，即一章一章地读；又可以跳着读，即先读自己懂得的，不懂的，且放一旁。你若要精读深读，仍该如此读，把每一章各别分散开来，逐字逐句，用考据、训诂、校勘乃及文章之神理气味，格律声色，面面俱到地逐一分求，会通合求。明得一字是一字，明得一句是一句，明得一章是一章。且莫先横梗着一番大道理、一项大题目在胸中，认为不值得如此细碎去理会。子贡说："回也闻一而知十，赐也闻一以知二。"颜渊、子贡都是孔门高第弟子，但他们也只一件件，一项项，逐一在孔子处听受。现在我们不敢希望自己如颜渊，也不敢希望自己是子贡。我们读《论语》，也只一章一章地读，能读一章懂一之义理，已很不差了。即使我们读两章懂一章，读十章懂一章，也已不差。全部《论语》五百章，我们真懂得五十章，已尽够受用。其实照我办法，只要真懂得五十章，其余四百五十章，也就迎刃而解了。

九月十二八日，《孔子诞辰与校庆讲词》，刊于《新亚生活》四卷七期。收入联经《全集》第五十册《新亚遗铎》。摘要略。

十月，为新亚研究所《东南亚研究专刊撰发刊辞》。收入同前。摘要略。

十月七日，新亚研究所学术讨论会讲辞《中国儒学与文化传统》，新亚书院讲演，刊于《新亚生活》四卷十期，收入联经《钱宾四先生全集》第二十五册《中国学术通义》，二〇〇一年素书楼文教基金会·兰台出版社整理新版印行页六二～九〇。其大要如下：

（一）讲到中国文化，便会联想到儒家学术。儒学为中国文化主要骨干，谁也承认。但现有两个问题须讨论：其一为儒学之内容，即儒家学术究竟是些甚么；其二为儒家在中国文化中其地位之比重究如何？吾人对此二问题当以客观的历史事实作说明。因此本讲范围乃系有关中国文化史中之中国学术史部分，而又专就儒学史为本讲之题材者。惟如此，已嫌范围过宽。又且中国儒学史一题，在国内学人中，似尚未有人对此作过系统之研寻。本讲题仅可谓对此问题作一开头，自有许多观点，在此讲演中，难作定论，只是提出此许多观点，以待此后有人继续就此纲要而探讨，或可因此有一部比较完整的中国儒学史出现，这却是一项饶有意义与价值的事。

（二）、（三）、（四）、（五）、（六）、（七）、（八）、（九）略。

（十）以上分著六时期大体叙述中国的儒学演进史，到此已粗可完毕。若我们真要对中国文化传统有一真认识，关于上面所讲六时期之儒学演进，决不能搁置不理。若此后中国文化传统又能重获新生，则此一儒学演进必然会又有新途径出现。但此下的新儒学究该向那一路前进？我想此一问题，只一回顾前面历史陈迹，也可让我们获得多少的启示。不烦我们再来作一番具体的预言，或甚至高唱一家一派式的强力指导。如韩愈所谓："开其为此，禁其为彼"，总不是一好办法。韩愈尚所不为，我们自可不走此绝路。昔邵雍临终，伊川与之永诀，雍举两手示伊川，曰："面前路径须令宽，路窄则无着身处，况能使人行？"我们今天来讲中国文化，也就不该只讲一儒家。又况在儒家中，标举出只此一家、别无分出的一项严肃的、充满主观意见的，又是孤立易断的道统来。这是我这一番讲演最终微意所在，盼在座诸君体取此意，各自努力去。

一九六一年　辛丑　六十七岁

十月二十四日，新亚第四十四次月会讲辞《欢迎罗维德先生》，刊于《新亚生活》四卷八期。案罗维德先生为雅礼协会派驻新亚的代表。收入联经《全集》第五十册《新亚遗铎》，摘要略。

十一月十日，新亚研究所学术讨论会讲辞《关于学问方面之智慧与功力》，刊于《新亚生活》四卷十三期。收入联经《全集》及素书楼文教基基金会·兰台出版社《中国学术通义》页二八一～三〇一。大意谓：

今天所讲的题目，在我平日上课时，也常讲及，并非有什么新意见。只因近两年来我上课较少，且以前所讲多是零碎穿插，今次稍为作成系统，此可谓是我自己做学问的方法论，但大部分亦是古人治学之经验。

做学问第一要有"智慧"，第二要有"功力"。二者在学问上究竟孰轻孰重？普通当我们欣赏或批评一个人之学问成就时，多赞誉其智慧，但对于从事学问之后进，则率勉励其努力。如子贡称孔子"固天纵之将圣"，则是在天分上赞美。如荀子劝学篇云："驽马十驾，功在不舍。"又如中庸所言："人一能之己百之，人十能之己千之。"则是在功力上奖劝。总之，对于已成功的大学者，每不会推崇其功夫。但对于后进年轻人，亦不会只夸其智慧。这里面，导扬学术，实有一番深意存在。

一般人之意见，每谓智慧乃属天赋，功力则应是自己所勉。若谓从事学问，只要自尽己力即可，两天赋则不能强求。实则此事并非如此简单。每一人之天赋智慧，往往甚难自知。譬如欲知一山中有无矿藏，并非一望可知。须经专家勘测，又须有方法采发。采发以后，尚须有方法锻炼。我们每一人之天才，固然出之天赋，但亦须有方法勘测、采掘、锻炼，方能成材。而此事较之开发矿藏尤为艰难。

抑且智能有广度，又有深度。每一人之聪明，不一定仅限于一方面。如能文学，不必即不能于历史、哲学或艺术等方面有成就。又其成就究可到达何等境界，亦甚难限量。因此，做学问人要能尽性尽材、天人兼尽，其事甚不易。但若不能尽性尽材、天人兼尽，而把天赋智慧埋没浪费了，不能尽量发展，那岂不很可惜！

因此，做学问之伟大处，主要在能教人自我发现智慧，并从而发扬光大之，便能达于尽性尽材、天人兼尽之境。每一人之成就，很少能达到尽性尽材、天人兼尽之境。因此我说能发现与完成各自之智慧与天赋，而到达其可能之顶点者，乃是做学问人之最大目的所在。

讲到功力。譬如山中矿藏，非懂矿学即难发现。抑且但懂煤矿者，仅可发现有煤矿，其它矿藏，彼仍不知。且以采发煤矿之方法采掘石油，仍将毫无用处。可知我们之智慧固需以功力培养，而我们之功力亦需以智慧指导。论语上曾说："学而不思则罔，思而不学则殆。"我姑把"学"当作功力说，"思"当作智慧说。学而不思，等于仅知用功，却无智慧，到底脱不了是一种糊涂。如我们以研究文学方法来用功研究史学，亦将仍无用处。思而不学，则如仅凭智慧而不下功力，到底靠不住。因此，智慧与功力，二者须循环相辅前进。说至此，则请问究将如何去下手？

"学问"二字，本应作动词讲。今试问我们向那个人去学？向那个人去问？又学些什么与问些什么？此应在外面有一对象。因此做学问同时必有两方面。一方面是自己，即学者与问者。另一方面则在外，一定有一个对象。学问必有师、弟子两方，必有先进与后进，前辈与后辈。从事学问，须先懂得"从师"与"受业"。学者自己则犹如一个孩童，一切不能自主自立，先须依随人。因此学者自称为弟子，对方即是一长者，即学问上之前辈、先进，如此才算是在做学问。因此从事学问，贵能常保持一种子弟心情。最伟大之学者，正为其能毕生问学，永远不失其一分子弟心情之纯洁与诚挚。孟子说："大人者，不失其赤子之心者也。"也可借来此处作说明。惟其永远在从师与受业之心情与景况中，故其学问无止境。若我们专以"学问"二字当作一名词，如说你能这门学问，我能那门学问，则学问已成一死东西，再无进步可望。此是做学问的最先第一义，我们必先深切体会与了解。

现在再讲到"以功力来培养智慧"，与"以智慧来指导功力"之两方面。我想分为三阶段、六项目来讲。

第一阶段做学问要先求能"入门"，不致成为一门外汉。于此则必先要能从师与受业。如诸位进入学校读书，此亦是从师受业，但究属有限。我此所讲之学问，则不尽于此。因此我之所谓从师，亦非必当面觌对之师。诸位从事学问，要能自得师，要能上师古人，当知读书即就如从师。

从事学问，第一步应先自己具有一子弟之心情来从师受业，来亲师向学。此师即是在学问传统上已证明为一有智慧之前人。自己则犹如一盲者,犹如一不能特立独行之婴孩,我们定得跟随人,定得依墙附壁,一步步来锻炼我们自己的智慧。我们的功力之最先一步,则应自此处用。

从前人提出读书法,要在"存大体、玩经文"。此六字即是初学读书一好指导。任何一书之正文,可说即是经文。我们要能懂得其大体,也就够了。如此,用心不杂,不旁骛,一部一部地读去,可以教我们轻松上路,不觉太费力。凡你所读书中一字、一句,训诂义解,即成为你自己之知识。做学问首先要有知识,无知无识,做何学问!从前人如何讲、如何说,我即应知。但其中也须有选择。我自己无智慧,好在从前有智慧人,已不断在此中选择过,我只依随着前人,遵此道路行去。读了一部又一部,求能多学而识。先要知得,又要记得。读后常置心中,即是"存"。读了再读,即是"玩"。此是初学入门工夫,万万不宜忽略。

每一人之聪明,不仅自己不易知,即为师者,亦未必能知。惟其人之天赋智慧不易知,故初学入门,最好读一书后,又读一书。学一项后,再学一项。所谓"转益多师是我师",从此可以发现自己材性所近。却莫早就自作聪明,反先把自己聪明窒塞了。如今大学制度,尽教人修习专门之学。不向更广大的基础上用力,常不易有更崇高之树立。

从事学问,必该于各方面皆先有涉猎,如是才能懂得学问之大体。继此,我们将讲到。"专精"与"兼通"。此两者间,正须更迭互进,却非有何冲突。如我们专心读一书,此即是专精。读完《论语》,再读《左传》,此即是兼通。先读《经》是专精,再治史是兼通。经学中先读《诗》,是专精,又读《春秋》,是兼通。如此两方面更迭而进,如治经学当兼通《五经》,兼通《十三经》,又当兼通汉、宋,兼通义理与考据,兼通今、古文学派。治史学当兼通如制度、地理、经济、法律、社会、学术思想、宗教信仰、四裔民族等。治文学当兼通诗、赋、词、曲、骈文、散文等。少一分功力,即少一分启悟。对自己将来远大前程,是一种大损失。我们为学首先要"多学而识",次之即要懂得"一以贯之"。

在第一阶段中之第二层工夫,乃是"以前人之功力来培养自己之智慧"。如论语,从古到今,训诂义理,各家发挥尽有不同,即如宋、清两代人所讲,考据、义理,显有相异。诸位当知,接触一家讲法,即可开展自己一分智慧。如此致力，自己智慧即可逐步开展。所谓"出我意外"、"入我心中"，诸位时时得此境界，便会心中暗自欢喜。自己智慧即自此逐步工夫中透出，所谓"温故而知新"，从前人数千年来智慧积累，一一由我承受，那是何等痛快事。

第二阶段之第一步，乃"由自己之智慧来体会前人之功力"。上述第一阶段是借着前人引路来指导自己功力，培养自己智慧。现在是自己有智慧了，再回头来体会前人功力。起先是跟着别人，大家读此书，我亦读此书。现在是读了此书，要进一步懂得前人如何般用功而成得此书。以前读书是不自觉的，至此可渐渐看出学问之深浅与甘苦来。从前人说："鸳鸯绣出持君看，莫把金针度与人。"每一部大著作，每一种大学问，尽是前人绣出的鸳鸯。我们要体会他鸳鸯绣成以前之针线，即要学得那金针之刺法。又如吕纯阳点石成金的故事，那丐者不以获得其点成之金块为满足，却要吕纯阳那点石成金之指。此一故事，用来说明做学问工夫，大有意思。我们要像此乞丐，要注意到吕纯阳那指。否则学问浩如烟海，自己头出头没，将永远跟随人脚跟，永远做不出自己学问来。

如此读书，始成为一内行人，不复是一门外汉。做学问到此境界，自然对从前著书人之深浅、高下、曲折、精粗，在自己心下有一路数。当知学问则必然有一传统，决非每一学者尽在自我创造。若不明得此中深浅、高下、曲折、精粗，你自己又如何能下笔著书，自成学问！

以上是讲凭自己智慧来窥探前人功力，待于前人功力有体悟，自己功力便可又进一步使用。现在再议第二阶段之第二步，乃"以自己之功力来体会前人之智慧"。

功力易见，智慧难窥。今欲再进一步看了前人功力之后，再来看前人之智慧，此非下大工夫不可。昔二程讲学，常教来学者不可只听我说话，此语极当注意。诸位当知听人说话易，但听人说话，贵在能了解此说话人之智慧。诸位今天面对长年相处之先生们，上堂受课，依然还只是听说话。他所讲我好像都懂了，但对面那讲话的人，其实在我是并无所知。试问对当面人尚是如此，将如何能凭读书来了解几百千年前人之智慧？但我若不了解其人，只听他讲话，试问有何用处？

读古人书，须能如面对亲觌，心知其人。懂得了古人，像活生生地在我面前，我才能走进此学术园地，此所谓"把臂入林"，至少在我自己要觉得是如此。也只有如此，才能了解到古人之血脉精神，以及他们之间学问的传统源流。否则读书虽多，所得仅为一堆材料，只增长了自己一些意见。此种学问，其实全是假的，并非真学问。

讲学问则必讲其源流承接，此中有人与人之精神血脉，务要臻于"意气相投"之境，此是学问入门后之事。徒知读书，只如听说话。听人说话，却不知那说话的人。读人所著书，却不知那著书的人，如此则仅成为死学问，死知识，只是一堆材料。当知学术有血脉，人物有个性，一家是一家，一人是一人。若不能明白分辨出，即证对彼无所知。学问到此境界，始能与古人神交于千载之上。否则交臂失之，当面不相识，只听人闲说话，哪里是学问！

我们的先一步是从别人之心来启发自己之心，此即上面所讲"从前人之功力来启发我之智慧"之一项。现在所讲则是要以自己之心来证发前人之心，即是"以自己之功力来体会前人之智慧"之一步。此一步工夫较难，必须沉潜反复，密意追寻。诸位当知，一本书之背后，有此一个人。一门学问之背后，有此一位专门名家之学者。学问倘至此步，始可谓懂得了做学问。到此已是"升堂"境界，已能神交古人，恰如与古人周旋揖让于一堂之上，宾主晤对，情意相接，那是何等的欢乐愉快呀！上述第一步是"从师治学"，现在第二步是"升堂"了，乃是"从学得师"。如此，才能说有了师承，才不是跟着前人走，而是与前人同道而行。诸位今日一心只是要创造，却不在想从师受学，从学得师。也不是要与人同道，只是想前无古人，别创一格。如此用心，则决非所谓学问之道。

此后，我们才能讲到学问之第三阶段。此一阶段，不仅升堂，抑且"入室"，亦即是"成学"阶段了。至此阶段，学问始真为我有，我已为主而不为客，学问成为我之安宅，我可以自立门户，自成一家。于是学问中到此才是自有地位，自有创造。故我上述之第一阶段可谓是"从学"阶段，第二阶段可谓是"知学"阶段，到此第三阶段，则可谓是"成学"阶段了。此阶段亦将分两项来讲：

如读韩文，上述第二阶段是以我之智慧来窥看韩昌黎之功力，又以我之功力来窥看韩昌黎之智慧。现在是将我自己全心投入，与彼之精神相契合，使交融无间，而终达于"忘我"之境。到此境界，当我读韩文时，自己宛如韩昌黎，却像没有我之存在。我须能亲切投进，沉浸其中，与古为一，此才是真学问，才是真欣赏。学问到此，始是学问之最高境界。然而当知此种境界，实不可多得。因各人材性天赋不同，古之学人，亦是人各不同。而我之为我，亦断不会与古人中任何一人相同。今要在古人中，觅得一两位和我自己精神意趣最相近者，然后才能下此工夫，达此境界，此事不易轻言，亦不可强求。在浩浩学海中，能获得有一两人同声相应，同气相投，精神意气，欢若平生，这自是一大快事，亦是一不易得事。孔子说："德不孤，必有邻。"若我们真在学问上下工夫，此境界亦非决不可得。惟如孟子云："乃我所愿，则学孔子。"当知孔子道大，即颜回亲炙，亦有"虽欲从之，末由也已"之叹。我们若想把我此刻所述来读《论语》，学孔子，此事恐终难能。然浩浩学海中，也断不会没有真能得我欣赏之人物。但亦断不能多得。当知，惟其"似我"，故能"忘我"。天赋性情中，自有此难能可贵之境界。

在第三阶段中之最后一步工夫，则是"用自己之功力来完成自己之智慧"。到此乃真是卓然成家，自见与众不同了。

譬如欧阳永叔学韩昌黎，想象方其学时，在欧阳心中，则只有一韩昌黎，不仅没有别人，连他自己也忘了。但到他学成，自己写文章时，却又全不是昌黎，而确然是一欧阳修。任何学问都如此。到此时，在学术中方有了他自己之成就与地位。当然不论是文学、史学、哲学，或其它学问，只要真到成就，则必然是"自成一家"。前不见古人，后不见来者，念天地之悠悠，独怆然而涕下。学到成时，乃始知此"怆然独立"之感。然此种怆然独立之感，却正是其"安身立命"所在。学到如此，方是他的"创造"，创造了他一家独立之学问，同时亦创造了他此一独立之人格。在天地间，在学问中，乃是只此一家，只此一人而已。

当然论学问，也并不能责之每人全都能创造，能成家。但我们不能不悬此一格，教人努力。亦因只此一格，始是真学问。我们纵说不能到达此一格，只要不在门外，能升堂，能跑进此学术圈中，在我也可满足。如此为学，自可有乐此不疲，心中暗自喜欢之境界，我们亦何苦而不为。

而且我们只要到得"入门升堂",亦可"守先待后",把古人学术大传统传下,将来自有能创造者出世,凡事亦何由我成之?此始是学术精神。一个真能从事学问的人,则必须具有此心胸,却不要尽在成功上作计较。

冬,撰《读六祖〈坛经〉》,刊于一九六九年三月《大陆杂志》三十八卷五期。收入联经《钱宾四生全集》第十九册《中国学术思想史论丛》(四),二〇〇〇年素书楼文教基金会·兰台出版社整理新版印行,页一三九~一五三。大要如下:

案本文主旨在辨别《坛经》之版本问题。先生就《坛经》祖本与敦煌本以及宗宝本三面对校,举出几条细节,证明《坛经》祖本由神会之徒所窜羼者,其份量尚少,而由宗宝所窜羼者,份量更多。

十二月,《中国历史研究法》,由香港孟氏教育基金会刊行。案此书为本年先生应香港孟氏基金会邀请,所作一系列讲演。共分通史、政治史、社会史、经济史、学术史、历史人物、历史地理、文化史八目。一九六九年四月,先生另撰序文于前,在台重印刊行,一九九八年收入联经《钱宾四先生全集》第三十一册《中国历史研究法》,二〇〇一年素书楼文教基金会·兰台出版社整理新版印行。页一~一二二。兹撮录大要如下:

序

近人治学,都知注重材料与方法。但做学问,当知先应有一番意义。意义不同,则所采用之材料与其运用材料之方法,亦将随而不同。即如历史,材料无穷,若使治史者没有先决定一番意义,专一注重在方法上,专用一套方法来驾驭此无穷之材料,将使历史研究漫无止境,而亦更无意义可言。黄茅白苇,一望皆是,虽是材料不同,而实使人不免有陈陈相因之感。

我此书,实可另赋一名曰《中国历史文化大义》。研究历史,所最应注意者,乃为在此历史背后所蕴藏而完成之文化。"历史"乃其外表,"文化"则是其内容。

一　如何研究通史

为何要研究中国史？简单回答："中国人当知道中国史。"每一个国家的公民都应该知道些关于他们自己本国的历史。中国人应该知道些中国史。中国史讲的中国人之本原和来历，我们知道了中国史，才算知道了中国人，知道中国人之真实性与可能性，特异性与优良性。我们也可说，知道了中国史才算知道了我们各自的自己。我们是中国人，只有在中国史里来认识我们自己。不仅要认识我们的以往，并要认识我们的将来。若非研究历史，即无从得此认识。

历史有其"特殊性"、"变异性"与"传统性"。研究历史首先要注意的便是其"特殊性"。我们以往的传统，与其它民族有变有异，有自己的特殊性。没有特殊性，就不成为历史。

其次，历史必然有其"变异性"。历史常在变动中进展。没有变，不成为历史。我们读小说，常见说："有事话长，无事话短。"所谓有事即是有变，无变就不见有事。历史之必具变异性，正如其必具特殊性。我们再把此二者，即"特殊性"和"变异性"加在一起，就成为历史之"传统性"。

西洋史可分割，中国史不可分割。西洋历史如一本剧；中国历史像一首诗。诗之衔接，一句句地连续下去，中间并非没有变，但一首诗总是浑涵一气，和戏剧有不同。

研究历史，首当注意"变"。其实历史本身就是一个变，治史所以"明变"。这一时期的历史和前一时期不同，其前后之相异处即是变。因此乃有所谓"历史时代"。

我们研究历史之变，亦宜分辨其所变之"大"与"小"。例如从春秋到战国是一变，但这尚是小变；从战国到秦却是一大变。自东汉到三国魏晋时代却又为一大变。历史进程，一步步地不断在变。从此不断之变中，我们又该默察其究竟变向哪里去。正如一个人走路，我们可以察看他的行踪和路线，来推测他想走向哪里去。同样情形，治史者方可从历史进程时期之变动中，来寻求历史之大趋势和大动向。固然在历史进程中，也不断有顿挫与曲折，甚至于逆转与倒退；但此等大多由外部原因造成。在此种顿挫、曲折、逆转与倒退之中,依然仍有其大趋势与大动向可见。此等长期历史之大趋势与大动向,却正表现出每一民族之"历史个性"有不同。我们学历史,正要根据历史来找出其动向,看它在何处变,变向何处去?要寻出历史趋势中之内在向往,内在要求。我们要能把握到此历史个性,才算知道了历史,才能来指导历史,使其更前进。使其前进到更合理想的道路上,向更合理想的境界去。

中国史的趋势,似乎总向"团结""融合"的方向走。西方史则总像易趋于"分裂"与"斗争"。此项所谓历史的大趋势大动向,无法在短时期中看清楚。但经历了历史上的长时期演变,自能见出所谓各自的"历史个性",亦可说即是在历史背后之"国民性"或"民族性"之表现。历史个性不同,亦即是其"民族精神"之不同,也可说是"文化传统"的不同。一个民族及其文化之有无前途?其前途何在?都可从此处即历史往迹去看。这是研究历史之大意义大价值所在。

我们该自历史演变中,寻出其动向与趋势,就可看出历史传统。我此所谓"历史传统",乃指其在历史演进中有其内在的一番精神,一股力量。亦可说是各自历史之生命,或说是各自历史的个性。这一股力量与个性,亦可谓是他们的"历史精神"。我们研究历史,其入手处也可有三种途径:

第一种:由上而下,自古到今,循着时代先后来作通体的研究。

第二种:自下溯上,自古到今,由现代逆追到古代去。

第三种:是纯看自己的兴趣,或是依随于各自之便利,即以作为研究历史的肇端。

治史要能"总揽全局",又要能"深入机微"。

我们只须心知其意,仍不妨分途、分期、分题、分类,各就才性所近,各择方便所宜,乘兴量力;只莫以为自己便是史学正宗,只此一家,别无分出。

中国人向来讲史学,常说要有"史才"、"史识"与"史德"。

一、史才:贵能"分析",又贵能"综合"。须能将一件事解剖开来,从各方面去看。如汉末黄巾之乱,可以从政治的、社会的、经济的,以及学术思想、民间信仰种种角度去看,然后能析理造微,达到六通四解,犁然曲当的境界。另一方面要有综合的本领，由外面看来，像是绝不相同的两件事，或两件以上的事，要能将它合起来看，能窥见其大源，能看成其为一事之多面。这种材智即便是"史才"。

二、史识：须能见其"全"，能见其"大"，能见其"远"，能见其"深"，能见人所不见处。历史是一全体性的，并非真个有一件一件事孤立分离而存在。只是我们分来作一事一事看。如一块石的坚与白，并不能分，只是我们自己的看法与把捉法把它分了。若我们能如是来看历史，每件事便都能见其大。而且历史过程也并非一时期一时期的，真可分开割断的。其实历史只是通体浑然而下，无间断、无停止地在向前。我们若能如是来看历史，自然能见其远。又要能看出每一事之隐微处，不单从外面看，须能深入看。这样的见识即便是"史识"。

要之，果尚专业，务近利，则其人决不足以治史。能崇公业，图远利，其人始得入于史。中国人自上古即发明史学者在此，西方人近代始有史学亦在此。

三、史德：有了史才和史识，又更须有史德。所谓"德"，也只是一种心智修养，即从上面所讲之才与识来。要能不抱偏见，不作武断，不凭主观，不求速达。这些心理修养便成了"史德"。

我们如能兼备上述三条件，正可训练我们分析和综合的头脑，正可增长我们的心智修养，正可提高和加深我们的见识和智慧。

最后我须指出，研究历史也随着时代而不同。时代变了，治学的种种也会随而变。我们今天所需要的历史知识，与从前人所需要的可以有不同。我们需要获得适合于我们自己时代所要求的知识。古人对历史诚然有许多研究，但有些我们已用不着。我们需要的，古人未必用心到。把研究所得来撰写新历史，来贡献于我们自己这个新社会。

写历史有两种分别，一种是随时增新的写，另一种是旧史新写。总之，历史是可以随时翻新改写的，而且也需要随时翻新改写的。我们自己不能翻新改写，却埋怨旧历史不适用，那是把自己的不尽责来推到古人身上去埋怨他们。

一九六一年　辛丑　六十七岁

二　如何研究政治史

"政治"与"政事"不同。如秦始皇帝统一，汉高祖得天下，以及其它一切内政、外交、军事等，都该属于"政事"，归入"通史"范围。若讲政治，则重要在"制度"，属"专史"。一个国家，必该有它立国的规模与其传世共守的制度。这些制度，相互间又必自成一系统，非一件件临时杂凑而来。

从前人学历史，必特别注重政治制度方面。亦可说中国历史价值，即在其能涵有传统的政治制度，并占有极重要的地位。若不明白到中国历代政治制度，可说就不能懂得中国史。中国专讲政治制度的书，有所谓《三通》，即唐代杜佑《通典》、南宋郑樵《通志》、与元代马端临的《文献通考》。后人又承续此《三通》，再扩为《九通》至《十通》。《二十四史》、《九通》，乃中国史书中最大两分类两结集，为治史者知识上所必备。

为何讲制度的书，必称为"通"？中国历史上的政治制度，则自古迄今，却另有其一种内在的一贯性。在此一贯中，有因，有革。其所变革处虽不少，但亦多因袭前代仍旧不改的。直到今天，亦仍还有历史上的传统制度保留着。这证明，中国历史上的政治制度，有许多有其巨大的魄力，可以维持久远而不弊，因此遂为后世所传袭。此即中国历史传统一种不可推翻的力量与价值之具体表现。因此中国人把此项专讲政治制度的书，也称为"通史"了。

中国历史上的政治制度，大体可划分为两段落。前一段落为秦以前的"封建政治"，后一段落为秦以后的"郡县政治"。中国民族性擅长政治，故能以政治活动为其胜场，能创建优良的政治制度来完成其大一统之局面，且能维持此大一统之局面历数千年之久而不败。这是中国历史之结晶品，是中国历史之无上成绩。

中国历史上政治制度之传统与沿革，最重要的，是秦以下的宰相制度。我们可以说，中国自秦以下，是"王权"与"相权"骈立并峙的。西方论政重"权"，中国论政重"职"。中国政府仅有职位之分，无权力之争。

中国传统政制，除宰相制度外，值得提及者又有考试制度。在中国政治史上，唐代始有考试制度，汉代则为察举制度，均由官办。唐杜佑通典第一章论"食货"，即指经济制度言。次章论"选举"，但实际则由汉代察举下逮唐代之科举考试。可见考试由察举来。察举之目的在甄拔贤才，俾能出任政府官职，处理政事。但察举非由民选，后因有流弊，唐以后始改行考试。杜佑通典之所以仍用"选举"旧名，则因选举制度原为考试制度之滥觞。制度虽变，用意则一。中国自秦以下之统一政府，又可说为一"士人政府"，亦可谓是一"贤人政府"。因政府用意，总在公开察举考试，选拔贤才进入仕途。

其它如"户口调查"、"耕者有其田"、"全民皆兵制"、"文武分职"等等制度，都值得仔细研究。

中国人所讲治平之道，实在比之并世诸民族远为先进。今天我们要研究中国制度史，必须注意两点：

一、研究制度，不该专从制度本身看，而该会通着与此制度相关之一切史实来研究。这有两点原因：

一因制度必针对当时实际政治而设立而运用。单研究制度本身而不贯通之于当时之史事，便看不出该项制度在当时之实际影响。

一因每一制度自其开始到其终了，在其过程中也不断有变动，有修改。历史上记载制度，往往只举此一制度之标准的一段落来作主，其实每一制度永远在变动中，不配合当时的史事，便易于将每一制度之变动性忽略了，而误认为每一制度常是凝滞僵化，一成不变地存在。

二、研究制度，必须明白在此制度之背后实有一套思想与一套理论之存在。

在西方历史上，所谓政治思想家，他们未必亲身参预实际政治，往往只凭著书立说来发挥其对于政治上之理想与抱负。中国自秦以下即为一种"士人政府"，许多学者极少著书纯讲政治理论。这并非中国人没有政治理想，乃因他们早多亲身参预了实际政治，他们所抱负的多少可在实际政治上舒展。当知中国历代所制定所实行的一切制度，其背后都隐伏着一套思想理论之存在。既已见之行事，即不再托之空言。中国自秦以下历代伟大学人，多半是亲身登上了政治舞台，表现为一个实践的政治家。因此其思想与理论，多已见诸其当时的实际行动实际措施中，自不必把他们的理论来另自写作一书。因此在中国学术思想史上，乃似没有专门性的有关政治思想的著作，乃似没有专门的政论家。但我们的一部"政治制度史"，却是极好的一部"政治思想史"的具体材料，此事值得我们注意。

我根据上述，敢于说，中国人自古代历史开始，实已表现有一种极大的民族性的天赋能力，即是政治的能力。就空间讲，能完成而统治此广大的国土；以时间言，能绵延此一大一统规模达于几千年之久而不坠。此何以故？一言蔽之，因其能有一种良好的政治故。何以能有此良好政治？则因中国民族天赋有此能创立优良政治制度之能力故。

三　如何研究社会史

大凡一个国家或民族，能维持一长时期的历史，到数百年或千年以上，并能有继续不断的发展与进步，即此可证此国家与民族，必有其一番潜在深厚的力量存在，必然有其获得此项成绩之主要原因，为其历史发展与进步之所以然。我们最要者，当上察其政治，下究其社会，以寻求此潜力所在。

中国社会坚韧性最大，持续力最强，故能延续迄今有四千年以上之悠久传统。而且又是推拓力最大，融化力最强。故即就目前世界论，中国社会依然最广大，能伸展到世界每一角落去。

"社会"一词，亦是外来的新名词。中国古人称社会为"乡"。乡的观念，在中国一向极受重视，所谓"观于乡而知王道之易"，这就十足透露中国古人对于社会重要性之认识。

中国社会之最特殊处，便是在中国社会中同时有士、农、工、商之四民。若我们必为中国社会定一名称，则不如称之曰"四民社会"，较为合宜。在此四民中，"士"之一民最为特色。其它社会中，很难找出和它同样的流品。春秋时，中国社会尚显分贵族、平民两阶级；但在此时，"士"之一流品已渐兴起。"士农工商"四字连用，始见于战国时代人书中。自秦以后，中国古代之封建贵族已全崩溃，于是四民社会遂正式成立。我认为直到今天，"四民社会"一名词还可适用。

但历史常在变动中。秦以后两千年来，中国社会不能没有变。我试就此两千年来之中国社会再为划分；其最重要的是划分标准，则乃侧重在社会中"士"的地位之变动上。就中国历史大传统言，"政治"与"社会"常是融合为一的，上下之间，并无大隔阂。其主要关联，则正在"士"之一流品。士是社会的主要中心，亦是政府之组成份子。中国向称"耕读传家"。农村子弟，勤习经书，再经选举或考试，便能踏进政府，参与国事。故"士"之一流品，乃是结合政治、社会使之成为上下一体之核心。我将试照中国历史上关于此一方面之变动情况，来为中国社会再细加划分，约略可有下列之数时期：

一、游士时期：此为春秋末贵族阶级崩溃、士人新兴之一转型期。

二、郎吏时期：此一段时期指两汉言。我初定此名，心甚不惬。因称"郎吏社会"，不易使普通人了解。此非稍熟汉代制度不可。因此又拟改称为"察举社会"。此一时期之士人，都须经过察举才得从政。亦或可称为"太学生社会"。因当时的察举，多须先经太学生阶段。总之，此一时期，上面的政府已变成士人政府，而士人参加政府之路径，首先是为郎、为吏。士人得为郎吏之资格，则因经地方察举获入太学。故我拟为此一时期之社会定此名称。逮士人在政府方面正式奠定其仕途，于是其在社会上之地位与身份亦逐次提高增长；于是在此时期之后半段，渐有士族兴起。我们亦可称之为"士族兴起时期"，或径称"士族社会"。

我们亦可说，封建贵族崩溃在春秋之末，而士族兴起则在东汉之初。而自战国至西汉，全为此两个社会之转型期。

三、九品中正时期：此在魏晋南北朝时。此时期也可称为"门第社会"，乃承接两汉士族兴起，而达于士族全盛之时期，亦可称为"士族确立时期"。但我们不能即认"士族"或"门第"为封建，因当时仍有一个统一政府临制在上，而下面复有自由工商业资产阶级之存在。此项士族与门第，则因其为沟通政府与社会之一桥梁而特占地位，却与西方中古时期之封建贵族仍不相同。

四、科举时期：唐代科举制度产生，而门第社会逐次崩溃，又为社会一转型期。下及宋代，魏晋以来相传大门第，几乎全部消失。此下便成为近代中国的社会，即"白衣举子"之社会。此种移转，本极重要，但因其只是渐变，非突变，故不易为人觉察。先秦时期的封建贵族崩溃，唐代之士族门第崩溃，皆是社会内部之大变。但此等变化，皆在和平中展演，非关革命，故使人不觉。我们亦可称唐代科举为"门第过渡时期"。

五、进士时期：科举进士，唐代已有。但绝大多数由白衣上进，则自宋代始。我们虽可一并称呼自唐以下之中国社会为"科举社会"，但划分宋以下特称之为"白衣举子社会"，即"进士社会"，则更为贴切。我们亦可称唐代社会为"前期科举社会"，宋以后为"后期科举社会"。当然到了明清时代，科举制度又已略有差别，略有变化，但我们却可不必再为细分了。

我们亦可称西汉时代，为战国诸子百家中孔孟儒家独出得意的第一时代。此下东汉时期，印度佛教东来，中国道教继起，几乎由宗教势力来代替了传统的士势力。宋代则为孔孟儒家独出得意的第二时代，传统的士势力几乎又渐代替了宗教势力。所以中国秦以下之士传统，尤以汉、宋两代为代表。清代之有汉学、宋学之分者，其要由此。

中国一向注重下层社会，更过于注重下层政治。如我们有意研究唐以前的中国社会史，则有两种中国古学必须注意：一、是"氏姓"之学。二、是"谱牒"之学。此两种学问，其实仍是相通，可合作一种看。

"家族"是中国社会组织中一最要的核心。但唐以前，族之重要性尤过于家。宋以下，则家之重要性转胜于族。而"家"与"族"之所由组成，以及其维持永远之重要机能，则在"礼"。要研究中国社会史，不得不了解在中国社会相传所重视之礼。除宗族礼制外，"家训""家教"等一类书籍与散篇文章，流传保存下来的为数也不少。此等也该注意。

尚有另一种史料当注意，便是"方志"。用现代眼光来看，中国方志在不知不觉中，其实早已走上了一种社会史的道路。其所记录，举凡某地之大自然、天文气候、山川形势、土壤生产、城市关隘、道路交通、风土景物、乡俗民情、历史变迁、政治沿革、经济状况、物质建造、人物面相、宗教信仰、学校教育、文化艺术等，凡属有关其地之各种情状演变，分类列目，靡不毕载。

要研究社会史，应该从当前亲身所处的现实社会着手。"历史传统"

本是以往社会的纪录，"当前社会"则是此下历史的张本。历史中所有是既往的社会，社会上所有则是现前的历史。此两者本应联系合一来看。此社会之横切平断面，正由许多历史传统纵深不同的线条交织而成。社会就是历史进程的当前归宿，社会是一部眼前的新历史。历史家把历史分为上古、中古、近代和现代，但还有眼前史。此当前的社会，呈显于我们面前之一切，实为最真实最活跃的眼前史。

我试给他起一名称，我将戏谓之"无字天书"，一部无字的历史天书。此外一切史书著作，只都是"有字人书"。有字人书的价值远不能超过了无字天书。中国古代大史学家司马迁早就悟到此，所以他在写《史记》以前，便从事于游历，遍到各地亲眼观察；读通了这一部无字天书，才下笔来为他的有字人书。但我们今天也得反过来讲，我们也须能先读通了有字人书，才能来了悟此无字天书。否则纵使此一人终身生活在某一社会中，可以不认识此社会。纵使他毕生在此世界上周游，亦可不了解此世界。可见"无字天书"该与"有字人书"参读。历史是以往的，社会是现存的。如说社会是一个发光体，那么历史就是这一发光体不断放射出来的光。必待有某样的社会，始能产生某样的历史。一切有字人书，全本此无字天书而写出。因此各位如要研究历史，不该不落实到现实社会。诸位如欲了解此现实社会，也不该不追究到以往历史。此两者，总是不可偏废才好。

四　如何研究经济史

在讲入正题之前，我先要阐述一下中国历史传统对经济问题所抱一项主要的观点，即是物质经济在整个人生中所占地位如何？经济对于人生自属必需，但此项必需亦有一限度。亦可说，就人生对经济之需要言，并不是无限的。经济之必需既有一限度，我姑称此限度谓之是经济之"水平"。倘经济水平超出了此必需限度，对人生可谓属于不必需。此不必需之经济，我姑称之谓是一种"超水平"之经济。它既已超过了人生必需的限度，这便是无限度，亦即是无水平可言了。

"低水平"的必需经济，对人生是有其积极价值的；可是不必需的"超水平"经济，却对人生并无积极价值。不仅如此，甚至可成为无作用，无价值，更甚则可产生一些反作用与反价值。此种经济，只提高了人的欲望，但并不即是提高了人生。照人生理想言，经济无限向上，并不即是人生的无限向上。抑且领导人生向上者，应非经济，而实别有所在。此一观点，实乃中国人对经济问题之一项传统观点。其在中国经济史之发展过程中，甚属重要，我们要研究中国经济史，必须先着眼把握此点。此亦中国历史所具特殊性之主要一例。

中国以农立国，只有农业生产为人生所最必需，乃最具"低水平经济"中所应有之积极价值者。

中国又是一个大陆农国，物资供应，大体上可以自给自足。中国古人，似乎很早就觉悟到我上面所说低水平经济之积极价值方面去。正为对于人生的低水平经济需要易于满足，于是中国历史很早就轻松地走上了一条"人文主义"的大道。中国的人文主义，亦可说是"人本位"主义。因此中国历史上各项经济政策，亦都系根据于其全体人群的生活意义与真实需要，而来作决定。农业经济，最为人生所必需。其它工商业，则颇易于超出此必需的水平与限度以外，而趋向于一种不必需的无限度的发展。如现代资本主义社会般，人生似乎转成追随在经济之后。经济转为主，而人生转为副。这是本末倒置了。

中国的历史传统，谈及经济问题时，常特别注重于"制节谨度"这四个字。"节"与"度"即是一水平，"制"与"谨"则是慎防其超水平。中国人传统意见，总是不让经济脱离了人生必需而放任其无限发展。此项发展，至少将成为对人生一种无意义之累赘。一部中国经济史，时常能警惕着到此止步，勒马回头。这是一大特点。

故中国经济的理想水平主在"平"。孔子言："贫而乐，富而好礼。"此"贫"字，其实即是一低水平。由有富而始见其为贫。富者，则求能好礼。礼之意义，亦即在求其"平"。故中国社会之人生标准，主要即在其求"平"而能乐，其最终标准，则曰"天下太平"。

保持必需经济的"低水平"方面，首先当言"平均地权"之一项。此即向来学者所爱言之"井田"思想。其在历史上见之实施者，为各时代之"均田"制。主要是裁抑兼并，所谓"富者田连阡陌，贫者亡立锥之地"，此乃中国历代政府所力求纠正者。随于土地政策而来者，如废除奴隶使成为自由民，以及历代赋税制度之主于轻徭薄赋，以及各项悯农、恤贫、救荒、赈灾、公积、义仓，及奖励社会私人种种义举善行，以宽假平民，力求安和；此皆中国两千年来政府所传统倡导尽力履行者。这些工作之背后，均受一群士大夫之鼓吹与支持，其意只在使一般人民的经济生活不堕落于过低水平。

中国历史上，工商业在古代已甚发达，如南朝以下之广州，唐代以后之扬州，此等城市，其商业繁荣之情况，屡见于历史记载，多有超出吾人所能想象之外者。我们尽可说，中国工商业一直在发展情况下繁荣不衰；惟遇到达社会经济物质条件足以满足国民需要时，中国人常能自加警惕，便在此限度上止步，而希望转换方向，将人力物力走上人生更高境界去。故中国历史历代工商业生产，大体都注意在人生日常需要之衣、食、住、行上；此诸项目发展到一个相当限度时，即转而跑向人生意义较高的目标，即人生之"美化"，使日用工业品能予以高度之"艺术化"。

五　如何研究学术史

中国历史文化传统源远流长，在其内里，实有一种一贯趋向的发展。我们并可说，中国历史上之传统理想，乃是由政治来领导社会，由学术来领导政治，而学术则起于社会下层，不受政府之控制。在此一上一下循环贯通之活泼机体之组织下，遂使中国历史能稳步向前，以日臻于光明之境。

中国历史上之伟大人物周公，实近似于西方哲人柏拉图在其理想国中所要求的理想政治领袖。但周公不是一"哲人王"，仅是一"哲相"。他可说，是以一"学者哲人"身份，而来建立了西周一代的政教礼制，奠定了中国此下数千年的优良基础。周公之后，继者有孔子。孔子所理想，即是复兴周公之道。孔子曰："甚矣！吾衰也！久矣，我不复梦见周公。"可见他对周公之衷心向往。孔子在政治上虽不得意，但在学术上则有更伟大之成就，更深远之影响。中国此后之全部学术史，即以孔子及其所创始之儒家思想为主要骨干。我们又可以说，以学术来创立政教制度者，以周公为第一人，而孔子继之。如韩昌黎所说："周公在上，故其事行。孔子在下，故其说长。"两人之不同者在此。

此后先秦诸子，他们中的多数，亦如周公、孔子般，同有一番他们的政治理想与政治抱负。他们亦都想把他们所各自开创信守的一套学术思想，来创建一新制度，推行一新政治。此等态度，可说与儒家基本精神相差不远。至秦汉以后，中国学术大致归宗于儒家。此非各家尽被排斥之谓，实是后起儒家能荟萃先秦各家之重要精义，将之尽行吸收，融会为一。放在先秦时，尽有百家争鸣，而秦汉以后，表面上似乎各家都已偃旗息鼓，惟有儒家独行其道。按诸实际，殊不尽然。此因中国学术精神，乃以社会人群之人事问题的实际措施为其主要对象，此亦为中国学术之一特殊性；儒家思想之主要理想及其基本精神即在此。而先秦各家思想，大体亦无以逾此。故能汇归合一，而特以儒家为其中心之主流而已。

故中国学术之主要出发点，乃是一种"人本位"主义，亦可说是一种"人文主义"。其主要精神，乃在面对人群社会中一切人事问题之各项实际措施。如上述政治、社会、经济诸端，皆属此对象下之一方面、一部分，皆可以"实际人事"一语包括之。故中国学术精神之另一表现，厥为"不尚空言"，一切都会纳在实际措施上。所谓"坐而言，起而行"。若徒言不行，著书立说，只是纸上加纸，无补实际，同为中国人所轻视。因此如西方所有纯思辩的哲学，由言辩逻辑可以无限引申而成一套完整之大系统大理论者，在中国学术史上几乎绝无仅有。放在中国学术史上，亦可谓并无纯粹之思想家或哲学家。"思想"二字，实近代中国接触西方以后所兴起之一新名词，中国旧传统只言"学术"，或言"学问"，不言思想。因中国人思想之对象即在实际人事问题上，必须将此思想从实际措施中求证验。所谓"言顾行，行顾言"，而无宁尤贵行在言前。其立言大本，即在人生实际，不在一套凭空的思想体系上。

中国的学术传统，喜欢讲"会通"，不甚奖励成"专家"。一言一行，总须顾全大局。因此用西方人眼光来看中国学术，自然没有像西方般那种分道扬镳，百花齐放的情形。两相比照，若觉中国的不免失之单调和笼统。其实此亦中国学术传统之一特殊处。孔子之伟大，并不在他的某一项专门学问上。当时人就说孔子"博学而无所成名"。此后学术传统如此，中国学术史上伟大人物，常只是一普通人，而不能像西方之所谓专家；这也是事实。

中国学术史上亦并无专家。如天文、历法、算数、音乐、法律、医药、水利、机械、营造之类，都须有专家。但中国本于其传统的人文精神，一向学术所重，则在通不在专，在彼不在此。此为治中国学术史者所不可不知。

中国学术传统侧重在人文界，乃求落实于人生实际事务上，我姑举《大学》"三纲领八条目"来说。

讲到人生实际问题，实跳不出《大学》所提出的修身、齐家、治国和平天下之范围之外。欲达到上述目标，首先必须做到"正心"和"诚意"。我们且试问，为何我们不在此大群体内，各自谋求个人小我之出路与打算，与夫个人私生活之享受；而必要贡献我自己，来担当齐家治国平天下的大任？我们的人生大道，为何必要只尽义务不问权利？当知此处，实见中国传统学术中，寓有一番宗教精神在内。故在中国文化体系中，不再有宗教。

中国学术精神比较谨慎，爱切实，不迈远步。凡属所知，乃求与实事接触，身体力行，逐步做去，始能逐步有知。在这社会大群体中，在国家有君臣，在社会有朋友，在家庭中有父子、夫妇、兄弟诸伦。因说"致知在格物"。此"物"字并非专指的自然界之物，更要乃是指的人群间一切实事。"格"是接触义，若不和人群社会中事事物物相接触，即得不到知识，即不能应付此一切的事事物物，也就不能修、齐、治、平，亦即不能说是心正、意诚了。

由上说再推申，我认为中国传统学术可分为两大纲：一是心性之学。一是治平之学。

"心性之学"亦可说是"德性之学"，即正心、诚意之学。此属人生修养性情、陶冶人格方面的。中国的心性之学，是反应在人生实际问题上，人类所共同并可能的一种交往感应的心理。把实行的分数都加进了。"治平之学"亦可称为"史学"，这与心性之学同样是一种实践之学。但我们也可说心性学是属于修养的，史学与治平之学则是属于实践的。具备了某项心理修养，便得投入人群中去实践。亦贵能投入人群中去实践，

一九六一年　辛丑　六十七岁

来做心性修养工夫。此两大纲，交相为用，可分而不可分。

在先秦诸子中，学术路向各有不同。只有儒家孔孟，乃于心性、治平两途并重，兼道、墨之长而无其缺，故能成为中国学术史上之大传统。我们如能循此条理来治中国学术史，便易于把握。如汉唐学术偏重在实践方面，宋明时代则偏重在心性方面。亦非说汉唐人只重实践，不讲内心修养。亦非说宋明人只讲心性，而无人事实践。不过在畸轻畸重之间，各有不同而已。

中国学术传统主要在如何做人，如何做事。"心学"是做人大宗纲，"史学"则为做事大原本。我们要研究中国学术，此二者一内一外，最当注意。欲明儒家学术，则必兼备此二者。

整个中国民族一部中国史主要精神主要向往，大可用一"善"字来概括。我们所谓善人善政，善言善行，青史留名，只是此一善。此一"善"字，正是儒学中至为吃重的一字。

六　如何研究历史人物

历史是人事的记录，必是先有了人，才有历史的。但不一定有人必会有历史，定要在人中有少数人，能来创造历史。又且创造了历史，也不一定能继续绵延的；定要不断有人来维持这历史，使他承续不绝。因此历史虽说是属于人，但重要的只在比较少数人身上。历史是关于全人群的，但在此人群中，能参加创造历史与持续历史者，则总属少数。似乎中国人最懂得此道理，因此中国历史记载最主要的在人物。向来被认为"正史"的《二十四史》的体例，特别重要的是"列传"。可见中国人一向以人物为历史中心。

空说历史人物，势难从头列数，这究将何从说起呢？我此下将试把中国历史人物分作几类来加以述说。

第一类：先说关于治世盛世的人物与衰世乱世的人物。

有人幸而生于治平盛世，但亦有人不幸而生于衰乱之世。若说历史以人为主，要人物来创造来持续，则似乎在治平盛世所出人物必较多，又较胜；在衰乱之世所出人物会较少，又较劣。惟其所出人物多又胜，因此才成其为治平隆盛之世；惟其所出人物少又劣，所以才成其为衰乱世。我想普通一般想法应如此。但根据中国历史看，却并不然。

中国历史人物，似乎衰乱世更多过了治盛世，又且强过了治盛世。我此所谓"历史人物"，乃指其能对此下历史发生作用和影响言。而此等人物，在中国历史上，显然是生在乱世衰世的，更多胜过生在治平盛世的。此有历史事实为证，不容否认。

譬如孔子，是中国历史上第一大人物。但他生于春秋末期的衰乱世，霸业已尽，时代将变。可说此一时代，已濒临旧历史传统崩溃消失的末路，势已不可收拾，谁也挽回不过此一颓运来。

继此再说到两汉。就一般言，东汉之治盛，不如西汉。但论人物表现，却可说东汉还在西汉之上。此即说，东汉人对此下历史之作用与影响，似乎更胜过西汉。因此后代人对东汉人物，也似乎较对西汉人物更重视更敬仰。即就经学言，两汉经学首推郑玄，但郑氏已生在东汉末期。他身经党锢，下接黄巾、董卓之乱，而死在献帝建安五年。他的一生，开始在东汉末的最衰世，而湮没在三国初标准的大乱世。但在中国学术上，他是何等有作用有影响的一位大儒呀！

第二类：关于得志成功的人物与不得志失败的人物。

所谓得志，指其在当时活动上或说在当时历史舞台上有所表现。不得志者，则当其身跑不上历史舞台，或跑上了而其事业终归于失败。诚然，历史乃是成功者的舞台，失败者只能在历史中作陪衬。但就中国以往历史看，则有时失败不得志的，反而会比得志而成功的更伟大。此处所谓伟大，即指其对此下历史将会发生大作用与大影响言。而得志与成功的，在其身后反而会比较差。

且看中国古代历史上两大圣人周公与孔子。周公得志在上，奠定了周代八百余年的天下。孔子不得志，自叹其不能如周公，而道终不行。但孔子对此后历史上的作用与影响，反而比周公大。故从历史眼光来说，周公反而不能与孔子比。这亦因周公在当时是得志而成功的人物，周公的全心与全人格，反而给他的得志与成功全代表去了，也可说全掩盖住了。孔子则是一位不得志而失败的人物，因此孔子的全心与人格，反而更彰显地照耀在后世。

中国人又多爱崇拜历史上失败的英雄。如岳飞、文天祥、袁崇焕、史可法等，虽然他们在事业上失败了，反而更受后人敬仰崇拜。此又是中国人的传统史心与中国文化的传统精神所在。

宋儒陆象山曾说："人不可依草附木。"一有依附，其人格价值便会不出色。纵使依附于事业，也一样如此。失败英雄，因无事业可依附，而更见出色。

当知历史只是人事记载，人事则此起彼落，随表现，随消失。只有"人"，始是历史之主，始可穿过事态之流变，而有其不朽之存在。历史不断在变，故一切历史事态必然一去而不复。后一事不能即是前一事，但此一人物则永远是此一人物。只有人物模样，人物典型，可以永存不朽。事业到底由人物而演出。历史虽是人事之记载，但并非人事之堆积。事之背后有人，把事业来装点人，反把人之伟大真性减色了。正由此人在事业上不圆满，倒反把他那个真人显出来。

这并不是说，在历史上凡属成功的人物，皆是无价值。乃是说，遭遇失败的人物，在其身后的历史上，反而更显得突出。此因人物之伟大，并不能专以其事业作代表。但此也须人物自心能识得此理，又须有史学家能为此阐发。因此我说这是中国的"史心"，亦正是中国历史文化传统之真精神所在。

第三类：要讲到有表现的人物与无表现的人物。

我们通常听人说，某人无所表现，似乎其人无所表现即不值提。但在中国历史上，正有许多伟大人物，其伟大处，则正因其能无所表现而见。此话似乎很难懂，但在中国历史上，此种例，多不胜举。亦可说此正是中国历史之伟大处，也即是中国文化之伟大处。

孔子最能看重人物之无表现之一面。孔子目此为"德行"。吴太伯"民无得而称"，孔子却称之为"至德"。"德行"在孔门四科中高踞第一。太史公作《史记》，将《吴太伯》世家列为三十世家之首，将《伯夷列传》列为七十列传之首，又用颜渊作陪衬，可谓深得孔子之意。

昔范仲淹作《严子陵先生祠堂记》，末后两句为："先生之德，山高水长。"有一人说："德"字不如改作"风"字。范公欣然从之。上面说过，孔子四科，"德行"为首，而颜回、闵子骞、仲弓、冉伯牛那些德行人物，却都是无表现的人物；故范仲淹以德字来称颂严光，并不错。但改为风字，则更含深意。"德"指其人之操守与人格，但此只属私人的。"风"则可以影响他人，扩而至于历史后代，并可发生莫大影响与作用。孔子说："君子之德，风。小人之德，草。草上之风，必偃。"孟子亦云："圣人百世之师也，伯夷、柳下惠是也。故闻伯夷之风者，顽夫廉，懦夫有立志。闻柳下惠之风者，鄙夫宽，薄夫敦。"但孟子只言伯夷、柳下惠之风，却不说伊尹之风，此何故？岂不因前两人无表现，而后一人有表现？在事功上有了表现的人，反而对后世的风力少劲。因事功总不免要掺杂进时代、地位、机缘、遭遇种种条件，故而事功总不免滞在实境中，反而无风，也不能成为风。唯有立德之人，只赤裸裸是此人，更不待事业表现，反而其德可以风靡后世。

中国古人又说："诗言志"。中国人有时把此"志"只在文学中、诗中来表现。若我们把西方人观点来看中国人，有时觉得像是不积极，无力量，无奋斗精神。我亦常说中国史像似一首诗。但诗中有"志"，看似柔软无力，却已表现出无限力量。诗可以"风"，我们不得已而思其次，不治史，姑且学诗。中国诗里的理想境界，则必是具有风力的。风来了，万物滋生。诸位若能从诗中披拂到一些古人之风；诸位又若能把此风吹向将来；诸位当知风是无物能阻的。风大了，自能所向披靡。且待我们大家来吹嘘成风吧！

七　如何研究历史地理

有人说，历史等于演戏，地理则是历史的舞台。此譬实不切合。一群演员，可以在任何戏台上演出同样的戏来。但历史演员，则正在此特定的地理上演出。地理变，历史亦变。在这一舞台上演的戏，不一定能在另一舞台上演。上帝创世，先造地，后才造人。这世界各处地理不同，人生长在各地上，也就得不同。各地的气候、物产、交通情况等各不同，于是人亦因地而异。孔子不能出生在印度，释迦牟尼不能出生在耶路撒冷，耶稣亦不能出生在中国；此有地理和历史的双重限制。

中国古时，常把天、地、人三位合在一起讲。这是有一番极大的现实真理在内的。故研究历史，同时要懂得地理。若把"天"代表"共通性"，"地"则代表了"个别性"。"人"处于共通的天之下，但必经由个别的地，而后再能回复到共通的天。此为人类历史演变一共同的大进程。人由个别性回归到共通性，亦为人类文化理想一项大目标。只有中国历史深明此义，并亦一贯保持此趋向。欧洲历史则不然。他们的个别性胜过了共通性。换言之，他们的地域限制，显示出其在历史上之特别重要性。如希腊、罗马史，都显示出有一种地域区分。现代英、法、德、义诸国，亦显示其乃由地域区分而演出。西洋史因受地域性之限制，而成其为分裂的。中国历史则总是合而为一。自始到今，只是一个中国。

若我们另用"历史区域"一名词，则整个中国总在此区域之内。所包容之地理分别，纵是依然存在，可是因其上面有一历史区域之共同性，超越了此地理区域之各别性，而包容涵盖了它，因此中国历史上的地理区别之重要性遂不易见。中国历史是包融着广大地域，不分裂的。

讲到一个历史区域在地理上的不断推拓，只有美国与中国有相似处。美国自十三州开始，由北向南，自东向西，地面继续开辟，而仍只在此同一历史区域之内。这与古罗马以及近代英、法诸帝国主义之向外征服绝不同。一是凭其国力富强，仅是一种地理区域之扩展。一则表现其文化精神以及历史区域之放大。若使美国没有近百年来之西部发展，美国文化当不能有今天的情形。也正如中国古代北方若没有向南方长江流域扩展，也不能有秦汉以后之成就一般。

中国之伟大，正在其五千年来之历史进展，不仅是地区推扩，同时是历史疆域、文化疆域也随而推扩了。美国之西部推拓，只不过百余年历史，自然也不能与中国相比。中国历史文化传统之伟大，乃在不断推扩之下，而仍保留着各地区的分别性。长江流域不同于黄河流域，甚至广东不同于广西，福建又不同于广东。中国民族乃是在众多复杂的各地居民之上，有一相同的历史大传统。上天生人，本是相同的，但人的历史却为地理区域所划分了。只有中国，能由分别性汇归到共通性，又在共通性下，保留着分别性。"天"、"地"、"人"三位一体，能在文化历史上表现出此奇迹来的，则只有中国了。

古代中国是北方人的，长江以南地区正式露头角占地位要自唐宋始，珠江流域出生历史人物则为更后之事。

上面当然是一种极粗略的叙述。古代北方，后来已被称为"中原"了。所以中国历史上之地理推拓，应列为研究中国历史主要一项目。若我们亦如研究西洋史般来研究中国史，把此历代区域中之地理背景，一一加以分别，逐地逐区，隔开来看；其人物性格，其社会风尚，其经济荣枯，其文化升降，各方面均可发现出无限复杂，无限变动，并可有无穷妙义为前人所未加注意者。但更重要乃在中国如何能将此不同地域之不同的人文背景，不同社会，不同性格、嗜好、心理倾向与精神向往等，多方面之人群，汇通和合，冶之一炉，使其同成为中国人，镕铸成一个中国文化，展演出一部中国历史来。

西方文化主要在城市，中国文化主要在农村。城市繁荣，此起彼落。农村虽有兴衰，但比较稳定。因此，作为农村凝结中心的城市，亦自与相互争存的城市不同，而连带有其稳定性。在中国文化系统中，占有较长历史性的两个地区，一为今之山东省，一为今之河南省，此两省，直上直下，几千年来都在中国文化大统中占有人文成就上的重要地位。这两省时经战乱，时遭饥荒，变动极大。但屡起屡扑，屡扑屡起，并无所谓文化一衰即无再兴之理。

中国北方，是中国文化的老家。就今天讲来，一般情形不如南方则有之，但诸位莫说中国北方已老了衰了，中国文化已转移到南方来；此实一大错误。但我们希望中国文化的发源地北方中原，能重来一大振兴，则是应该的，而且也是重要的。

八　如何研究文化史

"文化"是全部历史之整体，我们须在历史之整全体内来寻求历史之大进程，这才是文化的真正意义。进一层说，历史是人事记载，但有很多人事不载入史籍中。并非不重要，只为向来史体所限，故不一一载入。适才所说的历史整全体，则是兼指载入史籍与未载入史籍的而言。换言之，"文化"即是人生。此所谓人生，非指各人之分别人生，乃指大群体之全人生，即由大群所共同集合而成的人生；包括人生之各方面、各部门，无论物质的、精神的均在内；此始为大群人生的总全体。又当是立体的，而非平面的。即是此整全体之大群人生之兼涵历史演变在内者。

"文化"一词，亦从西方翻译而来。中国从前人研读历史，只要懂得人物贤奸，政俗隆污。凭此一套知识，可以修己治人，则研习史学之能事已毕。现在则世界棣通，各地区，各民族，各有一套不同演进的历史传统存在着。如何从其间研核异同，比较得失，知己知彼，共图改进？于是在历史学之上，乃有一套"文化学"之兴起。此在西方不过百年上下之事。但中国古人实早有此观念。《易经》上有"人文化成"一语。"文"即指人生之多采多姿各种花样言。人群大全体生活有各部门，各方面，如宗教、艺术、政治、经济、文学、工业等；各相配合，融凝为一，即是文化。此多样之人文，相互有配合，先后有递变。其所化成者，正与近代人"文化"一观念相吻合。故此一翻译，实甚恰当。自此处言，可见文化即是历史，惟范围当更扩大，内容当更深厚。若我们有意研究文化，自须根据历史。因文化乃是历史之真实表现，亦是历史之真实成果。舍却历史，即无文化。

但从另一方面看，研究文化须有哲学智慧。文化本身固是一部历史，但研究文化则是一种哲学。全部历史只是平铺放着，我们须能运用哲学的眼光来加以汇通和合，而阐述出其全部历史中之内涵意义与其统一精神来。此种研究，始成为"文化史"。但文化并非即是一套哲学，哲学亦仅只是文化中之一部门。若认为文化是一套哲学，此实大误。

关于如何研究文化问题，我特就我们中国此六十年来学术界风气，提出下列诸点：

一、应根据历史真情。

二、求其异，不重在指其同。

三、自大处看，不专从小处看。

四、从汇通处看，不专从各别处看。

五、看得远，不可专从一横切面只看眼前。

六、不可专寻短处，应多从长处着眼。

中国传统文化，政治方面可说是最见长的。但中国历史上大病，正以出在政治方面者为多。近几十年来，中国病痛主要亦出在政治方面。

若说近代中国工商实业不发达，新科学不生根，这些话也都对。但这些只是外在短处，我们尽可设法补救，或说迎头赶上。所以老不能如此，则正为内在有病。此一病，从中国近代历史讲来，显然仍是政治病。若使政治上没有病，我们想要提倡科学，振兴实业，该不是做不到。故我说，所谓"文化精神"，应指其特殊长处。而所谓"文化病"，则正亦出生在其特殊见长处，而不在其短缺处。

文化交流，先须自有主宰。文化革新，也须定有步骤。

这六十年来的中国人，一番崇拜西方之狂热，任何历史上所表现的宗教信仰，也都难相比。所惜只是表现了些狂热的俗情，偏激的意气，最高也只算是空洞的理想，没有能稍稍厝意到历史与现实方面去作考虑。

文化有共同处，是其共态。文化有相异处，是其个性。个性有长有短，贵在能就其个性来释回增美。共态是一种普通水平，个性则可有特别见长。但亦不能在个性上太发展，而在共态上太落后。如印度文化，便有此毛病。

我们继此再谈一问题，即是"世界文化"与"民族文化"之别。究竟统一性、大同性的世界文化将在何时出现？此问题谁也不能答。或者我们可以说，这一种世界文化，在今天已在酝酿开始了。但何时能成熟确立，此尚有待。在我认为，世界文化之创兴，首在现有各地区各体系之各别文化，能相互承认各自之地位。先把此人类历史上多彩多姿各别创造的文化传统，平等地各自尊重其存在；然后能异中求同，同中见异，又能集异建同，采纳现世界各民族相异文化优点，来会通混合建造出一理想的世界文化。此该是一条正路。若定要标举某一文化体系，奉为共同圭臬，硬说惟此是最优秀者，而强人必从，窃恐此路难通。文化自大，固是一种病；文化自卑，亦非正常心理。我们能发扬自己文化传统，正可对将来世界文化贡献。我能堂堂地做一个中国人，才有资格参加做世界人。毁灭了各民族，何来有世界人？毁灭了各民族文化传统，又何来有世界文化？

或有人还要问，中国文化究竟在将来有无出路？此则触及文化自信与文化悲观的问题上去。在目前，连西方人也对他们自己的文化传统陷于悲观，失却自信；则无怪我们要提出此问题。但文化本是由人创造的，文化要人继续不断地精进日前永远去创造。路在前面，要人开，要人行。不开不行，便见前面无路。却不是前人创下此文化专来供后人享受。一个文化中所留下的物质成就，是可供人享受的。一个文化中所蕴有的精神力量，则待后起人各自磨炼来发扬，来持续。文化本身是属于精神的。仅存着一堆物质，到底不成为文化。因此，此一问题无可讨论。失却自信，便真可悲观。只有我们把各自信心先树立起，便见无可悲观处，接着的问题才能有讨论。

附录一至八（略）

冬，《王船山的孟子性善义阐释》，刊于《香港大学五十周年纪念论文集》。收入联经《钱宾四先生全集》第二十二册《中国学术思想史论丛》（八）。二〇〇〇年素书楼文教基金会·兰台出版社整理新版印行，页一〇一～一三三。大意谓：

自孟子唱"性善"之说，后儒如荀卿、董仲舒、扬雄、荀悦以及唐之韩愈，皆不信奉。经宋代程、朱之推尊，而后孟子性善之说，遂成为此下儒家之定论。然程、朱之说性善，其果有当于孟子当时之真意与否，明、清两代，递有争议。尤著者，为颜习斋与戴东原，二人皆攻诋程、朱，又遍及宋儒，其所辨说，果为得孟子真义否，仍滋疑难。晚明王船山，犹在颜、戴之前，独尊横渠以纠程、朱之失，较之颜、戴，似为持平，而抑又深至。抑且于朱、陆异同之外，又提出张、程异同之新公案，为治宋儒思想者所不可不知。

孔子极少言性与天道。论语惟"性相近"一章言及性字。兹先引船山说此章者于前，其言曰："程子创说个'气质之性'，初学不悟，遂疑人有两性。所谓气质之性，犹言气质中之性也。质是人之形质，质以函气，而气以函理。质以函气，故一人有一人之生。气以函理，故一人有一人之性也。自人言之，则一人之生，一人之性。而其为天之流行者，初不以人故阻隔而非复天之有。是气质中之性，依然一本然之性也。以物喻之，质如笛之有笛身有笛孔相似，气则所以成声，理则吹之而合于律者也。以气吹笛，则其清浊高下，固自有律在，特笛身之非其材而制之不中于度，又或吹之者不善，而使气过于轻重，则乖戾而不中于谱。故必得良笛，而吹之抑善，然后其音律不爽。造化无心，而其生又广，则凝合之际，质固不能以皆良。气丽于质，则性以之殊，故不得必于一致，而但可云相近。乃均之为笛，则固与箫管殊类。人之性所以异于犬羊之性，而其情、其才皆可以为善，则是概乎善不善之异致，而其固然者未尝不相近也。程子之意固如此，故必云'气质中之性'而后程子之意显。以愚言之，则性之本一，而究以成乎相近而不尽一者，大端在质不在气。质，一成者也。气，日生者也。一成则难乎变，日生则乍息而乍消矣。故知过在质，不在气。乃其为质也，均为人之质，则既异乎草木之质、犬羊之质矣。是以其为气也，亦异乎草木之气、犬羊之气也；故曰近也。孟子所以即形色而言天性也。乃人之清浊刚柔不一者，其过专在质，而于以使愚明而柔强者，其功则专在气。气日生，故性亦日生。性本气之理而即存乎气，故言性必言气而始得其所藏。乃气可与质为功，而必有其与为功者，则言气而早已与习相摄矣。气随习易，而习且与性成。然则气效于习，以生化乎质，而与性为体，故可言'气质中之性'，而非本然之性以外，别有一气质性也。质受生于气，而气以理生质，善养者何往而不足与天地同流哉。质之不正，非犬羊草木之不正也，亦大正之中偏于此而全于彼，长于此而短于彼，乃有其全与长之可因，而其偏与短者之未尝不可扩，能践形者亦此形，而万物皆备于我矣。孟子惟其相近而不一者推其所自而见无不一，故曰'性善'。孔子则就其已分而不一者，于质见异，而于理见同，故曰'相近'。孔子固不舍夫理以言气质，孟子亦不能裂其气质之畛域而以观理于未生之先。则岂孔子所言者一性，而孟子所言者别一性哉？虽然，孟子之言性，近于命矣，命善故性善，则因命之善以言性之善可也。若夫性则随质以分凝矣，一本万殊，而万殊不可复归于一。易曰：'继之者善也。'言命也。命者，天人相继者也。'成之者性也。'言质也，既成乎质而性斯凝也。质中之命谓之性，亦不容以言命者性也。故惟'性相近也'之言，为大公而至正也。"

以上节录《船山读四书大全说论语阳货篇》"性相近习相远"章之大意。其中有特值注意者，船山论性，毋宁更主张孔子"性近习远"之说，而于孟子性善之说，犹有微辞焉。又张、程首有"义理之性"与"气质之性"之分别，而朱子取以注此章，谓："此所谓性，兼气质而言。"又引程子曰："此言气质之性，非言性之本也。若言其本，则性即是理，理无不善，孟子之言性善是也，何相近之有哉？"今船山曰："岂孔子所言者一性，而孟子所言者别一性哉？"是乃针对朱注而发，语极明显。又曰："所谓气质之性，犹言气质中之性。"而又将气质二字分别言之，是于程说显不赞同，而特婉言之、隐言之而已。并于义理之性一面，文中全未提及。此固因朱注亦未提及此四字，然船山云："初学不悟，遂疑人有两性。"即指义理之性与气质之性之分别言。此一分别，船山显所不取，而此处不明白指出，语气中多似对程、朱留地步；其明白对程、朱之说加以辨难者，多见于《孟子》篇中。此因著书体例，分条列说，不能于一处说尽也。船山于宋儒之学，独尊横渠，"义理之性"与"天地之性"之分别，亦最先创始于横渠，二程盛许其说以为可以补孟子所未及，然船山谓："程子所言气质之性，实与横渠原义不同。"其言见于其所为《张子正蒙注》。而船山论性，此节最为简尽。读者先于此细玩，则此下所引录，如网在纲，有条而不紊矣。

论性则必溯及于天人之际，而船山于此，最有深见。其言曰："天人之蕴，一气而已。从乎气之善而谓之理，气外更无虚托孤立之理也。乃既以气而有所生，而专气不能致功，固必因乎阴之变、阳之合矣。有变有合而不能皆善，其善者则人也。其不善者则犬牛也。"又曰："天行于不容已，故不能有择必善，而无禽兽之与草木，然非阴阳之过而变合之差。是在天之气，其本无不善明矣。"又曰："在犬牛则不善，在造化之有犬牛则非不善。因于造化之无心，故犬牛之性不善，无伤于天道之诚。"以上之说，有可注意者：一则船山惟以气说天，惟以一气之阴阳变合造化者说天；故谓天惟有"诚"而不能尽"善"。变合之未尽善，亦不得谓天有不善，以天之造化本出无心，而仅由于一气之变合之行于不容已也。船山此说，全本于易，而颇近庄子。船山殆可谓即本先秦观念以言孟子之性善义者也。则其与当时孟子之真意较近，殆宜然矣。

船山论性之善不善，主要在其辨情才之说。船山之辨理气，其说较习斋为邃密。至其辨情才，其说亦较东原为深至。惜乎船山之说，湮没不彰，学人之非难程、朱，则仅知有颜、戴而已。清代道、咸以后，船山之书始行于世，然至此学术将变，遂亦终未有能整理船山之书以重提此一公案，此亦学术界一至可惋惜之事也。

撰《新亚艺术发刊序言》。收入联经《钱宾四先生全集》五十三册。《素书楼余沈》，摘要略。

一九六二年　壬寅　六十八岁

一　国内大事

二月二十四日,"中央研究院"院长胡适因心脏病逝世于台北。

七月二十七日,台湾省政府拨四万公顷山地,安置退除役官兵从事农牧生产。

二　事略

先生在本年仍任新亚书院院长职。七月,富尔敦至香港,讨论新建中文大学事宜,先生认为当径取已用之英文名直译为中文大学,同时坚持校长须由中国人出任。

三　著述

一月,《中国散文》,重刊于《人生》二十三卷四期。收入联经《全集》第四十五册《中国文学论丛》,二〇〇一年素书楼文教基金会·兰台出版社整理新版印行。页六八~八〇。大要谓:

中国"散文"本是对"骈文"而言,亦有是对"诗"而言。这是中国文学之一大支。《四库题要》所收诗文集中,散文就占了一半份量,可见散文在中国文学史里比重极大。

西方文学如史诗、神话、戏剧等,开始就像是自然的、朴素的、天真的、民间的,以及地方性的,而中国则不然。中国文学虽亦源自民间,实际上却经过了官方的一番淘洗。像中国最早一部文学作品《诗经》,就是出于政府的官书。若是地方性的文学,要渗透到全国的广大范围,就先须经过一层"雅化"。而此层雅化工夫,在古代则是操之于上层贵族手里的,也可说操在政府的。这是由于中国地理、文化环境,与西方不同之故。

中国文学发达，与西方不同，主要缘于中国古代就有一个统一政府。各地地方性文学，要传播到全国，不得不先经过政府之淘洗与雅化。因此我们说，中国文学主要绝不是地方性的。这里我们要特别提出，即中国文学的发展乃是由上而下，主要在贵族阶级手里来完成。西汉时的文学，乃由游士之手，转入宫廷的侍从们，像司马相如等。东汉时的五言诗，才可算得是纯文学了。

中国文学的确立，应自三国时代曹氏父子起。曹丕的典论论文，是中国最早正式的文学批评。这在中国文学史上是一个划时代的重要关键。因文学独立的观念，至此始确立。中国文学另外一个特征，常是把作者本人表现在他的作品里。我们常说的"文以载道"，其实也如此。设辞作譬，正如一面镜子，西方文学用来照在外面，而中国文学乃重在映放内面。也可说，西方文学是火性，中国文学是水性。火照外，水映内。

汉、魏以后的文学，主要可读《昭明文选》。但《昭明文选》里，不选经，不选史，也不选子，所搜集的便只限于较近纯文学的一部分，总分赋、诗、文辞三大类。由此可见昭明太子当时，已有文学独立的认识了。

散文确获有纯文学中之崇高地位，应自唐代韩愈开始。韩愈提倡散文，实在有一些是采取《文选》赋前之序而变化出来的。这一改变，遂破除了以前种种格调的限制与拘束。这也正如我们另换了一套宽大的衣服，而感得格外地轻松与舒适。故散文在纯文学中之地位崇高，其功当首推韩愈。韩愈同时有柳宗元，下及宋代欧阳修等人，多擅记叙文章。如柳的山水游记，欧的园林杂记如《醉翁亭记》之类，其实多似诗题，多有诗意。尤属主要的，则须能把自己投入作品中。

宋、明理学注重人格修养，这正如韩愈所说："我非好古之文，好古之道也。"尤其如朱子、阳明，是理学家中散文的。他们的文章，也都能把自己的日常生活一切事物及对外应接都装入其诗文中去。从这里，我们更看得清楚些，所谓"文以载道"，其实是要在文学里表现出作者的人生。

到明代，骈文终于是没落了，而散文则更为盛大起来。但比较有价值的文学家，还是要推归有光，他是宗法唐、宋的。归则以日常生活的描写为主。他可算已抓住了极重要的一点，即是以文学来表现人生。这又回复到韩愈及宋学家们的精神了。他从史记中领悟到写文章的诀窍，可说给散文写法又开辟了一条新路线。

谈到清代的散文，多半只是桐城、阳湖两大派势力。桐城派的始祖是方苞，以后还有他的弟子刘大櫆和刘的弟子姚鼐。他们三人都是安徽桐城人，因而称为桐城派。他们的系统，是远宗唐、宋八大家的。姚鼐在扬州、南京主梅花、钟山书院诸讲席，凡四十年，本桐城古文义法选辑《古文辞类纂》七十四卷，其中心贡献在他为文章作分类的工作。就《古文辞类纂》之文体分类言，实比《昭明文选》远为进步了。他又特别提出八个字来作为衡评文学的主要标准。此八字为"神、理、气、味、格、律、声、色"。我们可说"神、理、气、味"四字，偏在文学的人生方面，"格、律、声、色"四字，则偏在文学的技巧方面。桐城派主张"义理"、"考据"、"辞章"三者兼重。此神理气味格律声色八字，即是"文章"与"义理"兼通互相融化合一了。

又有阳湖派，如恽敬、张惠言诸人。他们能兼经、子、考据，因此阳明古文虽是桐城别支，却和桐城门径广狭不同。同时有洪亮吉，亦阳湖人，他亦能诗文，尤喜以骈文写作，创为新骈文体。

关于中国散文的确立及其发展，已经讲过不少。下边我们再提出一个反对的意见。章学诚著为《文史通义》一书，也是我们研究近代文学所必读的书。其书有言："《六经》皆史。"就是说，古代的经学，实在也就是史学。这一论点，实是针对当时的经学派而发。而实为一不朽的大论点。自归、方评点《史记》的传统，为文学应该读《史记》，这已成为桐城派相传的真诀。而章学诚则加以反对。章氏说："以古人吾穷之书，而拘于一时有限之心手。"这是对评点的一针见血之论。

章学诚对文学的另一看法，他说："文章变化，非一成之文所能限。"这也可说，学文学不能单从某一人之文学本身去学。因为章氏对当时的两大派，经学与文学，都不满意，而极想创造出一条新路径。他当时评论古文，写出《古文十弊》一篇，也是很有力量的。章学诚又说："文成法立，未尝有定格也。传人适如其人，述事适如其事。"这是以文来写人或事，不是以文来写文。他这样讲文学，可谓已讲到较高的一步了。

其次，对桐城派批评的有阮元。但桐城派由于后起曾国藩的发扬光大，也能直延续到清末。曾氏批评古文，曾说："古文无施不可，惟不宜说理耳。"此说亦甚有意思。因就散文在纯文学之境地中来讲，自然是不宜多于说理的。他最喜欢雄健的文章，他又主张学《汉书》，则是兼顾了当时考据学派如阮元等人的意见了。因此他的文章，多能宏深骏迈。

另有介绍西方文学的严复几道和林纾琴南。严偏重哲学方面，林则是介绍西方小说的第一人。严先曾去英国学海军，学识渊博，国内六十年来翻译西方学术著作之多，无人可比。关于翻译西书的技术，他定下"信、达、雅"三原则，作为后人译书之准绳。林纾先后译有小说共一百五、六十种，包括美、英、法、挪威、西班牙、比利时，以及瑞士等国。他有文学天才，能对原书的旨趣有极深刻的领悟，能把西洋文学融入中文。他用《史记》笔法来写社会，写人生。

说到今天的问题，过去的一切，都忽略了。大家正处在旧的没有，而新的还未产生出来的这一段真空地段里。目前最重要的课题，在能开一条路，使以下人才都因这条路而兴起。

一月十二日，新亚研究所学术讨论会讲辞《学问与德性》，刊于《新亚生活》四卷十七期；又刊于《人生》二十四卷一期。收入联经《全集》第二十五册及素书楼文教基金会·兰台出版社《中国学术通义》，页三〇二～三一八。大意谓：

本讲题中"学问"一语，可作一种工夫看，如云如何学、如何问。亦可作一种成绩看，即已成功之学问，如史学、文学等。"德性"一语，亦可分两种看。一指禀赋，属于先天。一指修养，属于后天。凡此两义，本相通贯。

似乎西方人做学问，开始时便偏重在向外。中国人做学问，似乎一向乃是偏重在向内。近人也有说：西方尚智，中国崇仁。我想正是此意。此乃在学术进展之大体上，指其所偏重言。但我们不能不求在此两者间，有一更高之综合。

一切学问皆自人来，而且亦为人用，我们不妨称一切学问为"人学"。既是人学,实皆渊源于人之"德性"。但德性之一部分虽为自然禀赋,其另一部分则属人文修养。如中国古人所讲"心性之学",乃是偏于人文修养者,而近代西方人所讲"心理学"则可谓是偏于自然禀赋者。即举此一例,便见中西双方学问趋向大势,有此一分歧,或偏轻偏重之处。

总之"德性"仍是一首要,而"智慧"与"功力"尚属其次。亦可谓智慧与功力亦包含在德性中。我们此刻则应能注重在如何寻求出此两种学问背后之共通点。此后学术所趋,一面当注重在其共通精神点,一面则在注重其各别处,分途并进。有了此一套共通之学,却亦不能取消另一套各别之学。既有了此一套各别之学,却又不能不再求此一套共通之学。

三月,《前期清儒思想之新天地》,重刊于《新天地》一卷一期。案此稿原名《论清儒》,刊于一九四七年一月南京《中央周刊》九卷三期;收入联经《全集》第二十二册及素书楼文教基金会·兰台出版社《中国思想史论丛》(八)时,又改题名为《略说干嘉清儒思想》。页四~一五。摘要略。

四月十日,新亚研究所学术讨论会讲辞《中国历史上关于人生理想之四大转变》,刊于《新亚生活》四卷二十期。收入联经《全集》第四十三册及素书楼文教基金会·兰台出版社《世界局势与中国文化》页一二六~一四二。摘要略。

四月十五日,《我和新亚书院自述》,刊于《新时代》二卷四期。收入联经《全集》第五十一册及素书楼文教基金会·兰台出版社《八十忆双亲师友杂忆合刊》页四一四~四二五。文中有云:

香港是一个殖民地和商业化的都市,我们所以要来讲中国人、中国民族、中国文化的前途,就是认为我们的前途寄托在国家民族的前途上。假若国家民族没有前途,请问我们做人的理想、事业、希望与意义价值,又将在哪里?我们坚定信仰中国文化有价值,它决不会使我们无价值。

同时，我还坚信我们必将重回大陆，这一信念从哪里得来？乃是从我一辈子努力在要求了解中国历史和中国文化价值的过程中得来。我们为了准备迎接行将来临的光明，必须懂得"藏器待时"。我们办学校就是要为国家民族"藏器"，将来必有一日可以用上。总而言之，我们新亚书院的意义和价值，即是寄托在对国家民族前途的信仰上。

我虽然没有好好的从过师，却常接受先哲先贤的影响，除效法诸葛孔明一生谨慎，王阳明知行合一与曾文正的扎硬寨打死仗之外，我还喜欢论语里"笃信、好学、守死、善道"这八个字，我自青年时代就常以这八个字来反省、自勉。"守死"使我在新亚困难的时候，决不逃遁；"笃信"使我深信中国一定有前途，使我一生从不会放松这信念。还有：我在前清光绪年间读小学的时候，因为作文成绩特优，老师奖赏一本课外读物，我至今还记得书名是《自学篇》，由蒋百里先生从日文翻译过来的，其中记述了四十多位欧洲自学成功的名人小传，一篇篇刻苦勤学的奋斗故事，我读了很受感动。不过我一直仍认为，青年人只要有可能进学校从师研究，还是循着正规教育的程序以求上进为好。除非是万不得已，才采取自学的途径。因为在学校里，不仅可以有系统地研究各门课程，还可以与良师益友从切磋琢磨中，增进内心的修养，完成伟大的人格，奠定学业与事业的巩固基础，那比自学究竟要好得多了。

五月，《为民主评论事复张其昀书》，刊于《中国一周》第六百三十一期。此略。

五月十八日，新亚研究所学术讨论会讲辞：《有关学问之道与术》，刊于《新亚生活》五卷五期；又刊于十月《人生》二十四卷十期。案本文后改题名为《泛论学术与师道》。收入联经《全集》第二十五册及素书楼文教基金会・兰台出版社《中国学术通义》页二一七～二四〇。大意谓：

"道"、"术"二字联用，乃同义词，犹云路。《庄子天下篇》有云："古之所谓道术者"，又曰："道术将为天下裂"，皆指学问行为言，此即合用之例。若分别用，则义训有别。道指义理，术训方法。凡有关从事学问之方向，及其所应到达之目标等，应属"道"。即凡论该做何等样学问，或论学问之意义与价值等，皆属之。但依此方向，达此目标，亦非简单一步可冀。此中尽有层次、步骤、曲折、艰难，此属方法问题，是即学问之"术"。简言之，该做何等学问是道，应如何去做是术。

教人治学固贵指示一大道，亦贵有方法。方法有高有低，有深有浅。有志治学，更不宜看轻其低处、浅处。近人每云："不要给人家牵着鼻子走。"我想，初学人是应循规蹈矩，姑先让人牵着鼻子走一段，能入门上路了再说也不迟。但我并非专来讲传统，要束缚人走一条路。宋儒邵康节临终，程伊川往探之，伊川问："从此永诀，更有见告乎？"康节举两手示之。伊川曰："何谓也？"曰："面前路径须令宽，路窄则自无着身处，况能使人行也？"邵氏虽非理学中正统，但此番话极开通，并落实。人人能处处为异时异地别人留余地，这便是路径宽。须知学问乃大家公共事，非放宽路径，则一家之言，成就终有限。

我们从事学问，立志固要高，但路径要亲切落实。又须知，并非只此一路。若只讲道、不辨术，一则容易有门户之见，二则不能希望有甚多人各能在一事、一职、一套学问上，各有贡献。当知学问之事，或大或小，或广或狭，皆须有门径、有方法。一条条路平放在前，非一家一派一条路所能包办，所能囊括而无遗。

中国人讲道尚简易，讲术却谨严。此乃中国学问之高明处。因此中国人对实际事物能活看，能圆通不固执。若懂得此意，来治中国学术史，应可另有一番新体会。

六月，《撰新亚艺术第二集序》，刊于《新亚生活》五卷二十期。联经《全集》第五十册《新亚遗铎》。文中有云：

尝窃论之：中国人之于艺术，必贵其技而进乎道。故于绘画，亦不专尚形似，而特重意境。若以文学为喻，形似者画之赋，意境则其所比兴。故中画以山水为主，盖因山水之用于比兴，其道多方，可以任其意之所寄而一于画出之。而画家又贵作题。画之有题，亦以补申其所比兴而已。又必以画道通诸书法。书法专仗线条，最为抽象。惟其属于抽象，故能尽比兴之能事。书家之意境，乃可于其运笔与结体之种种变化中，曲折精微，无所不到。中国人作画，则又以书家运笔与结体之妙寓其间。故其人苟无意境，即不足以作画。其人苟不通诗之比兴与夫书家运笔结体之妙，亦不足以善用其意境以入画。要而言之：画之背后有人，画之高下，则一以其人之高下为衡准。画之意境在其人，而人之意境则初不在于画，而别有其所在，此中大有修养。有此修养，又必习技能。技能又不专在画，又必兼通之于诗词与书法。由此论之，欲成一中国画家之理想条件，亦可谓甚难能而大可贵矣。今诸生以青年来学校，短者仅一两年，达四年，即毕业以去，何能即企此境。然即从学画中，亦可默体此意，如有此一境，而潜心果力以赴之。则作画即所以学做人，此亦由技而进乎道之一术矣。

六月，《写在本刊五卷一期之前》，刊于《新亚生活》五卷一期。收入同前书。摘要略。

六月，新亚第五十二次月会讲辞《回顾与前瞻》，刊于《新亚生活》五卷三期。收入同前书。页三八一～三八九。大意谓：

一所有名、够水平的大学，定是一间具有学术性的大学。个人与团体之成功与失败，全须在实际上用心。不要只看重文凭和招牌，一切要重实际，不要徒尚虚名。

六月，撰《新亚书院文化讲座录序》。收入同前书。页三九三。其文云：

新亚书院之创始，艰窘达于极度。同仁心力无所展布，乃于日常授课之余，周末之夜，特设文化讲座。除同仁主讲外，并邀在港学者参加，以社会人士为听讲对象，而新亚学生亦参列焉。其时，新亚校舍在桂林街，隘巷秽浊，楼梯窄而黝，盘旋而上，每不得踏足处。讲室设座，无凭无靠，危坐不能容百席。而寒暑风雨，听者常满，新亚学生仅能环立于旁。并有每讲必至，历数年不缺席者，孙君鼎宸即其一人。孙君于每讲必有笔记，藏之有年，有意整理印行，此亦新亚早年一份至可宝贵之史料。唐君毅先生长新亚教务，始终主其事。匪唐先生不能有此讲座，匪孙君不能有此记录。孙君整理既竟,爰为序其端。

七月,《孔子与春秋》、《庄老与易庸》、《道德与艺术》、《王荆公的哲学思想》、《中国散文》、《程朱与孔孟》、《汉代制度之得失》、《中国史学之精神》、《中国思想史中之鬼神观》、《有关学问之道与术》、《略论王学流变》、《唐代制度之得失》、《物与心》,皆刊于《新亚讲座》。以上各篇收入如下:

《孔子与春秋》收入联经《全集》第八册《中国文化丛谈》,《两汉经学今古文平议》。《庄老与易庸》收入联经《全集》第七册《庄老通辨》。《道德与艺术》收入联经《全集》第四十四册。《王荆公的哲学思想》收入联经《全集》第二十册《中国学术思想史论丛》(五)。《中国散文》收入联经《全集》第四十五册《中国文学论丛》。《程朱与孔孟》收入联经《全集》第二十册《中国学术思想史论丛》(五)。《汉代制度之得失》收入联经《全集》第三十一册《中国历代政治得》失。《中国史学之精神》收入联经《全集》第三十二册《中国史学发微》。《中国思想史中之鬼神观》收入联经《全集》第四十六册《灵魂与心》。《有关学问之道与术》(后改题为《泛论学术与师道》)收入联经《全集》第二十五册《中国学术通义》。《略论王学流变》收入联经《全集》第二十一册《中国学术思想史论丛》(七)。《唐代制度之得失》收入联经《全集》第三十一册《中国历代政治得失》。《物与心》收入联经《全集》第三十九册《湖上闲思录·人生十论》。

七月五日,《英国文化协会赠书仪式中致词》。收入同前《新亚遗铎》。页三九四。文中有云:

此次英国文化协会赠我们三千镑的巨款,我们得以购买有关各科参考的英国著作,并又获得大英博物馆所藏中国敦煌古写本之全部影片。在我们图书馆平添了一大宗珍宝。

说到敦煌,在中国唐代,是中西交通一个陆路站。因此在此僻小地区,还保留下许多当时的钞本书籍,以及绘图和雕刻等有关宗教方面之艺术品。这些钞本,此刻已分散到全世界,而大部分则分别收藏在伦敦和巴黎两处。在伦敦的这些钞本，则已全部摄成影片。

此项古钞本，近几十年来，已为全世界学术界所注意。中间有许多为研究中国唐代文化和社会各方面之重要资料。尤其是关于佛教经典及民间文学之两项，已引起了当前学术界之普遍重视。有不少中国学人及其它各国之学人，不断前往伦敦、巴黎参考研究。

我们今天处在香港，这是近一百多年来中西交通一港口，恰和唐代时的敦煌，一南一北，一水一陆，古今遥遥相对。我们处在这里，瞻念前人遗业，更应该对当前中西文化交流此一巨大职责，有所奋发。

七月十四日，《对十一届毕业诸君临别赠言》，刊于《新亚生活》五卷四期。收入同前《新亚遗铎》。页三九〇～三九二。先生举禅门一故事勉励毕业诸生：

有一僧，一夕在某祖师处侍立。祖师说："更深了，何不去？"那僧人珍重便去。却回，曰："外面黑。"祖师点纸烛度与僧，僧拟接，祖师复把来吹灭了。那僧于此大悟，便礼拜。今试问：那祖师究竟指点了些什么？那僧人究竟悟了些什么？

诸位此时毕业离校，正如那僧人夜深宜下。但外面漆黑，那是诸位初进社会会有此感的。所以诸位当离校而去之际，总会要诸师长有些赠言，正如那僧人珍重出去了却又回一般。那祖师点与他纸烛，却又一口吹了，这正是一番最亲切的大教训。其实外面虽黑，那僧人岂不保此一心，具有两眼两脚？大可小心放胆直行而去，不必疑惧却回。或许此僧人所悟，便悟在这上。因此直从他内心感激，要向祖师深深礼拜了。

九月，新亚研究所学术讨论会讲辞《有关学问之系统》，刊于十二月《新亚生活》五卷十三期。收入联经《全集》第二十五册及素书楼文教基金会·兰台出版社《中国学术通义》页二四一～二六二。大意谓：

依照中国传统，应说学问有三大系统。第一系统是"人统"。其系统中心是一人。中国人说："学者所以学为人也。"一切学问，主要用意在学如何做一人，如何做一理想有价值的人。此乃吾人从事学问之一种创造与领导原则。因此，其所成之学问，亦以如何做人为中心，为系统。

一九六二年　壬寅　六十八岁

换言之，即是以此学者个人自身之完成为中心为系统。此种学问之目标即在人。

第二系统是"事统"。即以事业为其学问系统之中心者。此即所谓"学以致用"。人之本身，必然期有用。吾人之所以从事于学，学为人，其主要动机及其终极意义，乃在对社会人群有用，有贡献。因其为学之中心在事业，故亦惟就其事业，始能见其学问之大体。

第三系统是"学统"。此即以学问本身为系统者。近代中国人常讲"为学问而学问"，即属此系统。如治史学、治哲学，好像每一套学问，各有其客观的外在，在于人之完成与社会人群事业之实际应用之外，而别有此一套学问体系之存在。于是学问遂若与人与事分离而自成一系统。此与前两系统之分别，一在由人来做出此学问，而此则是学问本身超然于人之外，乃由学问而来产生出学人。但学问亦是一事业，任何一项学问之在人群社会中，亦各有其贡献。因此，第三系统在人统、事统之意义上言，则仍是一贯递下，可认为是事统之一分支。

中国人做学问，主要既在讲做人，尤其主要在求改进他自己，所谓："三人行，必有我师焉，择其善者而从之，其不善者而改之。"此乃是一种极具体、极现实、逐步向前、人尽可行的大道，决非一种超越抽象之谈。自做人之共通理想进一步，遂有所谓"道"。道亦指人生实事言。人生实事之改进，则亦是极现实，极具体，自近及远，自卑登高，惟求其逐步向前，而无所谓彻底改造。故曰："天理不外人情"、"忠恕为道不远"。忠恕是中国人所讲人生共通一大道。但若真讲忠恕，则此社会便很难有革命。因此中国人讲人道，注重在"教育"与"教化"，尤贵"尽其在我"。君子思不出其位，虽若是各就自己个人分内尽力，但也有一共同目标、共同方向、共同步骤。在这里，人人能知能行，而又不易出大毛病。此即是中国人之所谓"道"。学问主要目的，正在明道行道。而道亦可以变，可以进。但其变其进，却不必要革命。

九月，《校庆日劝同学读论语并及论语之读法》，刊于《新亚生活》五卷七期。案本文后改题名为《孔子诞辰劝人读论语并及论语之读法》。收入联经《全集》第四册及素书楼文教基金会·兰台出版社《孔子与论语》页四一~五七。摘要略。

九月十日,《秋季开学典礼讲词——充实与光辉》,刊于《新亚生活》五卷八期。收入联经《全集》第五十册《新亚遗铎》页三九六~四〇〇。大意谓:

孟子说:"可欲之谓善,有诸己之谓信,充实之谓美,充实而有光辉之谓大。"

关于"充实"二字,我想有一神话故事,可以作譬。此神话说:有一道士,放鹅入笼,从一鹅装至十鹅,同样装下了。乃至二十、三十、一百头鹅也装下了。而那笼却依然。其实那故事即可以如今的香港作证。香港此十几年来,从几十万人到数百万,扩大了六、七倍,犹如此道士之笼内之鹅,逐次装进去,而香港还是一香港。若论我们的脑子和心胸,更不知可装进几多,而此脑子此心胸依然如旧不觉。我所讲之充实,简单是如此。让我们不要专在外面量上看,转从内面质上看,如是充实不已,便可有光辉。

一个学校要有光辉,实不容易。世界有名大学如美国之耶鲁、哈佛,英国之牛津、剑桥等,可谓是有光辉了。那是经过几百年之充实而来。光辉是从外面人看来的,充实却靠自己。

九月二十八日,《孔诞、校庆及教师节讲词》,刊于《新亚生活》五卷九期。收入同前《新亚遗铎》页四〇一~四〇七。大意谓:

孔子为万世师表,中国自孔子建立师道以后,至今尚没有一个比孔子更伟大的教师出现。中国社会常说:"天地君亲师",可见对师道之重视。

我还记得幼年时,七岁开始上学,第一天父亲亲自送我到学校,先拜孔子像,再拜先生。当时社会一般人对先生的尊敬,由今说来,几已是不可想象的了。在家庭中,父母兄弟姊妹,都对学校先生怀着敬意。因此入学的学生,自然不会对先生不尊敬。

我在一九一二年自己开始做先生,那时社会上尊师之风仍保持。我当时仅十八岁,学生有比我年龄大的,但他们对我一样表示十分尊敬。

若见到学生家长，即或街坊中人，他们亦必恭敬称呼"先生"而不名，自然很多人根本不知此先生之姓名，但其恭敬之态度与心情，令人十分感动。

　　回忆在民国初年，凡学校请先生，或由校长，或是学校委托人，必亲向先生表明礼聘之意，经答应后，再致送聘书。至于薪水多少，请先生的与被请的，都不会提起，直要到正式教课后，再由介绍人或其它有关人，转达说明薪水数目。这是一种心理，表示聘先生不该重在经济报酬上。换言之，即是师道之尊，不能用薪给来估计和衡量。

　　这几十年来的变迁，教师完全变成为职业性，而且也和其它职业一般，不能说当教师便特别清高些。而教师待遇却比其它职业低，所以老师益不为社会看重，而且也不为教师本身所重，只成为一种不得已而为之的职业而已。又在抗战期间，开始有"公教人员"一名词，将政府公务员与学校教员放在一起，其意也在薪给问题上。开始一般教师听此名词，好像怪不自然，但后来也就习以为常了。这些，都可指出在近几十年来，由于社会之变，而教师地位也随而变。这好像是很自然，而且也是无可奈何的。

　　但我们若细读《论语》，孔子当时也非可以没有职业的。他教他门弟子如何做一"士"，士在当时即是职业。孔子《论语》中讲到如何来尽职从业，至少也可得有百条上下。孟子也然，书中所论辞受取与，出处进退，都与职业有关。孔子弟子，大多数有职业，有些生活甚清苦，连孔子本身也如是。颜渊是孔门最得意的学生，颜渊死时，他父亲想要卖去孔子的车来为颜渊做一棺材套，孔子没有答应。因为孔子之子伯鱼死，也是有棺无套。而且孔子有时要见国君卿大夫，也不能无车。他们生活如此清苦，焉得不重视职业。但他们从事职业，也非专一在生活上打算，因此他们的生活依然如此清苦。

　　现在的问题是，我们能否在重视职业之外，还保留一点师道呢？师道与教书职业，是否是相互抵触，不可两全呢？

　　现代社会各项职业情形固是较之以往有极大的改变，但各项职业中仍该有道，此一原则仍是不能变。

　　孔子并不以做官为荣，而以当一教师为重。他心中，只希望有几个好学生，并不想有几个像样有派头的当差家臣。我们今天来纪念孔子，亦当懂得师道，并当从建立师道做起。尊师重道，这是中国文化传统。或有人仍以为当一教师并没有什么值得尊重之处，但我们要提起，人总是最可贵的，教人为人的人，岂不更可贵吗？岂不更值得尊敬吗？你自己也是人，你不觉你自己可贵吗？现在那几位教导你的师长，不应该为你所尊重吗？诸位要自尊，自该要尊师。由此想下去，那一位为中国社会创立师道的大圣人孔子，不是该值得我们尊敬吗？

十一月二日，新亚研究所学术讨论会讲辞《学术与风气》，刊于《新亚生活》五卷十八期。收入联经《全集》第二十五册及素书楼文教基金会·兰台出版社《中国学术通义》页二六三～二八〇。大意谓：

首先讲"风气"二字。湘乡曾文正有《原才篇》，大意说，人才来自风气，而风气则源自心术。往往由于一二人心之所向而形成为一时之风气，而陶铸出一时之人才。虽是短短一小篇，而涵义却极为深宏。各时期所出人才，其规模格局亦各不同。此皆风气使然。孟子说："非天之降才尔殊。"人才应是时时有之，处处有之。而且各式各样的人才，该是无所不有。其成才与不成才，则全赖于风气之陶冶。风气必由少数人提倡，得多数人响应，逮于众之所趋，势之所归，蔚然成风，乃莫知其所以然，而靡然争归，而终至于不可御。一切人才皆由此出，学术人才自不例外。

"学术"亦随"风气"而变。章实斋《文史通义》关于此方面，特有发挥。试就学术史注意，亦可见有时学术兴盛，人才辈起；有时则极萧条寂寞，无学术、无人才。此一关键，亦系于当时的风气。章氏谓：学术上有开风气之人，亦有追随风气、主持风气之人。但风气积久，必见弊害，因此又必有矫风气之人。但当知，矫风气不一定即是开风气。实斋在当时，亦只有志矫风气。只因当时学风皆趋向经学，过分注重古经典之训诂与考订。彼力主研治史学，注重近代，提出"经世致用"之新观点，用以补偏救弊。但当时经学既成风气，并未发生根本摇动。继此后起之今文学派，实是跟随章氏主张而产生。故实斋对晚清学术界影响贡献实甚大。曾文正提倡于义理、考据、辞章三者之外，再加上"经济"一项，学问应由此四方配合，以冀造成一种新风气。除章、曾二人

一九六二年　壬寅　六十八岁

外，稍后如陈兰甫，主张汉、宋兼采，亦是一种矫风气。此三人皆非仅是追随风气之人，因此在学术上各有一番成就，值得我们注意。但此三人亦皆未能开风气，对当时学风未能有一番大振起，因而不能在学术界开一新局面。

龚定庵在晚清学术界被目为一怪杰，梁启超喻之为当时一彗星。龚氏颇有意开风气，其诗有云："但开风气不为师。"可见其意义与抱负。然定庵之今文经学，实从章实斋史学转来。若论真对学术界有贡献，定庵实较章、曾、陈三人为逊。可见有志开风气，未必即比仅在矫风气上用心者贡献成就为大，此层我们亦该注意。

自清末至最近五十年来之最大问题，厥为如何救国。国民政府高唱革命，忽视学术界，则亦是一事实。当时学术界所重在自我表现，在从头创造。报章杂志，以及种种小册子，乃是表现此种新思想与激荡此种新风气之惟一新园地。报纸一日一刊行，杂志或是双日刊、或是周刊、或是月报与季刊。小册子亦指日可成。一切都是速成与短命。只求向社会暂时传布，并不要积年累月在图书馆化真功夫，亦不想作传世久远之想。因此大家认为学术必是短命的，只听人说某人思想已过时，已落伍，死老虎不再打，冢中枯骨不值再留恋。至于新思想之价值，则以能获得同时多数人拥护为衡量的标准。所谓多数，则只在青年与群众，尽是暂时的，引致学术通俗化、速成化、浅薄化、轻狂化。只求能争取到一时人之拥护，其人即为一代之大师。成为大师的，其下必须有徒党，常为之揄扬，常加以拥护，以求达到争取青年与大众之目标。此种学风，用来革命，确可有推翻与打倒的一时之效。所惜是不能凭此来建立一个真的新学术界。

若我们真求学术界在社会上能起领导作用，在传统上起革命作用，首要急务，则该先振起学风。在学问以外之种种活动须求有节限，心境须求能纯洁宁静，须求在学术上有真深入。如是，则暂时不能不从社会实际活动中抽身远离，然后才能返身来领导此社会。暂时不能不在传统中潜心，始能回头来改进此传统。学术界必该真成一学术界，而此学术界也该是千门万户，不能只此一家。尽可群擘争秀，却不能存心定依附谁来打倒谁。此种打倒之风，极浅薄也极可怕。就我所接触，在此五十年中，并非没有埋头潜心在学术上有成就及可望有成就的；但全受派系排斥打倒。此等人在学术界似乎可有可无，若存若亡。今天的学术界，则只有门户，别无标准。排挤斗争，厥为今天学术界惟一风气。打倒了别人，而终于建立不起他自己来。

即言西方，远的如康德、黑格尔，他们一生，岂不仅在大学讲堂中讲学，退则著书立说。此是西方型的学者；直到近代，也如此。学术传统，究与政治传统有不同。学问事业，究与社会事业有不同。我们学术界若真要刻意西化，至少该学到这一点。又该懂得分工合作。在学术圈子外，尽有活动、有事业，不能由学术界一手包办。在学术圈子内，也可各有研寻、各有成就，不能由一个人作唯一的领导，也不能由一个派系作唯一的霸占。

此五十年来，由于政治社会不断变动，把学术风气冲散了。但也因学术界变动，而增添了不少社会政治上之变动。若我们真要为学术界开新风气，此事谈何容易！让我们且退一步来矫风气，且使学术界能在学术圈子里安下心来。能深知从事学术不比从事政治，更不比从事革命。能开放门户，解决斗争。莫太看重地盘与声势，莫太认真交结与排挤。让学术界真成一学术界，让从事学问的，可以埋头潜心，可以平流竞进，可以孤芳自赏，亦可以抱残守缺。在各求猛进中，对别人抱宽容，务使学术界空气稍宁静，天地较宽阔。这是今天最低限度一要求。

在我们学术界，若能自我安定，至少可以不增添政治社会上之不安。至于如何使学术影响政治、影响社会，须有真功实力，亦须有外面机缘，种种条件配合，始可有此期望。否则空言学术救时，学术革命，究不能加开银行支票般立是兑现。让我们且把那些救时革命的大担子卸下，大呼号停止，真跑进学术界。等待学术界新风气出现，才可有新人才、新学术。到那时，不愁它对社会国家不发生新作用。

十一月七日起，开始在港大校外课程部讲授先秦文化，共六次，讲辞《先秦学术思想》六讲，刊于《人生》二十二卷二、三、五期；现收入联经《钱宾四先生全集》第五十二册《讲堂遗录》。

十一月十日，《陈白沙先生五百三十四年诞辰纪念会讲词》，刊于《白沙学刊》创刊号。收入联经《全集》第二十一册及素书楼文教基金会·兰台出版社《中国学术思想史论丛》（七）页三六~三七。大意谓：

宋儒理学，尚囿于士大夫学者之范围，明儒始扩以及于社会群众；故明儒言理，尤尚平易简约。梨洲《学案》言："有明之学，至白沙始入精微，至阳明而后大。"又谓："两先生之学，最为相近。"然阳明盛推象山，白沙则好称程、朱，故有阳明而朱、陆之争遂不可合；上溯白沙，殊无是也。白沙最少语录，尤为理学诸儒中一特色；即其文集，亦甚少理学语。《学案》所收，虽寥寥数十条，然白沙讲学精义，已尽其中矣。白沙所长，在诗而不在语。其诗欲汇工部、康节而一之，而尤能脱尽理学窠臼，而一主于风韵。于风韵中见性情，于性情中见人生理道。优游林泉，俯仰鸢鱼，其诗即其人生之写照，其人即其修养之结晶。其为一道德人生乎？抑艺术人生乎？抑自然人生乎？三者浑融一体，而悉于诗乎见之。在其当身，为践履笃实；传之后世，为文采风流。自非涵养工深，乌克臻此！近世苦于物质压迫，人心陷溺，欲求振拔，与其牵之入理窟，何如导之游文苑？与其以口舌争短长，何如于性灵辨真伪？"吟风弄月"、"吾与点也"，白沙有焉。故白沙非粤儒，乃中国传统一大儒也。白沙非仅宋、明一理学家，实亦近代社会一新哲人、新导师也。

十二月二日，于香港调景岭慕德中学演讲，讲辞《读书与做人》，刊于《新亚生活》五卷十五期。收入联经《全集》第四十二册及素书楼文教基金会·兰台出版社《历史与文化论丛》页三二三~三三二。大意谓：

如果想做一位专门学者，这是他想以读书为职业；此种读书，亦是做人中一小圈子。不论任何职业、任何环境而读书，则是一种"业余"读书，这才是属于人生的大圈子中尽人应有之一事。其为必需的，但又是自由的。此种读书，其理想与目标即在于"培养情趣，提高境界"这八字上。

选择的读物，可分五类：一是修养类，如《论语》、《孟子》、《老子》、《庄子》、《六祖坛经》、朱子的《近思录》、王阳明的《传习录》。二是欣赏类，纵使只读一本《唐诗三百首》、《古文观止》，仍可为自己人生享受之用，在享受中提高自己人生的收获。三是博闻类，这类书没有硬性规定，但就性之所近，如此增加学识，广博见闻，年代一久，自不寻常。四是新知类，我们生在这时代，应该随时在这时代中求新知。五为消遣类，广义说来，上面所提，均可作为消遣；狭义来说，如小说、剧本、传奇等，便属这一类。

读书要能多利用空闲，如欧阳修的"三上"，即枕上、厕上和马上。又古人所说"三余"：冬者岁之余，夜者日之余，阴者晴之余。读书只要有恒心，自能培养出兴趣，自能养成为习惯，从此可以提高人生境界。

十二月七日，新亚书院历史系学术讲座讲辞《历史与地理》，刊于一九六三年三月《新亚生活》五卷十七期。收入联经《全集》第二十四册及素书楼文教基金会·兰台出版社《学籥》页一九七~二〇五。大意谓：

学地理可以帮助我们去研究历史，而如能亲自到各地游历，更可发现前人所不注意到的新问题。在地面上实有许多新鲜的历史材料和历史涵义，待我们去发掘和体会。

一九六二年　壬寅　六十八岁

一九六三年　癸卯　六十九岁

一　国内大事

九月十日，强烈台风"葛乐礼"侵袭本省，造成严重灾害。陈兼院长诚提前销假，指示台风过后重建工作。

十一月二十三日，中国甲骨学权威董作宾院士病逝于台湾大学附属医院，终年六十九岁。

二　事略

先生本年仍任新亚书院院长职。

三　著述

二月二十二日，春季开学典礼及第五十八次月会讲辞《衡量一间学校的三个标准》，刊于《新亚生活》五卷十六期。收入联经《全集》第五十册《新亚遗铎》，大意谓：

衡量一间学校的第一个标准是物质上的，包括建筑和设备，那是具体摆在那里，可以与人共见的。

衡量一间学校的第二个标准，我们要问那间学校拥有多少教授和开设几多课程？乃至这间学校的学生在学业上的成就究如何？

衡量一间学校的第三个标准，就是我们校歌里所唱的"新亚精神"。但何谓精神，仍难讲，我将改说是一种气象罢。一间学校的气象，主要还从学生身上见。学生在不同的学校，会有他们不同的风度和格调。

物质上的，只关外面幸运，与人的内在价值无关。孔子所讲的道理，即中国文化之最独特、最有价值处，是要懂得人之一生，在他内心应能天天有进步。每一人有他一分最高可能的理想与境界。诸位若知道这一点，人生乐趣与人生大道都在此。并可由此知道中国文化之高深独特处。所以找今天要特地提出，使诸位知道，这便是中国文化精神，也该是我们新亚精神。

我希望诸位以后能从具体的学术研究，慢慢走上路，各从自己内心能酝酿出一番理想，一番向往来。又能由此培养成一种学者风度和学者的格调来。人人如此，便成为新亚一校之气象与精神。到那时，新亚才始有与其它学府之确实不同处。

三月，《中国文学演讲集之自序》，刊于《人生》二十五卷八期。收入联经《全集》第四十五册及素书楼文教基金会·兰台出版社《中国文学论丛》页一～二。摘要略。

三月，《中国文学演讲集》，由香港人生杂志社刊行。案本书于一九八三年重新增订，改名《中国文学论丛》，由台北东大图书公司出版。收入一九九八年联经《全集》第四十五册，二〇〇一年由素书楼文教基金会·兰台出版社整理增订新版重印。摘要散见各单篇，兹略。

三月八日，新亚研究所第三十七次学术讨论会讲辞《学问之入与出》，刊于一九六四年六月《新亚生活》七卷三期。收入联经《全集》第二十四册及兰台楼文教基金会·兰台出版社《学籥》页一四〇～一五八。大意谓：

今天讲题是："学问之入与出"。这是讲做学问，如何跑进去，与如何走出来，亦即讲学问之内外。程明道有云："王介甫学问，犹如对塔说相轮。我则直入塔中，距相轮已近。"此番话指出王介甫乃在学问之外面讲学问，而未能跑入内里去。明道之意，自然做学问该能跑进内里才是。

做学问自然首先要能"入"，可是到最后，却不一定要能"出"。《论语》中孔子似未尝教我们要跑出学问之外来，他说："下学而上达。""下学"是走入，一路向上，却并未教人入了又要出。又说："吾道一以贯之。""博学于文，约之以礼。"这些话，都未教我们跑进去了，要再跑出来。孔子之最伟大处便在此。

进入学问步骤有四：

第一步应是专门之学。专读一书，专治一人、一家、一派，此均可谓之是专门之学。如读完一部《皇清经解》之后，方懂得清代考据之学，此亦是一专门。由此进而上通宋学，在其治宋学时，则仍是一专门。

第二步是博通。从此专门入，又转入别一专门，只此便是博通。如专治了杜，再转治李；专治了韩，再转治柳；亦即是博通。更进而专治了诗文，又转治经或史，又兼治诸子，亦即是博通。可见博通仍自专门之学来，并非离开了专门，别有所谓博通。

第三步则仍为专门。如昌黎专读三代、两汉，是必经、史、子皆读了。进到此一阶段时，他却专做文章，此乃其专门之学。又如孔门四科，各有专长。到此学已成"体"，但其境界则仍未能"化"。

第四步始是成家而化。既专门，又博通。循此渐进，可入化境，将其所学皆在他一家中化了。

四月二十七日，《第三期校舍落成典礼讲词》，刊于《新亚生活》五卷二十期。收入联经《全集》第五十册《新亚遗铎》，大意谓：

《论语》里有一段话：子路问成人。子曰："若臧武仲之知，公绰之不欲，卞庄子之勇，冉求之艺，文之以礼乐，亦可以为成人矣。"

教育的功效，在最粗处说是传授技能，此即知冉求之"艺"。进则培养智慧，此则如臧武仲之"知"。更要再修炼品德，此则如孟公绰之"不欲"、卞庄子之"勇"。但有技能、有智慧、有品德，仍不是孔子理想中之完人。孔子理想中之完人，则须于技能、智慧、德行之上，更有"礼乐"一项。惟有礼乐人生，始是经过教育文化陶冶的人生中之最高境界。礼乐，非技能，非智慧，亦非品德。乃在三者之上，而亦在三者之内。若使人类日常生活没有了礼乐，纵使各人都能具备才艺、智慧与品德，仍不理想。未经礼乐陶冶的个人，不得为成人。无礼乐的社会，将是一个不安的社会。无礼乐的天下，将是一个不安的天下。

五月，《礼乐人生》，刊于《新亚生活》六卷一期。收入同前。大意谓：

孔子《论语》说："礼云礼云，玉帛云乎哉！乐云乐云，钟鼓云乎哉！"可见礼乐之重要性，并不在其外面所用以表现的某些器物，乃至行事上。主要还在人之"内心"，在一切群体生活中，感于要用器物和行事来表现礼乐之本原的心情上。

我将称此种心情为"礼乐心情"。中国儒家对此不断有阐释，举其最浅显易明者言：礼是一种"节制心"，乐是一种"和顺心"。由于有此节制与和顺的心情之内蕴，而始引生出礼乐。钟鼓玉帛，则只是表现此类心情之工具，而非其本真。

此种心情，主要必在群体生活中始有。亦必在群体生活中，乃见此类此种心情之意义与价值。《论语》中又说："人而不仁如礼何，人而不仁如乐何。"这是说，人若没有群体生活的心情，便不能有礼乐的心情。中国道家如庄、老，非不知人之心情应有节制及和顺之重要。但道家思想之最大缺点，在轻忽群体生活。他们想能远避或脱离此群体生活，而来保持吾心之节制与和顺。如读《庄子》、《老子》书，他们也常在教人有节制能和顺。但他们似乎认为，人类的群体生活，乃是导致人心无节制与不和顺的主因。

因此，他们想望追求一种隐避的、孤独的、乃至山林的生活，甚至是一种远古的、原始的、自然的生活。明言之，他们似乎害怕有群体生活，希望此群体范围愈缩小愈好。但人类生活，必然趋向于此群体之日扩而日大，此乃一种自然趋势。而庄、老，则想违逆自然来崇重自然，此是道家思想内在一矛盾。

人在群体生活中，必然须对己有节制，对外能和顺，然后己安而群亦安。若在此群中，各无节制，互不和顺，则群不安而己亦不安。凭法律与权势来束缚人、管辖人，如中国有法家，他们心中亦知有群，而不知群中仍当有人，即个人之存在。岂能使人生仅有群性，而无个性。人不能安，终于群亦不安。此之反动，则高呼自由。不自由，毋宁死，亦人情所有。重自由，则重各自之表现与发泄。但如此，依然是无节制，不相和顺。群体不安，己亦难安。

五月十日，新亚研究所第四十五次学术讨论会讲辞：《推寻与会通》，刊于一九六四年六月《新亚生活》七卷四期。收入联经《全集》第二十四册及素书楼文教基金会·兰台出版社《学籥》页一五九～一七五。大意谓：

我自去年起，所讲都是有关做学问之方法，今天仍讲的是方法问题。本题原用"推想"二字，今改为"推寻"。推想与推寻，大有不同，诸位听下自知。

学问所重在求知识，论语："回也，闻一以知十。赐也，闻一以知二。"若使听人讲一句能懂得十句，或能懂得两句，此只是多少的问题。听人讲说，可自旁面、反面推想。如听人说此是甲，即知其非乙、非丙。如此推之，却变成闻一知百、知千、知万，实则并未有真知实得，超所听闻之外者。如知此物是甲，此属真知。若推知其非乙、非丙，实则非属真知，亦可说乃是一种强不知以为知，徒自欺骗，殊不足贵。诸位从事学问，首先不当看不起知识。但如何是闻一知二，或闻一知十？又如何能闻一知二、闻一知十？此层却值推究。《论语》孔子赞颜渊有曰："吾与回言终日，不违，如愚。退而省其私，亦足以发。回也不愚。""发"者，启发义。颜渊闻孔子语，能另开一路，或另辟一方面说之，此即有所发明。可见所谓闻一知二、闻一知十，并非听人家讲一句，懂得了两句或十句。从事学问，则断无此速悟之理。此待闻后退下细细推寻，或从反面，或从旁面，自有阐发。《论语》又曰："举一隅，不以三隅反，则不复也。"当知讲授不能一语遍尽全体，端待学者从所讲，自己反身自求。天下事理至繁，若死在句下，闻一只知一而止，此仅是记闻之学。记闻只是死知识，把别人知识如记账式般，登入账簿而已。最多只作口耳稗贩。从事学问该先懂得此"反"字，此即《孟子》书中"反求诸己"之"反"。为学、做人，同重此"反"。

六月，新亚书院讲辞《再劝读论语并论读法》。收入联经《全集》第四册及素书楼文教基金会·兰台出版社《孔子与论语》页五八～六七。大意谓：

朱子注《论语》，在卷首《序说》中，引有《史记》与何氏语，最后复引程子语四条。日前有数字同学手持我著《新解》来，求我题字。

我多录程子此四条语中一条:"今人不会读书。如读《论语》,未读时是此等人,读了后又只是此等人,便是不曾读。"此条之前一条为:"读论语,有读了全然无事者,有读了后直有不知手之舞之、足之蹈之者。"最后一条为:"颐自十七八读《论语》,当时已晓文义,读之愈久,但觉意味深长。"程子四条中以上引三条为更重要。

诸位莫问自己所研究者为何?皆应一读《论语》,懂得"吃紧为人"。即是要在做人一事上扣紧。中国传统义理重要正在讲"人",此则并非一项理论、成不成系统、合不合逻辑、或仅是一种知识。一部《论语》,重要教人并不在知识或理论上,如云:"君子上达,小人下达。"若诸位要做君子,《论语》便会教你一番上达之道,但并非在教诸位去知道上古时之政治、社会、经济等情形。倘使诸位欲知古代之礼,可读《左传》;欲知古代文学,可读《诗经》。孔子只讲如何做人,但亦未讲到人性善恶等,亦未讲天是一个什么等,种种大理论。此后如孟、荀乃至如宋明理学家,皆爱讲此等大理论,但皆敬佩孔子,认为不可及。其实孔子只是"吃紧为人"。诸位若能从此道路去读《论语》,所得必会不同。

六月十九日,新亚第六十一次月会讲辞《中文大学成立情形》,刊于《新亚生活》六卷五期。收入联经《全集》第五十册《新亚遗铎》。摘要略。

七月,《论语新解》,摘录刊于《人生》二十六卷五期,续刊至一九六四年一月二十七卷五期止。案此摘录系分期刊出,摘要则见十二月全书印行。此略。

七月八日,《对十二届毕业同学之临别赠言》,刊于《新亚生活》六卷五期。收入联经《全集》第五十册《新亚遗铎》。摘要略。

七月二十九日,《张晓峰〈中华五千年史〉序》,刊于《中国一周》第六百九十二期。收入联经《全集》第二十五册及素书楼文教基金会·兰台出版社《中国学术通义》页一四六~一六三。大意谓:

张君此书之体裁，乃一部纪事本末体，而编年、传人两体之精义亦已密运其间。其《远古史》第一册凡分十六章，而标人名以为章名者得十一章。其《西周史》第二册亦分十六章，而标人名以为章名者得六章。《春秋史前编》第三册亦分十六章，而标人名以为章名者得四章。三册共四十六章，而标人名以为章名者得二十一章，几得全部之小半。其它各章标题，曰"道德礼俗"，曰"文化学术"，曰"典章文物"，曰"民生国计"，曰"国家民族之兴亡盛衰"。大要不出乎此。盖可谓能注意于人文历史演进之一大事因缘而求能抚要以抉发其精义之所在者。而张君书之可贵，乃在其能把捉及于人物之中心，而我中国三千文化历史传统精神所在，庶亦可于张君书而得之矣。

八月，《略论魏晋南北朝学术文化与当时门第之关系》，刊于《新亚学报》五卷二期。收入联经《全集》第十九册及兰台出版社《中国学术思想史论丛》（三）页二〇六～二七六。大意谓：

魏晋南北朝政治腐坏，篡乱相乘，兵戎迭起。中国版图，半沦胡统。前后四百年，太平统一之期，殆不足十分之一。然学术尚有传统，人物尚有规仪，在文化大体系上亦多创辟。

此一时期，单论佛教传入方面之成就与贡献，已可大书特书，永为后人仰叹。道安乃中国佛教史上第一高僧，由彼引起中国人注重佛法，并造成此下佛教在中国文化体系中之地位。慧远于佛法创净土宗，远公不厌讲授，亦情存济世。最后当提及竺道生，生公说："一阐提人皆得成佛。"生公之顿悟义，下至唐代禅宗六祖出世，更有所发扬光大。

有关此一时代经、史、子、集四部学之大概。此时期之经学，并未中绝。朱子云："六朝人多精礼。"南北朝时，经学亦分南北。就礼学言，南方重《丧服》，并重朝廷一切礼乐与服仪注。北方学者亦重礼。且当时南北学术多声息相通。北人所重，更在《周官》。因北方胡、汉杂糅，欲实际改进当时政制，乃转趋于古制度之钻研。可知北方经学，亦重通经致用，与南方可谓殊途同归。

其次为史学，其发展，较之经学更为重要。论魏晋南北朝人史学著作之内容，此时代人重视人物，实为此一时代之特殊精神所在。其次则为地理记。盖人物与地理有关，二者之受重视，则为当时门第、郡望观念之影响。

论子部，此时代人在此方面之成就与贡献，似较经、史、集三部为弱。集部大兴自东汉，至魏晋南北朝而极盛。总集中有《昭明文选》，此书在中国文学史上，有其不可磨灭之价值。严格言之，在此以前，中国并无"纯文学"观念。正式有纯文学观念之觉醒，则必俟建安始。故以前颇少以作者本人放进其作品中。换言之，即很少以表现作者自身之日常生活及其内心情感作为文学题材者。故作品中不易见作者之人格。建安以后，始以文学作品为表现作者人生之用，以文学为作者私人不朽所寄。唐宋韩、柳古文，实亦袭此意境而惟略变其体貌。故在中国文学史上开始有纯文学之抒写，亦是此一时代一大贡献也。

惟其如此，故此一时代之人生，乃多表现在此一时代之文学中。换言之，此一时代之文学，乃成为此一时代一种主要之史料。若欲认识此一时代之整个时代精神，亦当于此一时代之文学中觅取。在此时代，几乎人人喜有一部集，自求表现，求不朽。下迄唐、宋，直至近代，论文学观念，似不能越出此一时代人之所想象与标榜。

以上略述魏晋南北朝人对四部学方面之成就与贡献。其间尤值重视者，则应推史与诗二者。盖此二者，尤为当时之新创也。当时史学重心在传述人物，诗则重在人物自身之表现，可知此一时代之注重人生。惟其所重，乃在个人，而非群体。故论当时之政治，分崩祸乱，绝无足道。然不得谓当时便无人物，亦不得谓当时人物更无理想，无学术成就。政治虽颓败不振，在民间则仍保有文化与学术之传统，并能自有创辟。此一时代之学术思想，何以既尚黄老，又重经史，又兼重文学，更复崇信释氏？此种在学术上之复杂情态，亦须就当时门第背景提供一综合之说明。

此时期门第之盛，尽人皆知。朝代虽易，门第则递嬗相承。政府虽分南北，门第则仍南北相通。故在此时代中，政治上虽祸乱迭起，而大门第则依然安静。自东汉有察举，而门第始兴起。可见门第起源，与儒家传统有深密不可分之关联。门第即来自士族，血缘本于儒家，苟儒家精神一旦消失，则门第亦将不复存在。上所阐述，正可说明魏晋南北朝所以儒业不替、经学犹盛之一面。

当时人品评人物之风，实远自东汉一贯而来。又见当时人非不重视一人之品德，惟其品德之衡量，则别有标准。又见当时人喜把外面一切人事全摆开，专从其人所表现在其本身者作品目；因之事功德业有非所重，而其人之仪容举止，言辞音吐，反多为人注意。当时人观念，似乎认为一人之德性，可在其人之日常生活与其声音仪容中表出；而一切外面之遭遇与作为，则可存而不论。此种德性之表出，而成为一固定之格调，时人谓是其人之"标致"，亦称"标格"，或"风标"，或"风格"，或"标度"。犹之此后宋儒之爱言"气象"。要之总是就其人之表现在自身者言。此种气象与标致之表现在其人自身者，亦即是其人之品格与德性。而此种品格与德性，则实具一种动的潜力，使他人与之相接而引起一种仰钦欣羡之心，受其感染，群相慕效；此乃其人人格一种内在影响力。此种潜力之发为影响，在魏晋人则称之为"风流"。此种标致风流，则即是当时人所自标其高贵风格之异于世俗常流所在者。

在当时，实可谓政乱于上，而家治于下。苟非家治，则何来有门第传袭。当时人之重视教子，重教子则重孝道。惟其崇尚孝行，故当时于孝经一书亦特重视。言孝则必及弟。因尚孝友，而连带及于重女教。当时教育，主要在家门之内，兄弟姊妹宜无异视，故女子教育亦同等见重。当时门第传统共同理想，所希望于门第中人，上自贤父兄，下至佳子弟，不外两大要目：一则希望其能具孝友之内行，一则希望其能有经籍文史学业之修养。此两种希望，并合成为当时共同之"家教"。其前一项之表现，则成为"家风"。后一项之表现，则成为"家学"。

此时代之门第家风，戒轻薄，戒骄奢，重谦退，重敦厚，固非当时门第尽能如此，然一时贤父兄之教诫，贤子弟之顺行，则大要不离于此。又有另一面当特别提出者，为当时门第在家庭中所奉行率守之礼法，此则纯是儒家传统。可谓礼法实与门第相终始，惟有礼法乃始有门第，若礼法破败，则门第亦终难保。

魏晋南北朝时代一切学术文化，必以当时门第背景作中心而始有其解答。当时一切学术文化，可谓莫不寄存于门第中，由于门第之护持而得传习不中断；亦因门第之培育，而得生长有发展。门第在当时历史进程中，可谓已尽其一分之功绩。即就政治言，当时门第亦非绝无贡献。

晋室南渡，所以得有偏安之局，实凭当时许多门第支撑。而北方门第之功则更大。正因有门第，故使社会在极度凶乱中而犹可保守传统，终以形成一种力量，而逼出胡、汉合作之局面。迨于北朝，中原文物复兴，政治先上轨道，制度成一体统，下开隋、唐之盛运。此皆当时北方门第艰苦支撑，惨淡营造之所致。其所贡献于此一时期之历史者，决不比南方门第为逊色。

再推扩言之，欲研究中国社会与中国文化，必当注意研究中国之家庭，此意尽人皆知。而魏晋南北朝时代之门第，当为研究中国社会史与文化史以及中国家庭制度者所必须注意，亦自可不待言而知。本篇所论，颇似对当时门第偏有袒护，然亦历史实况如此。至于当时门第之有种种短缺，亦多载在史籍，即当时人亦多明白指摘；下逮后世，迄于近代，能言之者更复不少；本篇转略不论，此亦立言各有体要，惟读者谅之。

八月，于"国防研究院"演讲，讲辞《从东西历史看盛衰兴亡》，刊于《新亚生活》七卷一、二期。收入联经《全集》第二十九册及素书楼文教基金会·兰台出版社《中国历史精神》页一六五～一八七。摘要略。

八月五日，《与美国汉学家罗瑞南谈中西文化问题》，刊于台北松山寺《新天地》二卷九期。此略。

九月，《中国古代山居考》，刊于《新亚书院学术年刊》五期。案此稿成于一九五六年。收入联经《全集》第十八册及素书楼文教基金会·兰台出版社《中国学术思想史论丛》（一）页二九～八五。摘要略。

九月，为庆祝孔子诞辰、校庆暨教师节作《漫谈论语新解》，刊于《新亚生活》六卷八期。收入联经《全集》第四册及素书楼文教基金会·兰台出版社《孔子与论语》页八〇～九九。摘要如下：
全部《论语》，多是在讲具体的实人和实事。若忽略了《论语》中所讨论到的具体的实人实事，则全部《论语》所剩无几。我们尽可说，全部《论语》都为讨论这些具体的实人实事所包括了。因此我们可以说，中国儒家思想主要是在具体的人和事，而孔子《论语》则为此下儒家思想之大本源所在。即如宋明儒言义理，其实也只紧扣于具体的人和事上而来讨论其义理之所在。若抽离了具体的人和事，超越了具体的人和事，凭空来讨论思索，那便近于西方哲学思想的格套。

因此，我们可以说：中国思想，尤其是儒家思想，主要是从具体的实人实事上思人的。及其表达出来，亦仍大体不脱离于具体的实人实事。先秦如是，汉唐诸儒亦如是，后来宋明理学家言，大体还是如是。而大本大原则在孔子之《论语》。

我们若明白此意来读《论语》，自应更注意到《论语》中所提到的许多具体的实人实事，却不应凭空思索去求了解。因此讲求孔子思想，不宜脱离人事。我们自己思想，若要遵从孔子道路，也该从具体人事作出发点。近人都已说中国思想是一种人文思想，也便是此意了。

正因为如此，所以读《论语》，若在解说义理或思想上有争辨，势必牵涉到考据。考据工夫，正为要确切明白得《论语》中那些实际的人事；此乃孔子思想及其所指示的义理之具体背景与主要对象。清儒刻意要来反对朱子的论语注，最先也是在义理上争辨，但精而求之，便不得不转入于考据。此亦是一种大势所趋，自然会走上这条路。其实朱注《论语》也何尝不经一种考据。如今硬要把考据、义理分作两项，认为考据便无当于义理，那就又是一条差路，不可不辩。

现在再进一步说：既然孔子的思想和义理，都扣紧在人事上，因此读《论语》，也并不能专注意"仁"字、"礼"字等许多字眼。换言之：《论语》中凡牵涉到具体人和事的，都有义理寓乎其间，都是孔子思想之着精神处。要懂得如此平铺用心，逐章逐句去读论语之全部，才见孔子思想也有线索，有条理，有系统，有组织，只是其线索、条理、系统、组织与西方哲学有不同。

九月九日，《秋季开学典礼讲词》，刊于《新亚生活》六卷九期。收入联经《全集》第五十册《新亚遗铎》，摘要略。

九月二十八日,《孔子诞暨校庆纪念会讲词——答德国三学者问儒家之道》,刊于《新亚生活》六卷十期。收入同前。摘要略。

十月,撰《论语新解序》,收入联经《全集》第三册及素书楼文教基金会·兰台出版社《论语新解》书中。文中有云:

为《论语》作新解,事有两难。异说既多,贵能折衷,一也。时代变,人之观念、言语亦多随而变。如何用今代之语言、观念阐释二千五百年前孔子遗训而能得其近是,使古今人相悦而解,二也。

本书取名《新解》,非谓能自创新义,掩盖前儒。实亦备采众说,折衷求是,而特以时代之语言、观念加以申述而已。然众说势难备列。《新解》旨取通俗,求其为一部人人可读之注,体求简要,辞取明净,乃不得不摆脱旧注格套,务以直明《论语》本义为主。虽违前轨,亦具微衷。

抑余之为《新解》,亦非无一二独得之愚,越出于先儒众说之外者。然苟非通观群言,亦无以启发新知。众说己见,既如水乳之交融,何烦泾渭之再辨。且作注如筌蹄,意在得鱼兔。鱼兔既获,筌蹄可弃,故亦不一一标出也。

本书最先属稿在一九五二年春,当时力求通俗,专用白话。成稿未及四分一,乃复悔之。意谓解《论语》,难在义蕴,不在文字。欲以通俗之白话,阐释宏深之义理,费辞虽多,而情味不洽。又务为浅显,骤若易明,譬如嚼饭哺人,滋味既失,营养亦减。意不如改用文言,惟求平易,较可确切。虽读者或多费玩索之功,然亦可以凝其神智,而浚其深慧。惟苦冗杂少闲,乃遂搁置。

嗣于一九六〇年赴美讲学耶鲁。课务不迫,乃决意改撰,获成初稿。自美归后,又络续修订,前后三年,粗溃于定。惟体例则一仍最先之旧。先原文,次逐字逐句之解释,又次综述一章大旨,最后为《论语》之白话试译。全书篇幅,当不出三十万字。其果可以为一部人人可读之注矣乎?其果能折衷群言而归于一是矣乎?作者才力所限,谨以待读者之审正。

十月三日,新亚研究所第五十三次学术讨论会讲辞《我如何研究中国古史地名》，刊于一九六四年七月《新亚生活》七卷五期。收入联经《全集》第二十四册及素书楼文教基金会·兰台出版社《学籥》页二六〇～二一四。摘要略。

十月十七日，香港中文大学正式成立，撰《庆祝中文大学成立》刊于《新亚生活》六卷八期。收入联经《全集》第五十册《新亚遗译》，摘要略。

十二月，《论语新解》，由香港新亚研究所刊行。一九六五年台北影印刊行。后略有修改，一九八八年交台北东大图书公司再版重印。收入一九八九年联经《全集》第三册。二〇〇一年素书楼文教基金会·兰台出版社整理新版印行。摘要见《序》及《孔子与论语》诸篇文中。兹略。

十二月，为岳父撰《胡公秀松墓碑记》。收入联经《全集》第五十一册及素书楼文教基金会·兰台出版社《八十忆双亲及师友杂忆合刊》页三七三～三七四。摘要略。

十二月，撰《记坛经与大涅盘经之定慧等学》、《读少室逸书》、《读宝志十四科颂》。三文均作于一九六三年，刊于一九六九年《大陆杂志》三十八卷五期。收入联经《全集》第十九册及素书楼文教基金会·兰台出版社《中国学术思想史论丛》（四）页一八九～二〇四。摘要如下：

《记坛经与大涅槃经之定慧等学》谓："六祖系一不识字人，其创禅家南宗顿教，实为遥符南朝晋、宋间高僧竺道生顿悟义。而生公之孤明独发，乃自主张"一阐提亦得成佛"说来。此一辩论起于大涅盘经。后人论禅学，多注意在楞伽经与金刚经。顾考六祖始末，亦不能谓与《涅槃经》无关。略著其说，以备谈禅者作参考。"

《读少室逸书》谓："研讨唐代禅宗思想，必以六祖慧能为其先后转捩之中心人物。六祖以前虽经衣钵相传，要可谓之是旧禅。六祖以后，诸宗竞起，始为新禅。新禅诸祖师之思想义理，皆可于《坛经》溯其源。若在《坛经》以前，已有此后新禅诸祖师之意见，又为之详阐细述，一若成为《坛经》思想之所从出,实则乃《坛经》思想盛行以后所伪托。若于此不加辨别,则一部唐代禅宗思想史全成颠倒紊乱,将难条理,而此后新禅诸祖师血脉精神所在,亦均无可把握矣。"此文即举《少室逸书》为例。

读《宝志十四科颂》谓:"治禅宗思想史者,《坛经》以前,所传言语著作,出后人伪托,可资辨订者甚多",此文偶举《宝志》为例。

一九六四年　甲辰　七十岁

一　国内大事

一月十八日，台南县境发生强烈地震，白河、东山、嘉义等地损失惨重。

五月五日，"立法院"三读通过"《国军退除役官兵辅导条例》"。

七月十日，台湾省实施都市平均地权，公告地价。

二　事略

先生本年仍任新亚书院院长职，夏，曾辞卸新亚书院院长一职，董事会允休假一年。

三　著述

一月，撰《关于我的辞职》。收入联经《全集》第五十册《新亚遗铎》，大意谓：

我性近讲堂教课和私人研究，不喜行政工作及人事处理。

我常想：一个人求对社会有贡献，应该善用自己的长处，善藏自己的短处。讲课教学和私人研究，比较是我之所长；处理行政事务和应付人事问题，比较是我之所短。

我在学术研究方面，久已荒疏。精力日退，想要研究的方面还多。最想的，是要写一部有关朱子学术思想的综合研究。我并不想偷懒，只想对学术上更有贡献。

一月、二月，《中国文化与中国人》，刊于《新亚生活》六卷十五、十六期；又刊于《人生》二十七卷十期、《民生世纪》四卷一期、《革命思想》十七卷三期。收入联经《全集》第二十九册及素书楼文教基金会·兰台出版社《中国历史精神》页一四六～一六四。摘要略。

一月一日，《香港专上教育会瞻望》，刊于《香港时报》。收入联经《全集》第四十一册及素书楼文教基金会·兰台出版社《文化与教育》页三三四～三三七。摘要略。

一月十日，新亚第六十四次月会讲辞：《校风与学风》，刊于《新亚生活》六卷十六期。收入联经《全集》五十册《新亚遗铎》，页五〇二～五〇五。大意谓：
一个学校的价值，主要即在其校风与学风上。但风是一种流动的，其来无踪，其去无影，不可捉摸。而风又是一种无微不入的，只要有了风，其所感染，既深且广，又是不可揣测，不可衡量的。惟其如此，所以在中国人常用的字眼里，有所谓"风度"和"风格"。度是一种尺度，格是一种格式，风而有了格度，才成为一种固定的、不变的。虽属看不见，但它吹来时，我们会感受到，而且会受它影响，相与融凝为同一的格度，又可继续推广，影响到各方面。

一月二十日，《上董事会辞职书》，新亚董事会档案。收入同前书页五三六～五四四。
案先生此函透露，其与中文大学校方"在延聘教授之全盘处理办法及其所产生之结果"有所争执，于"有关创办一所大学之理想与宗旨，有关创办一所大学之一切应有的向前的步骤，乃及其它种种较重大的问题，"皆无由进言，故以辞职"表示一种总抗议，不仅为反对征聘教授措施之不当"而已。

二月，《推止篇》，刊于《新亚学报》六卷一期。联经《全集》第十八册及素书楼文教基金会·兰台出版社《中国学术思想论丛》（二）页三二二～三七四。大意谓：
关于先秦求知对象及思想方法之争辨，可谓有"推"、"止"对立之一分野。尤其讨论名、墨两家思想之转变异同，此一分野更值注意。此篇旁涉儒、道，举要综述之如次。

儒家言求知方法率主推。《论语》不见推字，然曰："告诸往而知来者。"又曰："温故而知新。虽百世可知。"又曰："闻一以知二"，"闻一以知十。"又曰："能近取譬。"又曰："举一隅不以三隅反则不复。"又曰："恕，己所不欲，勿施于人。"后人以"推己及人"解"恕"字。此皆孔子言求知制行主推之证。

《墨子尚贤》、《尚同》、《兼爱》等诸篇，其运思持论，大率多推此以及彼。孟子始明言"推"字，并确奉以为立义制行之主要原则。孟子又喜用"扩充"字，又言"达"。凡其言扩充、言达，皆与其言推之义相一贯。

孔、墨与孟子，其运思持论既同主于推，然墨子非儒，孟子则愿学孔子而距杨、墨。孟子曰："杨子取为我，是无君也。墨子兼爱，是无父也。能言距杨、墨者，圣人之徒也。"可见儒、墨立论虽皆主推，而所以为推之道有不同。于是其推论所及，乃达至绝相反之两极端。即此可见推之可恃而不可恃。有可推，有不可推，不可推则贵能止。止者，止而不推之义。首先提出此推与止之辩论者似亦为墨家。后起墨家演变而成辩者，辩者源出于墨，其证即在《墨子》书。就《墨辩》中《大取》、《小取》两篇以明其所论推止之涵义。

惠施为名家之尤著者。其实惠施乃墨者徒，亦一辩者也。庄周称之曰"辩者"，当其时本亦无所谓"名家"也。则庄子立论较近孟子，而惠施则较与告子为近。故惠施主推，庄周主止，此两人之态度相异也。

公孙龙承惠施名辩之学，亦墨徒也。然公孙龙又接闻于庄周晚年之绪论。故公孙龙之言论亦与惠施有异。公孙龙之持论，亦主"止"不主"推"也。

今再论惠施、公孙龙与墨家之关系。墨家初起，本为一力行团体，同时亦为一说教团体。惟其说教之内容，则不免趋于极端与过激。因其专就外在之物质功利言，而于人之内存之心知情慧，乃一切置于不顾也。嗣经各方之怀疑驳难，而使墨家之说教者，不得不逐步退让，渐趋和顺。此于《大取》、《小取》篇中之所答辩而可见其大概矣。在大取、小取篇中之所答辩,主要在提出一论题之立辞,有可推,有不可推。不可推则当止于此一辞之本意,而不为离题之推论。今已不知《大取》、《小取》篇之作者及其成篇时期。然观其内容,初期墨家说教成份已见冲淡,斯其力行精神亦必减弱,此为墨家集团兼爱苦行之风渐趋低潮之证。至于惠施,虽亦渊源墨说,迹其生平,墨家初期一种强力苦行之风已不复见,乃使其转成一辩者,而为此后名家开宗。然论其所辩说,则较之初期墨家范围益有推扩。初期墨家主兼爱,乃专对社会人群言;而惠施则改说"天地一体"而主"泛爱万物",此已成为一种名理之辩论。泛爱万物,仅可能悬为一口号。若求实践,真欲建立为一项人生力行之标准,则其事甚难。而惠施亦未见于此方面真有所努力也。公孙龙承惠施而起,乃并"泛爱万物"之官面话而亦屏弃之,并不复提。其主要用意,乃专在探究名理。《大取》、《小取》言立辞有不可推,而公孙龙乃由此而益进,主张一"名"止于一"实",一"实"定于一"意",意各相异,斯名亦不可推。于是"马"之一名则必止于其为"马"而非"白马"。"白马"之一名则必止于其为"白马"而非"马"。甚至于"白"之一名则止于白,"坚"之一名则止于坚,"石"之一名则止于石;至于石之为物,其同时是否兼涵有坚、白之二者,此一事实亦可置之不论。此乃一种名理探讨之趋于极端,较之初期墨家之说教精神离去益远。由公孙龙之说转落于人事,乃不得不由说教转而向立法。故曰:"审其名实,慎其所谓,至矣哉!古之明王。"公孙龙乃一名家,而称道及于"古之明王",斯知名家精神亦必淹没消失于后起法家之樊篱而不复能自振矣。

继此再言老聃与荀卿。老聃之书,断当后于庄周而略前于荀子。老、荀二家之陈义,所以见其为深厚而博大者,亦由其能会通当时运思持论之"推"与"止"之两分野而交融并包。若不究于上述诸家持论运思之递相衍进,则亦无可了解于老、荀两家立言之由来。老子之书,乃主能止于道,而由道以为推也。

荀子亦与老聃不同。盖就于名言之辨而论其当推与当止,其事易。就于行事之实,礼义之辨,而论其当推与当止,则其事难。老子之论"道",其实仍无异于一"名",流于空洞无实。而荀子不然。其辨道与名,皆本于人事之实然以为说,故荀子每主止,不主推。非其不主推,乃因深知夫善为推之不易，故不如先求其知有所止也。

荀子与孟子异者，孟子主性善，故主各本己心以为推。荀子主性恶，故主能先止于前人所已见、已得之善，而奉圣王为师法也。是则孟、荀两家，正可代表儒家传统下一主止、一主推之两分野对立矣。

荀子之后有《大学》。何以知《大学》后于荀子？即就本篇所讨论之线索言，《大学》重言"止"，显承荀子来。就思想历程言，不能先有曾子门人作为《大学》重言"止"，而孟子继之始重言"推"；此就本文上所论列之线索而可见其不然矣。《大学》重言"止"，《中庸》重言"推"，两书皆当出荀子后。亦可谓《大学》与荀子较近，而《中庸》与孟子较近。是又主推、主止一对立也。综而观之，儒、墨、名、道四家，其持论制行，莫不各有重推、重止之异。故曰此乃先秦思想一大分野也。

二月，《从朱子论语注论程朱孔孟思想岐点》，刊于《清华学报》四卷二期。收入联经《全集》第四册及素书楼文教基金会·兰台出版社《孔子与论语》页二一六～二五四。大意谓：

朱子注《四书》，元、明、清三代悬为功令，家诵户习，逾七百载。清儒刻意攻朱，训诂考据，凡朱《注》有失误处，几乎尽加纠剔。然亦有朱《注》已得在前，清儒存心立异，转失在后者。若论义理阐发，则清儒断不足以望朱子之项背。乃朱《注》亦有违失孔孟原旨者，并所违失，尽在大处。此因程朱与孔孟，时异代易，思想体系，本有歧异；朱子以宋儒宗师解释先秦孔孟旧义，虽尽力弥缝，而罅隙终不能合。

程朱与孔孟思想最大相异处，乃为其关于"天"与"性"之阐释。

《阳货篇》第十七，子曰："性相近也，习相远也。"朱《注》："此所谓性，兼气质而言者也。气质之性，固有美恶之不同矣，然以其初而言，则皆不甚相远也。但习于善则善，习于恶则恶，始相远耳。程子曰：'此言气质之性，非言性之本也。若言其本，则性即是理，理无不善，《孟子》之言性善是也。何相近之有哉？'"

今按：《论语》仅言"性相近"，《孟子》始言"性善"，后儒仍多异说，宋儒始专一尊奉孟子"性善"之论。又感有说不通处，乃分别为"义理之性"与"气质之性"以为说。朱子尝言："气质之说，起于张、程，极有功于圣门，有补于后学，前此未曾说到，故张、程之说立，则诸子之说泯矣"。所谓"诸子"，殆指荀子以下凡与孟子性善说持异者。然则气质之说，亦仅于孟、荀间作调停而已。明儒自罗整庵以下，已于此气质、义理之辨，迭有非难。王船山重于张、程两家间细加分别。于程、朱甚多纠弹。如此条引程子"何相近之有哉"一语，见程子意实与孔子原义相背。朱《注》云"此言气质之性"，然朱子亦非不知气质之说起于张、程，在孔孟时实未有此分辨，今朱《注》云云，岂孔子仅知有气质之性，不知有义理之性乎？然朱《注》亦有斟酌，故曰"气质之性固有美恶之不同"，此处下"美恶"字，不下"善恶"字，性本相近，自有"习"而始分善恶。细玩朱《注》，仍不觉与《论语》原义大相违。圈下引程子语，而违异始显。朱子一遵二程学统，遇与孔孟相异处，则力求弥缝；其迹彰著，即此条而可见。

二月二十一日，《事业与职业——开学典礼讲词》，刊于《新亚生活》六卷十七期。收入联经《全集》五十册《新亚遗铎》，页五〇六～五一六。大意谓：

人生在"职业"外，又该有"事业"。职业往往是社会所要求于我的，而事业则是我在此职业上善尽责任外，又能自我贡献于社会。

在社会上，每个人都可以在职业外有事业，并可即在他所担任之职业内有事业。

若仅知有职业教育，不知有"人生教育"，那问题就麻烦了。

西方大学教育，职业意义超过人生意义。大学重传授知识，讲做人道理的则在教堂。其先西方大学本从教堂分出，在传授知识中，本带有宗教意味。现在西方社会的教堂，也还可以弥补他们学校教育之偏缺。但在中国，一向是教学合一的，学校教育中兼带有宗教情味。今天东方的教育，在知识传授上赶不上西方，而又没有崇高的理想与信仰，多开学校，多发文凭，便多增加失业与失望。但若我们的教育，能直接上中国文化传统，先生不只是经师，而又是人师。不以谋职求生为教，而以立德、立功、立言为教。教育发挥，自可适合中国社会，也能赶上西方境界，多发文凭也尽无碍。因来受教育的，其志向本在事业上，能干事业,哪愁没有职业?只不要专在职业的物质报酬上相争便好了。我们一向说要提倡中国文化,这里也是一大关节,诸位宜细细体会。

诸位当知,事业应是平平实实的,别人看不见,而对社会有真贡献。而且事业又是人人能做,又可以无人而不自得。

二月二十八日,新亚中文系讲座讲辞《汉代之散文》,刊于《新亚中文系年刊》二期。收入联经《全集》第十九册及素书楼文教基金会·兰台出版社《中国学术思想史论丛》(三)页一七五~一九一。摘要略。

三月,为新亚国乐会撰《述乐记大意》,刊于《新亚生活》六卷十八期。收入联经《全集》五十册《新亚遗铎》页五一四~五一六。文中有云:

孔子以礼、乐、射、御、书、数六艺为教,读《论语》,孔门之重视于乐,可以想见。迄于西汉,"六艺"以称古籍,然仅得《诗》、《书》、《礼》、《春秋》、《易》五经,而《乐》经缺。惟《小戴礼》有《乐记篇》,相传为孝武时河间献王采《周官》及诸子言乐事所为,则距今当逾两千年。或曰:《乐记》乃公孙尼子作。余为《先秦诸子系年》,考定公孙尼子为荀子弟子,则在战国晚世。

《乐记》为中国言乐理最古之书,其主要论点,谓音乐起于人心,故曰:"情动于中故形于声。其哀心感者,其声噍以杀。其乐心感者,其声啴以缓。其喜心感者,其声发以散。其怒心感者,其声粗以厉。其敬心感者,其声直以廉。其爱心感者,其声和以柔。"惟其音乐原于人心之情感,故音乐亦可以感召人心,有培养性情,移风易俗之效。故曰:"民有血气心知之性,而无哀乐喜怒之常,应感起物而动,然后心术形焉。是故志微噍杀之音作,而民思忧。啴谐慢易繁文简节之音作,而民康乐。粗厉猛起奋末广贲之音作,而民刚毅。廉直劲正庄诚之音作,而民肃敬。宽裕肉好顺成和动之音作,而民慈爱。流辟邪散狄成涤滥之音作,而民淫乱。"于是而言音乐与世道之相通,故曰:"治世之音安以乐,其政和。乱世之音怨以怒,其政乖。亡国之音哀以思,其民困。声音之道与政通。"故中国古人之言乐,其重要意义,乃在人之德性修养,风俗陶冶,与教育政治相关联,而并不注重音乐之艺术独立性。此乃中国传统文化以人文精神为中心之一种表现。

惟音乐在中国,自汉以下,实不能有合理想之发展。盖因论乐理者,既以音乐归属于德性修养风俗陶冶之意义,士大夫之从事于政治教育事业者,不免失其急与大,后其缓与小,而不视音乐为首要之重务。于是递降递衰,音乐仅流为民间之一技,而士大夫之厝心政教大道者,每忽于此,循至音乐不于中国社会占一重要位置,亦固其宜矣。

朱子之论《乐记》曰:"看《乐记》,大段形容得乐之气象,当时许多名物度数,人人晓得,不须说出,故止说乐之理如此其妙。今许多度数都没了,只有许多乐之意思是好,只是没顿放处。"又曰:"今礼乐之书皆亡,学者但言其义,至于器数,则不复晓,盖失其本矣。"此见后之儒者,仅能言乐之义理,而不复明乐之器数。器数不明,乐即不传,虽有妙理,无顿放处,故曰失其本。至于今日,则学者于本国文化传统,一切慢弃。慢弃之不足,又继之以讥诃抨击,古人所言乐之义理,已无复能言之者,更何论于器数之考索!故中国音乐之在今日,更为人所忽视,势亦无足怪矣。

新亚同学有"国乐会"之组织,于课务之暇,各择所好,习其一器,以此言技尚不足,若曰以是而求保存国乐,最多亦是告朔之饩羊,夫何足言。

然《乐记》有曰:"德者,性之端也。乐者,德之华也。金石丝竹,乐之器也。诗,言其志也;歌,咏其声也;舞,动其容也。三者本于心,然后乐器从之。是故情深而文明,气盛而化神,和顺积中而英华发外,惟乐不可以为伪。"今诸君子之于国乐,诚使心有深好,又能知德养之为本,和顺之气积于中者日盛,斯其英华之外发,安和不有能明于文而神其化者之出其间。《乐记》又言曰:"知礼乐之情者能作,识礼乐之文者能述。作者之谓圣,述者之谓明。明圣者述作之谓。"今诸君子既已于器渐有所习,诚能继此不懈而益进,有能知其情而为之作者,有能识其文而为之述者,他日中国音乐界之圣明,安知其必不出在诸君子之中?是在诸君子勉之而已。

仲春,《新亚中国文学系年刊第二期序》。此略。

四月,《序新亚艺术第三集》。收入联经《全集》第五十三册《素书楼余沈》。大意略。

四月,新亚书院讲辞《再谈论语新解》,刊于《新亚生活》七卷九期。收入联经《全集》第四册及素书楼文教基金会·兰台出版社《孔子与论语》页一一七～一二九。大意谓:

今天接着来讲《论语新解》,特别重要的是讲《论语》朱《注》与二程相异处。朱《注》不易看,好像处处在尊二程,实则朱《注》不同意二程处甚多,只是避而不谈。西方人谓"吾爱吾师,吾尤爱真理。"我们自民初新文化运动以来,年轻一辈多喜菲薄前人,此一风气实不足取。

朱《注》于二程说有赞成,有反对,亦有依违,只看注文甚难看出。须参读《朱子语类》。

朱子尝云:"尧舜以下不可无孔子,孔子而后不可无孟子,孟子而后不可无二程。"此乃对二程极表佩服之语。但朱子又云:"圣人之意,乃在日用常行之间,《论语》中无悬空之语。汉以后人多在训诂方面讲《论语》,二程则发明圣人道理,使人激昂向上,惟失之稍高。"又认为当时说经有四病:"一本卑作高,二本浅作深,三本近作远,四本明作晦。"我们当据此四点来寻朱《注》之用心。

四月七日,于新亚书院艺术系作学术演讲,讲辞《中国文化体系中之艺术》,刊于《新亚生活》六卷二十期;又刊于《新亚艺术》第三期、《革命思想》十六卷六期、《人生》二十九卷六期、《民生世纪》六卷二期、《美术学报》第二期及一九七六年八月《国魂》第三百六十九期。收入联经《全集》第四十四册及素书楼文教基金会·兰台出版社《中国文化丛谈》页一四～一三五。大意谓:

中国文化,乃以人文为中心,亦可说是以"人生作本位"。先看重"人",再由"人"而扩充到外面去。

西方人则偏重于先向外去探究自然,在对自然有认识了解后,再回头来衡量和决定人生之意义与价值。如宗教,如科学,莫非先向外,然后再转到人生方面来。

古代希腊人,将宇宙分作真、善、美三方面。科学求真,道德求善,艺术则求美。这种三分法,逮至近世如康德,乃至最近,似乎无大改变。中国人看法与此不同。似乎中国人认为,凡是美的,则同时亦兼真和善;而凡是真的、善的,同时亦兼美。换言之,在此天地间并无分别独立的美。亦即是说,没有离开真和善而分别独立的美的一世界。所以在西方,美术可与科学、宗教三分鼎立,而各有其专门探讨的领域;中国则仍是融通为一,真、善、美应该同属一体。这一观念非常重要,中国人看事物,往往不注重分别观,而更注重"融通观";凡合乎中国人理想者,都见其相互融通而圆满具足。要讲中国艺术,亦须由这一点入手。即讲文学、哲学,乃及其它,亦无不然。

宋儒又谓:"万物一太极,一物一太极。"整个宇宙是一太极,而在此宇宙中之任何一物,亦同为一太极。此谓任何一物之在宇宙间,其所表现与完成者,与整个宇宙之所表现与完成者,同是完整之一体。在意义与价值上,虽不能相等,却还是相同。换言之,凡在此宇宙内,不论其是一人、一禽兽、一草木、一水石、一桌椅、一碗碟,乃至一微尘不论其有生无生,有情无情,同表现在此宇宙之内而达于一完成,即不能相反,而只是相同。倘使此宇宙间之一切表现与完成者,均与太极不相同,则何能集合而成为一整体之太极!故说:个人人生即可代表大群人生,并可代表宇宙大全体。此即是"物物一太极",即可代表"万物一太极"。宇宙是一大天地,个人是一小天地,大小固不相等,天地却不相异。现代物理学家言,一原子之组织相似于一整个宇宙之组织,方可谓是物物一太极。此一层,乃是中国人的宇宙观及其人生观,亦即是中国人之哲学。这些哲学观念亦与前讲文化体系一般,都是融通为一,即中国人所谓之"天人合一"。

中国文化理想重人,以"人"为本位,人之价值不能即以其事业之表现与成就而定,由此遂讲到人的品格上。品格有高低,有时与其事业之表现与成就之大小并不定相称。

品格由于天赋,但亦由后天修养而来。今只就绘画论,中国论画有所谓"画品"如神品、妙品、能品、逸品等。当知画品正从人品来；反之，却不能说人品乃从其画品来。试问其人只是一个鄙俚俗人，他如何能画出一幅当得上逸品的画来。作画而进入高境界，则不能不论品。而画品与"人品"，最后还是相通合一。

中国人论画，又重"气韵"，南朝谢赫六法，首言"气韵生动"，此"气韵生动"四字原本指人物画而言。下及宋、明以来，对山水、翎毛、花卉等亦讲究气韵了。现在我请问诸位，欲求画中人要有气韵，而画家本身其人没有气韵，则岂能办到？故此问题又要回复到画家"人"的身上了。人生在大自然间，倘使自然只是一块然大物并无气韵，人生其间又何来有气韵！故此仁者乐山，智者乐水，一山一水，一花一草，都有其活泼生机，亦即都有气韵。块然大物有气韵，一花一草亦有气韵，此亦所谓"万物一太极，物物一太极"。画家要能了解到此，自然其一笔一墨都能表现出天地间的气韵生机，而此画家之胸襟境界以及其人本身之气韵，也就不问可知了。

以上所论，只说要学艺术，得先要学做人。人的品格是大前提，笔墨技巧乃是余事。故在超乎讲究画法之外，该是另有一套修养。画的境界即是人的境界。

论作画又有两途，一写生，一写意。中国自宋、元以后，特别喜欢讲写意。现在我替"写生"和"写意"这两个名词下一解说。写生是写外物之形象；而写意则是写内心之情趣。倘若作画，仅如写生，不知写意，照中国人看法，只是达到画之"技"，而未臻乎画之"道"。但若仅求写意，不能写生，则他可以写一首诗，或写一篇散文，但不能成一幅画。故知一位理想的画家，要能寓写意于写生之中，由写生来寄意，借外物形象来表达画家内心情趣，使写生与写意、即人与物融通合一，这也就不容易。

在作画写生之前，必先要有一番"观"字工夫，不观又何以能写。但观的工夫却大有不同。如诸位到郊外去学习写生，岂不在写生时即有了观。此固不错。但中国人一向对此"观"字却甚为看重。我们须能观天、观地、观人、观世、观万物。要能观其大，观其全，观其通，观其变。孟子说："登东山而小鲁，登泰山而小天下。"又说："观乎海者难为水。"观山，不可限于一丘一壑；观水，不限于一波一折。而达观山不可限于山，观水不可限于水。如是说下，便有无限修养，无限妙境。

中国人画山水，决不是站在某一角度去画，所以在一幅画上，可以画出群山万壑，可以画出千曲百折。如此却是画的真山水。我们不能只看小天地，应放开眼光懂得看大天地。又必放进历史时间，从悠久变化处去看，如是才能体会深刻。换言之，外面物象，并不易看，须要从多方面及长时间去看。如是始能"超乎象外，得其环中"。这是说要跳出事物的囿限圈套之外，而后才能默会深察事物内在的神髓。宋人诗云："道通天地有无外，思入风云变态中。"这才是达到了观大、观全、观通、观变的最高境界。中国人写字、作画、作诗、为文，以至参禅学圣，都是同此一道理。画家说："外师造化，中得心源。"这两句话，要能把内在的心源和外在的造化融通为一，那就是中国画学理论中之巅峰了。

如是般的由观而写，写生与写意自可相通合一。正为万物一太极，一物一太极，所以无论一花一木，一鸟一虫，鸢飞鱼跃，翠竹黄花，道无不在。艺术家笔下一些小天地，小花草，却能令人欣赏到天地之大，草木之繁。纵使是一门外汉，亦能目击道存，不言而喻。所以在一画家之专门笔墨技巧方面，可能不容易获外人欣赏。但此画家在其画上所表现出的局度气韵神态生意方面，即是他所能获得的道通天地、思入风云的更高境界，却可以不愁人看不懂。近人又常说，不得不降低自身的画品，来求迎合俗人的口味。其实，作品真好，则不愁没有人欣赏！那些一味迎合俗好的画家，仍见其观人观世之不深。

中国画不重距离，不像西洋画注意比例、透视、大小等。此亦其不得已，而亦有其所当然。如画泰山，若要画出其全景，则决不能站在一限定的角度去画。须得纵身而观，须得耸身凌空，从高处来看其全，如是乃可由山脚画到山顶。否则眼前一拳石，便把全山视线遮掩了。当知泰山本身本没有此远近大小之别，这是画家在限定的角度下之一种主观。须把此角度移动，须把此主观融化，须能从泰山本身来表现这泰山。不然的话，则会徒叹"不见庐山真面目，只缘身在此山中"。

中国画家称梅、兰、竹、菊为"四君子"。所谓"君子"，其中自寓有人格修养之意义存在。何以千卉万草之中，梅、兰、竹、菊四者，独得称为君子？我们画梅、兰、竹、菊，当然不仅要画得它像梅、兰、竹、菊，还须画得它像一君子，或说像一高人雅士。人中何以有君子、小人之别，何以有高下雅俗之分？此一见证，也就不容易。非有大修养，无法与他讨论到此。此中有胸襟、有气度、有风韵、有格调。诸君试从此参入，也可渐有所窥见。

或许诸位认我上面所讲，不是在讲作画，却是在讲做人。但我们的理想，并不是只要培养出一些囿于一曲，仅能在艺术上依样画葫芦的画匠，而是要培养出一些大艺术家来。若真是一个大艺术家，则彼之品格，必然是卓然独立，与众不同。此必须有大体会，大修养，不是凭空可以获得成功的。我盼望诸位以后多下工夫，朝看这条大道去开创中国艺术的新天地，使诸位将来成一画家，也是中国文化体系中理想一画家。而其所画，自然也是代表中国文化的理想艺术品了。

五月，《曾点与漆雕开》，刊于《人生》二十七卷十二期。此略。

五月八日，《新亚生活双周刊第七卷首期弁言》，刊于《新亚生活》七卷一期。收入联经《全集》第五十册《新亚遗铎》。此略。

六月《西周至战国之散文》，刊于新亚《中文系年刊》第二期。收入联经《全集》第十八册及素书楼文教基金会·兰台出版社《中国学术思想史论丛》（二），易名《中国古代散文——从西周至战国》。摘要略。

六月，《诗境图题词》刊于《人生》二十八卷二期。此略。

六月二十四日，撰《惜别林仰山教授》，刊于六月二十五日《香港时报》。此略。

七月，于"国防研究院"演讲，讲辞《历史地理与文化》，刊于一九六六年九月"国防研究院"《中西文化论文集》；又刊于一九六七年十月《东西文化》第四期。收入联经《全集》第四十四册及素书楼文教基金会·兰台出版社《中国文化丛谈》页一~三一。大意谓：

朱光庭到程明道先生家住了一个月，回来后，别人问他，你到了程先生家，得到什么印象？他说如在春风中坐了一个月。人须有生气，在人格上、学识上、性情上，各方面都该有生长，如在春风中，经过一段气候，才成为一人物。也有人说，程明道一团和气。你一接触到他，你的一切感情、理智各方面，经过这和气，就可以得到抚养，成长到某个境界中去。《易经》上说"天地变化，草木蕃"，天地是一片自然产生万物。人文陶冶，教化作育，是在这许多原料中精制出很多理想的品种来。

我们的社会、历史、文化，是另一个天地。这个天地在我们人自己手里，要能造成气候、生长人物。如清朝末年的曾国藩，他在军营中，过着一种战斗生活，但他的幕府就是一个小天地，跑进幕府作宾僚的，后来都是人物，他的幕府等如一个园地，他自己是一个农师，可以有很多花草在他手中生长起来。所以我们在任何一个时代中，要提倡有一种风气，在此风气之下，须能作育、陶铸人才。有了人才，才能改换历史。在某时代某地区，具备这种气候，就出人物了。这种风气过去了，人物就不出了。我们可以把中国史分期来看，唐代人才开始在哪里，后来在哪里；宋代人才开始在哪里，后来在哪里？我们细求它原因所在，这里面就把握到一个历史的重心，可以旋干转坤，可以来开创新时代。

开创新时代，一定要有新人物，而新人物一定在新风气中产生。天地也是一样，风气必待凝成，冷也好，热也好，都得积渐凝聚而成。好像我们刚才所讲的火功，炉子里的火一定要集中在一点上。我们只要能在某个地区养成某种风气，某个地区便会出人才。而后慢慢传播开去，传播到其它地方。这个风气要可久，一代传两代传三代；这个风气又要可大，一地可以传播到别地。倘使这风气消失了，人才就没有了，人还是照常。他们的聪明体力并不比前一代差，然而他不能继，不能传，不能成一个高的质量，不能继续成为一人物了。

我们在这里就得到两个教训。第一个教训是历史的主持者是"人"，第二个教训是人在各个地域都可以产生，而主要在有一"风气"。这个风气由少数人提倡，即可以形成。

七月十一日,《对新亚第十三届毕业同学赠言》,刊于《新亚生活》七卷五期。收入联经《全集》五十册《新亚遗铎》页五三三~五三五。大意谓:

我们学校一向以"治学""做人"两者兼重昭示来学。但诸君须知,我们所处世界实应分为两个。我今试借用佛家语,称一个为"真界",另一个为"俗界"。若用现代语,亦可称一个为"理想界",另一个为"现实界"。

但此两世界,并不能严格划分。理想的真界,并非全脱离于现实的俗界。而现实的俗界,亦非全违背了理想的真界。我们做人的大原则,该在此现实俗界中来努力发现和完成一理想的真界。我们读书求知,亦该懂得分别有些是为理想真界说法,而有些则从现实俗界着想。

举例言之。《孟子》曰:"人皆可以为尧舜。"陆象山说:"我不识一字,也将堂堂地做一人。"明儒有"端茶童子即是圣人",又"满街皆是圣人"之说。此就理想真界言,应是有此理。即就现实俗界言,确亦有此事。但现实俗界毕竟是一现实俗界,不能说人人都真是尧舜,不能说不识字的全都堂堂地做成了一人。

七月十一日,新亚毕业典礼讲辞《有关穆个人在新亚书院之辞职》,二十二日追记成文,刊于《新亚生活》七卷六期;又刊于《人生》二十八卷七期。收入同前页五四五~五五一。大意谓:

我二十岁左右,曾读《苏东坡全集》,中有一诗,诗中有一联说:"老僧已死成新塔,坏壁无由见旧题。"我对此一联体会到,历史社会事业,决不能由任何一个人独自担当。

近代中国有一高僧虚云,诸位若是广东人,应该听闻到。我在几年前读《虚云和尚年谱》,在他已跻七十八高龄之后,他每每到了一处,筚路蓝缕,创新一寺。但到此寺兴建完成,他却翩然离去,另到别一处,筚路蓝缕,又重新来建一寺,但他又翩然离去了。如此一处又一处,经他手,不知兴建了几多寺。我在此一节上,十分欣赏他。至少他具有一种为而不有的精神。他到老矍铄,逾百龄而不衰。我常想,人应该不断有新刺激,才会不断有新精力,使他不断走上新道路,能再创造新生命。

若使虚云和尚兴建了一寺，徒子徒孙环绕着，呆在寺里作方丈，说不定他会在安逸中快走进老境。当然我此处之所谓老，更重在指精神言，不重在指身体言。

在我此十五年中，虽说耗损了不少精力，究竟在书本外也增长了我许多真实人生的体验和阅历。而且用农业上轮种番休之理来讲，我的精力在此处有耗损，但在别处有贮备。过几天，我十五年来担当新亚校长的毕业文凭拿到手，我的新生命开始，我的新精力又会复来。我立志想写一部有关研究朱子的书，预期三年完成，纵不然延长到五年，此书定可成。我想此书完成，在中国学术历史上，在中国文化教育上，决不比我创办新亚或主持新亚意义更狭小些，价值更轻微些。

八月一日，《读明初开国诸臣文集》，刊于《新亚学报》六卷二期。收入联经《全集》第二十册及素书楼文教基金会·兰台出版社《中国学术思想史论丛》（六）。后先生续撰《读明初开国诸臣文集续篇》，共分三小题：一、读杨维桢《东维子集》，二、读赵汸《东山存稿》，三、读叶子奇《草木子》。两文旨意相同，故一并摘录于下。

关于本篇之主旨，先生文前有云："本文作意，不在论诗文，而在借诗文以论史。论史者多据正史纪、传、志、表，旁及稗乘、野史、小说、笔记之类，所论以史事为主。或据文章著作以论一时代人之思想及其议论意见。此文则在借诗文以论其时代内蕴之心情。胡元入主，最为中国史上惊心动魄一大变。元人用兵得国之残暴，其立制行政之多所剧变，而中国全境沦于异族统治之下，亦为前史所未遇。未及百年，乱者四起，明祖以平民崛起为天子，为汉高以下所仅有。读史者岂不曰驱除胡虏，重光中华，其在当时，上下欢欣鼓舞之情当如何？而夷考其实，当时群士大夫之心情，乃及一时从龙佐命诸名臣，其内心所蕴，乃有大不如后人读史者之所想象。如欲加以抉发，国史野乘，旁见散出，未详未备；必参考当时诸家之诗文集而后其情事乃大见。本文亦仅偶举例证，然虽一鳞片爪，而大体可想矣。"

论宋濂之文集，先生云："明室之兴，乃吾中华自唐、虞、三代以来，衣冠文物传统之所宗。胡元入主，其屠杀之凶残惨烈，其统治之昏愚淫暴，纵皆不论；夷夏大防，纵谓非当时士大夫所知；而旧朝已覆，新朝已兴，在当时士大夫心中，亦似乎茫然不知，漠然无动。干坤洗涤，天地清平，诸儒视之若膜外。所不忘情者，乃景濂一人之隐显，又且扬山林而抑馆阁，若惜若厌；此为何等胸怀，何等意态乎？"

又云："近儒又谓中国史上得天下之正，莫过于明祖；又每谓明祖御诸儒严烈太过；是亦有不尽然者。平心论之，从汉高者无不称秦之暴，从光武者无不言莽之诈，从唐祖者无不斥隋之淫，从宋祖者无不言薄周之弱。奈何明初从龙诸臣乃独不然。其远避若惟恐浼我者姑不论，而明祖之优礼于宋、刘、叶、章诸人，则实远超于汉高、光武、唐祖、宋祖之于其诸臣之上矣。明祖曰：'我为天下屈四先生。'何其言之坦然也。而彼四人者，于心乃若真有屈。盖元之儒者，居于异族统治七八十年淫威之下，心志不免日狭，意气不免日缩，乃以为斯文所在，即道统所寄；在朝在野，虽亦学业文章有以自守，行己立身有以自完，然而民生利病，教化兴衰，或未能以斯道自负。夷夏之防，有所不知。而区区所以自保者，乃不免归之于政府在上宽厚之德意。天下虽乱，而彼诸儒，固未能憬然豁然于其所以然。"

论刘基之文集，先生云："伯温亦知元之规模，不得与吾儒之理想相符而有其缺憾，并逆知其盛时之不常矣。然终以元之开国上比汉高，而特以制度礼乐之有愧，归咎于当时之儒生，其殆指许衡之徒乎！以如是之史识，复何得以夷夏大义责之！"

论高青丘之文集，先生云："当时群士之隐退，非无意于用世，亦将以有待焉耳。然亦必有可以为隐退之地，有屋有书，有田可耕，有山可藏。元虽不贵士，然其时为士者之物业生活，则超出于编户齐民甚远。此当纵论及于元代之社会情况及其经济背景，非本文范围所欲及。要之即就明初开国诸儒之诗文集观之，亦已例证显然矣。故元代之士，上不在廊庙台省，下不在闾阎畎亩，而别自有其渊薮窟穴，可以藏身。其物业生活之不足以为士者，则多去而为僧道，为医，为风水师，为相人业，如是之类，尚犹于士为近。此乃中国历史上士之一变相，其情况可于景濂以下诸家集中见之。若其出而从政，实未能大有所作为，亦极于为吏而止，非古之所谓儒也。故元之儒士，乃别有其一番学统文统之见解，凭以自安自饰。彼辈之于明祖，其先亦何尝不以群盗视之。终为其物业生活之自计，不得已而仕焉，亦何尝有所谓驱胡虏而复中华之意气乎！"

论胡仲子之文集，先生认为胡翰仲申其人当大书特书。"其《衡运篇》云：'天生仲尼，当五伯之衰而不能为太和之春者何也？时未臻乎革也。仲尼没，继周者为秦、为汉、为晋、为隋、为唐、为宋，垂二千年，犹未臻乎革也。泯泯棼棼，天下之生，欲望其为王为帝为皇之世，固君子之所深患也。'窃疑衡运诸篇殆成于元季，然文中历数秦、汉、晋、隋、唐、宋，上不及拓跋魏，下不数胡元，其意境殆非当时诸儒所能量。巨眼先瞩，可谓深识之士矣。"

论王逢《梧溪集》及戴良《九灵山房集》，先生云："叶子奇《草木子》言：'元自混一以来，大抵皆内本国而外中国，内北人而外南人，以至深闭固拒，曲为防护，自以为得亲疏之道。是以王泽之施，少及于南，渗漉之恩，悉归于北。故贫极江南，富称塞北，见于伪诏之所云也。迄今天禄之迁，尽归于南，此可以见乘除胜复之理。'然如戴良、王逢皆南人，其耿耿于胡元，至死不变，一身利害固不计，天下是非亦不辨，国人之好恶向背，亦复悍然无动于其中，两天理之往复乘除，彼亦盲焉若不知。古今诗文之士，不乏眼小如豆者，而戴、王乃凭此立节，长为同时及后人之所想慕，斯尤可怪也。"

论方正学集，先生云："当元之时，有主张以元接辽、金为正统者，铁崖折之以《春秋》大一统之义；而不知孔子《春秋》虽曰大一统，犹尚有夷夏之辨焉。铁崖又以元儒上承朱子之道统，谓道统所在即治统所在，此固似矣；然朱子上书孝宗，极申攘夷之大论，而惜乎元儒之终失此义。纵谓此可以为元儒恕，然岂终不为中国之道统惜乎？能承仲子而重申正统大义于天下者，则正学也。"

"正学之言正统，犹仲子之言天纪。正学之言变统，则犹仲子之言地纪也。惟此两儒，一在元末，一在明初，而同主元之不得为正统。在当时则皆为正人心伸大义之正论。否则元居正统，凡为元而死者皆忠臣，凡拒明而不仕者皆义士，凡起义于民间如方国珍、张士诚辈皆群盗叛逆。而明之有天下，则惟有归之于天命。而凡属一时佐命协运之士，则惟有'识天命'三字可以为之解脱其不忠不义以及从叛附逆之大罪。如是言之,则天命与人道两相离。抑且天命惟在一人,则彼一人者身膺天命,自可生杀予夺惟其意,而为之下者,将见为牛马鸡豚之不若。"

论正学《与赵伯钦书》,先生云:"当有元之一代,可谓有文辞,无道术。流风所被,迄于明之开国,此虽正学所亲受业之师景濂犹不免,又遑论乎其它。若欲会通文辞、道术,则宋为首,汉次之,而唐为下,正学此书,诚千古之只眼也。当其时而求能振起一世之文辞、道术者,舍正学其谁属?而惜乎靖难之变,卒以身殉,年仅四十有六,未到五十也。而其学亦及身而绝。"

先生又云:"《罪惟录播匿诸臣传》载《元》幼主死,翰林撰祭文不称旨,悬购能文者。钱苏拟撰云:'朕之得,复我中国之故有。汝之失,弃其沙漠之本无。'明祖得之大喜。此语真切平实,应为当时人人心中所能想,口头所能说;而一时翰林诸臣顾不然,群手所撰,均不能称明祖之意,而至于悬购能文者。及明祖见苏语而大喜,斯其内心之不慊于当时诸臣者可知矣。然亦无可奈何,时风众势,虽贵为天子,其亦何能为力!惟景濂巍然为明初文臣之首,然亦不免限于群士心习之所同以为然者,而不能大肆其心之所能至,以招来一世之大谤;幸而有如方正学、王仲缙者出其门,斯亦可以告无罪于后世矣。"

论杨维桢之《东维子集》,先生以为维桢之《正统辨》,"以宋统接唐统为正,可谓大义朗然矣。"然"孔子《春秋》尊王攘夷,维桢仅取其'尊王'。'攘夷'之旨,虽于匈奴、突厥、五代、辽、金微见其意,而于元则绝不辨夷夏。""余今乃以不明孔子《春秋》攘夷之旨讥维桢,关心民族文化之传与夫国史正统之所寄者,其于此,可不惕然思,而憬然悟乎?"

论赵汸《东山存稿》,先生云:"殆自元骑入主以来,南宋遗民,相戒相守,以延往日文化、学术、风俗生活之传统于不绝之一线之精神命脉所在。以今日语释之,可谓是一种不合作精神。朝廷、山林双方距隔,而书院讲学之风,较之南宋,其盛乃犹有过而无不及。然此乃值元治之初年,迄于子常之时,其先胜国遗老所以戒子孙者亦渐变。一方则书院讲学山林自守之风尚盛,另一面则出仕用世之心亦渐萌。元初民间一种不合作精神,殆已澌灭垂尽矣。"

又云："元政既乱，吾华夏小民揭竿呼啸而起，乃诸儒率鄙之为盗贼，必欲痛惩严削之，而以保卫乡里自解弛其助暴抑民之罪，并不悟此盗贼之亦出自吾乡里也。自方国珍、张士诚、陈友谅之徒，盖莫不知敬礼儒生，欲引与共图大事，而诸儒率避之若浼。及元运已难挽，诸儒欲助元平乱卫乡里之初望，终亦如梦之醒，乃不得已而勉就明祖之辟召。然亦姑尔一出，非有忠愤自发之忱。既相率一出而即归，斯其久羁而被祸，因亦非可以专罪明祖之草菅诸儒；而诸儒之过于自尊其道，以理学大统自居，而不明古今之变，民族之大义，与夫时务之当先，亦不得辞其咎。然而明之崛兴，汉、唐之衣冠重光，华夏之大统斯复，而有元一代群儒山林讲学之风，乃亦随元运而澌灭。方孝儒罹十族之祸，尤为明初蔑视儒臣之惨酷表现。逮及永乐间，诏修《五经》、《四书大全》，群臣惟以抄袭元儒成书塞责。明代儒学复兴，尚远在后。当其时，政治、学术，一兴于上，一衰于下，其事乃相互错差至斯。此亦治史者所当致以深慨，继以深思，而慎加之以审论者。至于意气之呵斥，与夫是非之申辩，固可无所用之也。"

论叶子奇《草木子》，先生认为子奇"以分别种族界线论元治。当子奇之世，应人人知之，然立论及此者，以惟子奇一人。是子奇虽未以种族之见肆挞伐之意，而'非我族类，其心必异'之古训，则举世受之，而惟子奇能言之。子奇之在当时，洵如孤鹤之在鸳群矣。"

九月，《海滨闲居漫成四绝句》，刊于《人生》二十八卷七期。收入联经《全集》第五十三册《素书楼余沈》。案先生辞卸新亚书院院长职时，屏居青山湾海滨，偶成此四绝句。其诗云：

海楼一角漫闲居，云水苍茫自豁如，摆脱真成无一事，好效年少日亲书。祸难奔亡岁月侵，居然赏乐有如今，商量碧海青天事，俯仰前贤古籍心。山作围屏海镜开，鸢飞鱼跃亦悠哉，从容镇日茶烟了，夜听涛声入梦来。风月宵来醉欲醒，云山长护日闲清，无情都作有情客，却觉有情无着情。

九月二十八日，《校庆日演讲词——创校十五周年纪念》，刊于《新亚生活》七卷八期。本文收入联经《全集》第五十册《新亚遗铎》页五五四~五六二。大意谓：

中国人讲做人，主要是父子、兄弟、夫妇、朋友、君臣五伦。

做事可以不同，各走各路，千差万别。做人则是共通的。

做人应该大家能做的，进一步便要做一"士"。在人中间，有能起带头作用的，可以作人家标准与领袖，这就叫做士。

孔子的道理，便是教人做人与做士，最高是做圣人。照理论，圣人应选人人都可做，而且人人应该做，但又人人不敢以圣自居，这里就是我们中国的文化精神。

十月十日，撰《今总统蒋公母王太夫人百岁诞辰颂并序》。本文收入联经《全集》五十三册《素书楼余沈》，摘要略。

十月十八日，《亡友赵冰博士追思会悼辞》，刊于《新亚生活》七卷十一期。又作《赵冰博士墓碣铭》、《悼赵故董事长两挽联》，三文均收入联经《全集》五十册《新亚遗铎》。案赵冰先生晚岁居香港，执大律师业，兼新亚董事长以至于卒。摘要略。

十一月，《致贯之论"老僧已成新塔"之"塔"字》，刊于《人生》二十八卷十二期。摘要略。

孟冬，撰《黄君伯飞微明集》序。收入联经《全集》五十三册《素书楼余沈》。摘要略。

十二月十一日，有《致雅礼协会罗维德先生函》，存稿。收入联经《全集》五十册《新亚遗铎》。摘要略。

冬至，为黄二明作《史记导读序》、《韩文导读序》，刊于《新亚生活》七卷十七期；又刊于《生活》二十九卷十期，两文收入联经《全集》五十三册《素书楼余沈》，兹录其文如下：

史记导读序

昔两汉博士太学授经,首重家法。宋朱子申其意曰:"汉世专门之学,近世议者深斥之。今百工曲艺,莫不有师,至于学者,尊其所闻,则斥以为专门而深恶之,不知其何说也。"又曰:"治经者,必因先儒已成之说而推之,借曰未必尽是,亦当究其得失之故,而后可以反求诸心,而正其谬。"此汉之诸儒所以专门名家,各守师说,而不敢轻有变焉者也。但其守之太拘,而不能精思明辨,以求真是,则为病耳。然以此之故,当时风俗,终是淳厚。近年以来,习俗苟偷,学无宗主。朱子之言如此,抑不独经学为然也。朱子为一代理学大宗,然言及李延平,必称"先生"。著书立说,必称"子程子曰",是朱子之师承与家法也。抑不仅理学为然也,即文学亦何独不然。清代言文章,必曰桐城。其先源自明之归熙甫,及清代方望溪、刘海峰、姚惜抱,递相师承,故曰天下文章其在桐城乎!自惜抱诸大弟子梅伯言、管异之、刘孟涂、方植之,下逮湘乡曾文正崛起,犹曰:"国藩之粗解文章,由姚先生启之。"此亦汉儒传经师法专门之遗意。湘乡门下,有张濂卿、黎莼斋、吴挚甫,而挚甫籍桐城,是桐城一派,师承递嬗,上溯明代,下迄清末,三百余年绳继不绝。其流风余韵,义法渊源,粲然可观,而岂浅薄庸妄之徒,所能轻肆其讥弹。吾友黄子二明授新亚诸生读《史记》编《史记导读》一书,所选篇目,一依张氏、吴氏,又加以吴氏论文,归、方评点,诸家评识四目,谨守桐城矩矱,不欲轻有所逾越。抑评点之学,亦桐城家法所重。近人或加鄙视,是亦不知家法者作门外之妄谭尔。学者一遵斯编,庶乎如为学有轨辙,求道有师承,宗主家法有不可废。亦足以药苟偷之风,回淳厚之俗,破门户之拘挛,而开思辨之正法,而岂仅仅今学为文章而已。余故乐阐二明斯编之意,而为序以张之。

一九六四年 甲辰 七十岁

韩文导读序

吾友黄君二明,授新亚诸生以《史记》、韩文,有《导读》两编。余既序其《史记编》,二明曰,韩文一编,愿续为之有序。余辞不获,爰再序之,以塞其请。窃尝谓文章之士,每薄校勘、训诂、考据于不为。而从事于校勘、训诂、考据之业者，又往往不擅于文事。而不悟其不可以偏废也。昌黎一集，自有晦翁之《考异》，而后始有定本，可资循诵。此文章之有待于校勘者甚显。抑晦翁之为《考异》，有曰："韩子之为文，虽以力去陈言为务，而又必以文从字顺各识职为贵。"读者或未得权度，则其文理意义，正自有未易言者。是从事于为文章，作校勘，苟非深通此一家文事之深趣，亦难胜任而愉快也。至言训诂，昌黎已自言之，曰："凡为文辞，宜略识字，苟字义之未明，又何论于文章之精妙。"然虽曰积字成句，积句成篇，而文章之事，有一篇之大义未明，即难定此一句之义；此一句之义未明，即难定此一字之义者。晦翁《考异》，遇此等处，最见精卓，此则非深通文章，即难下训诂之说也。至于考据，每一文有其本题之故实，有作者当时之心情，有其文所包罗之万象，苟非博考旁稽，何以知其所云云。然亦必精熟文理，乃知孰者当考，乃知所考之孰得其是而无疑，固亦非字字而详、句句而寻者之所与知也。二明斯编，正文一据世彩堂本，而晦翁《考异》，亦附见焉，于校勘为不苟矣。下有《补注》，自有《韩集》一千年，诸家之训释考订，一字一句，人地官职器物之名，乃至典章义理史实之本末，人物之表里，无不备。其纂辑之广，择取之严，于训诂、考据为不苟矣。读者循此求之，而一文之大义毕显。抑文章之精微，有非尽摭实之可得，而又有待于心领神会于不以言传之表者。斯编于《补注》之后，又继之以诸家之圈点与评识，斯如布采之有钩勒，画龙之有点睛。后世学文之士，则胥不于此而臻妙悟。虚实并尽，校勘、训诂、考据之与文章之兼究而深通，其亦斯编用意之所在乎！姑还以质诸二明，其果有当乎否耶？

一九六五　乙巳　七十一岁

一　国内大事

一月十三日，"行政院"局部改组，蒋经国出任"国防部长"，李国鼎掌经济、阎振兴掌教育。

三月五日，"副总统"陈诚因肝癌逝世。

五月十四日，中共举行第二次核子试爆。

五月十五日，廖文毅自日返抵台湾，宣布解散台独组织。

十月九日，前驻联合国常任代表及驻美大使蒋廷黼病逝纽约。

十月二十五日，台湾光复二十周年，热烈庆祝。

十月三十一日，全省最大的曾文水库开工。

二　事略

先生本年正式卸任新亚书院院长，旅居香港之办学生涯遂告终结。南洋大学商请先生担任校长，先生却之。七月，离港赴吉隆坡马来西亚大学讲学。先生着手撰述《朱子新学案》一书，读《朱子大全集》、《语类》，抄撮笔记；并获哈佛大学、燕京学社专款补助，著作费每月港币三千五百元，共三年。

三　著述

一月，《大学格物新释》，重刊于《新亚生活》七卷十四期。收入联经《全集》第十八册及素书楼文教基金会·兰台出版社《中国学术思想史论丛》（二）页一七八～一九三。摘要略。

一月一日，《校友日讲词》。收入联经《全集》五十册《新亚遗铎》。

二月十六日,《中华民族之前途》,刊于香港《现代杂志》创刊号。收入联经《全集》第二十三册及素书楼文教基金会·兰台出版社《中国学术思想史论丛》(九)页一三二～一四六。摘要略。

三月十六日,《续论中华民族之前途》,刊于香港《现代杂志》一卷二期。收入同前书页一四七～一六一。大意谓:

袁世凯与北洋军阀,凭借辛亥革命,攘窃权位。此亦中国历史惯例与其惰性趋势之又一番表现。但他们不认识时代潮流,妄思称帝为王以及割地自雄。其不旋踵而败,自无足怪。在当时能斟酌于历史传统与时代潮流之两面,而高瞻远瞩,领导国家民族寻求一妥当出路者,惟有孙中山先生。康有为、章太炎诸人,皆非其俦。但孙中山先生殁后,其所创导的国民党,又不免盲从外势,走上歧途。他们过于重视了"党",甚至把"党"高抬在"国"之上,一时有所谓"党国"之称。不知"党"在中国历史上无渊源,在当前社会上无根基。从事革命不能无党,而治国则不必凭党。而且获得政权后之党,显与从事革命时的党不同。专就党徒心理言,参加革命党可以失却生命,投入政府党可以获得权位。再就党之发展言,从事革命的党,每易化异为同;而正在执政的党,则每易裂同为异。一党之演进将渐成为一种权利结合,而失却了党之原始意义。在中国社会仿真西方组织政党,正如壁上画饼,有此形象,无其实质,难可充饥。若依照中山先生"军政、训政、宪政"之三分期,在军政、训政时期,可以需要党;一至宪政时,则应以宪治国,而非以党治国。在中山先生之"五权宪法"中,有考试、监察两权,此乃参酌中国历史而设置。有了考试权,一切用人全凭考试客观标准,此乃"才治",非"党治"。有了监察权,凡属政府失职违法,监察院可以超然地位从事弹劾,此乃"法治",非"党治"。尽可无反对党,而已收反对党之用。尽可不必有两党对峙或多党分立,而自无一党专政之弊害。而且此考试和监察两权,在中国自汉迄清,熟于运用已两千年。中国历史在此两千年中,虽有一皇帝高踞在政府之上,但中国的传统政治则决不能说其是"帝王专制",其要点即在此。若使国民政府一开始能真实重视此两权,着意发挥其作用，纵使急切间在中国社会不能发展出一理想的政党，而政治仍可能有轨道，社会中层士群在政治上之传统地位亦不致有急剧之摇动。

只要政治上轨道，依照中山先生《建国方略》所指示，政府之最切要任务乃在为国造产，为民生利。《建国方略》之首要目标，乃为实业建国，如兴造铁道、修筑公路、开辟商港、疏浚水利、增凿运河、挖掘矿藏，培植森林。如是等等，或由全国统筹，或由省、县分区负责。其各方面专门人才任用之权，可交考试院。其防止营私舞弊，督促进行疲缓之权，可交之监察院。政府能负担起此项实业建国之重任在上，社会民间自可有种种生产企业，与政府相呼应、相配合，而蓬勃郁起于下。此因中山先生能参酌历史国情，迎合世界时代潮流，双方兼顾，所以在其所指示之大纲领之下，中国现代之社会中层自可获得新生，在国家民族亦可由此有新出路。下略。

四月二十三日，《对中华民国族前途无限的展望》，刊于《青年日报》。此略。

六月，《论朱子与程门之学风转变》，刊于《华冈学报》一期。此略。

六月，《魏晋文学》，刊于《新亚中文系年刊》三期。收入联经《全集》第十九册及素书楼文教基金会·兰台出版社《中国学术思想史论丛》（三）页一九二～二〇五。摘要略。

十一月，《谈学问》，刊于《东南亚学报》第六期。此略。

十一月，《无师自通中国文言自修读本之编辑计划书》。收入联经《全集》第四十五册及素书楼文教基金会·兰台出版社《中国文学论丛》页二九八～三〇六。摘要略。

复智案：先生《师友杂忆》云："余辞新亚职，曾拟从事两工作，一为撰写《朱子新学案》。又一则为编一国文自修读本，供国人有志读中国文言古籍者开一门径,并可供西方人士有志治汉学者得径从读中国文言古籍入手。"

十一月,《人生三讲》,此为马来西亚槟城三次演讲大纲稿。收入联经《全集》第四十二册及素书楼文教基金会·兰台出版社《历史与文化论丛》页一四二～一五六。摘要略。

十一月,《儒学与师道》,此为吉隆坡教师协会演讲辞,刊于一九六六年九月《人生》三十一卷五期。收入同前书。摘要略。

一九六六年　丙午　七十二岁

一　国内大事

三月二十一日,"国民大会"选举第四任"总统",蒋中正当选连任。次日,选举"副总统",严家淦当选。

四月,毛泽东发动"文化大革命",中共科学院院长郭沫若支持"文化大革命"与自我批判。

十月二十五日,第二十一届省运大会在屏东市揭幕。

二　事略

先生于本年二月,因不胜马来西亚之湿气,胃病剧发,提前返港,住马来西亚共八月。

三　著述

三月《老子论宇宙原始》,刊于《李氏文献》一卷二期。摘要略。

四月,为《史记地名考》龙门书店重印本撰《自序》。收入联经《全集》第三十四、三十五册《史记地名考》(上下),二〇〇一年北京商务印书馆印行,页五~二二,文中有云:

余之有意治古史地理,始于一九二二年秋,在厦门集美,读《船山遗书·楚辞通释》,至《抽思》之篇:"有鸟自南兮,来集汉北",船山注:"时屈原居汉北。"余谫陋,知屈原之南迁沉湘而已,顾不知其居汉北也,而文证明白如此,兴趣骤开,遂知留意。翌年秋,始撰《先秦诸子系年》,于屈原行迹多所考订,并旁及春秋、战国时之地理。一九三〇年冬,在北平燕京大学,始成《周初地理考》。后续撰古《三苗疆域考》、《黄帝故事地望考》、《西周戎祸考》诸篇。一九三四年又撰《楚辞地名考》。又别有短篇散作,有关古史地名者,兹不详列。凡此诸篇,中多创辟非常可怪之论,前人绝未道及。如谓太王居豳,字本作"邠",在山西邠水流域,不在陕西凤翔。如言屈子沉湘,字同"襄",乃汉水之别称,非入洞庭之湘水。三苗之居,左彭蠡,右洞庭,彭蠡、洞庭皆在大江之北而不在江南。一时颇引起读者之疑辨。余于古代地理所以敢出此奇论,乃据三大原则互相会通而得:

一曰地名原始。其先地名亦皆有意义可释,乃通名,非专名,《尔雅释山》、《释水》诸篇可证。如"大山宫小山,霍",凡四围大山环拱中央一小山,皆可得"霍"称。一九三一年春,余登北平之妙峰山,观其形势,即大山宫小山之霍也。此山虽不依古称"霍",而取名妙峰,然此山之所以得北方广大居民之崇祠,亦犹古人尊霍为岳之遗意也。凡称"洞庭",皆指地下水脉潜通。江苏太湖有洞庭,传说其水脉与湖南洞庭相通,因此亦名洞庭。此种传说,虽不可信,然亦有甚远之来源。盖古人凡遇泽水干涸,水下地面冒出,若相隔绝,各成一泽。水盛时,则浩瀚一片,露出水面之陆地,又皆隐没不见。乃谓此乃地下水脉之潜通,而名之曰"洞庭"。是"洞庭"有通义,初不专指一水。又如"彭蠡",乃水流湍急,成漩涡,故称"大螺"。彭蠡即大螺也。大江之水倒灌入鄱阳,水急称彭蠡。黄河在龙门之下,为蒲坂、蒲津、雷首、壶山诸险所束,亦水急成大螺旋,故亦称"彭蠡"。是"彭蠡"有通义,亦不专指一水。凡属异地而同名者,因地名本属通义,可以名此,亦可以名彼也。

二曰地名迁徙,必有先后,决非异地同时可以各得此名不谋而合也。地名迁徙之背后,盖有民族迁徙之踪迹可资推说。一民族初至一新地,就其故居之旧名,择其相近似而移以名其侨居之新土,故异地有同名也。余幼年居江苏无锡南延祥乡之荡口,其地多华姓聚族而居,其祖先乃由邻近东亭分支来此,故此两镇颇多地名相同。荡口有杨树港,东亭亦有之。港之两端有卖鱼桥、卖鸡桥,东亭亦有之。即小可以喻大。自西周下至春秋,如晋、如郢、如秦,此诸都邑皆多迁徙,而都邑之名亦随之而迁。近代西方帝国殖民,亦多以其旧居名新邦。春秋、战国时代,华夏诸族活动范围，颇少南达今湖南江西洞庭、彭蠡之记载。余考洞庭、彭蠡之名，最先起于大河两岸，渐及大江以北，后乃移其名而被于大江之南也。

三曰地名沿革，大概腹地冲要，文物殷盛，人事多变之区，每有新名迭起，旧名被掩，则地名之改革为多；而边荒穷陬，人文未启，故事流传，递相因袭。如楚人南迁，屈原沉湘之故事亦随而南迁，湘水之名，始起于今湖南之洞庭流域，此后遂少变改。而大江以北之水地名湘者，反多湮没不彰。洞庭之与彭蠡亦然，今人一提及此诸名，即若自始已在大江之南。至于江北以及中原，苟非博考遗文，悉心搜求，谁复知其早有洞庭、湘水、彭蠡之名之先在乎？故考地名沿革，先起者反多晦灭，后人移用者反多保留，并历久而益显，此又一通例也。

余治古史地名，大率本此三通例。所获结论，骤视之，若怪诞不经，好事凿空，然既有古代典籍文字可证，而据此以推阐史迹，又皆通明无碍，远胜旧说。故敢毅然翻积见，标新得。苟有好学深思之士，平心比观，当知余言之非苟然也。

一九四九年，大陆变色，余只身流亡来香港。此书在大陆，早已排版，原稿亦留在排版之书肆，余仓促间不能携带其已排之清样，又不克索取原稿。到港后久不见出版，乃几度辗转向大陆乞取，而杳无回音。最近港某书肆乃将此排版付印，而又灭去作者之姓名，改为由"某书肆编纂"。不知此书非众手可成，窃自比于古人所谓一家之言，案语中多有余一人之独见。抑且本书之编排，亦有其独特之用心。苟不加以说明，读者得此书，而不明其编纂之体例，仍将多费推求，而不获善为援用，此尤为余之所深憾也。

四月，《唐宋时代文化》，刊于《宋史研究集》第三集。收入联经《全集》第十九册素书楼文教基金会·兰台出版社《中国学术思想史论丛》（四）页三三一～三四三。摘要略。

五月，《人生四阶层》，刊于《人生》三十一卷一期。收入联经《全集》第四十二册及素书楼文教基金会·兰台出版社《历史与文化论丛》

页一五七～一六五。摘要略。

七月，《金元统治下之新道教》，重刊于《人生》三十一卷三期。收入联经《全集》第二十册及素书楼文教基金会·兰台出版社《中国学术思想史论丛》（六）页二一七～二二八。摘要略。

八月，《为新亚学报撰本论语论孔学》，收入联经《全集》第四册及素书楼文教基金会·兰台出版社《孔子与论语》页一六三～一九三。

《论语》二十篇，首篇第一章，已于一九五六年摘要，此略。

九月，《答徐君书》，刊于《民主评论》十七卷八期。收入联经《全集》第三十一册及素书楼文教基金会·兰台出版社《中国历代政治得失》页一七八。复智案：徐君即徐复观先生。徐复观先生撰《明代内阁制度与张江陵（居正）的权奸问题》，质疑先生在《中国历代政治得失》中对张江陵的论断。先生回书中云：

"我总认为历史应就历史之客观讲。若自己标举一理论，那是谈理论，不是谈历史。若针切着时代，那又是谈时代，不是谈历史。这并不是说历史经过，全符不上理论，全切不到时代。只是用心立说，应该各有一立场。我向来喜欢宋明理学家，这是徐君所知道的。宋儒有王霸、义利之辨，这是他们的大理论，直从王荆公到朱子都讲这一套。但就论史的立场，我在北宋比较喜欢欧阳文忠更过于王荆公。在南宋，朱子和陈龙川辩论，我也比较同情陈龙川。

有时时代意见即成为大理论。徐君似乎有些像是站在近代欧美民主政治的时代意见之大理论之下来衡评全部中国的政治史。我绝不是有意菲薄近代民主政治的人，只认为论史该客观，不该和时代意见相糅杂。这一点，我占的地位，还不如徐君有势又有力。从前薛艮斋曾劝陈龙川，说你占的地位先输给了朱晦翁；他在那里高谈王霸、义利，你却想替汉祖、唐宗昭雪，岂不是先站了下风吗？我想现代如有薛艮斋，全会把同样话劝我。

但我们该知道，从共产立场讲，中国全部历史只是一"封建"。从民主立场讲，中国全部历史只是一"专制"。从西洋现代立场讲，中国全部历史只是一"中古"。若真从中国全部历史之本身实情看,我总觉得中国历史并不尽如是。但我若只讲中国的历史,共产党将认我是"守旧",民主主义者将认我"反民主",现代化主义者将认为我"反现代"。无怪陈龙川要叹"无须之祸"了。但我总觉得真要讲历史,实该如此讲。不然受冤枉的,还是在历史之本身。所以讲宋儒理论,纵就喜欢王荆公与朱晦翁;但讲历史,我仍还同情欧阳文忠与陈龙川。

十月十日,《中国传统文化之潜力》,刊于《中央日报》;又刊于《现代政治》十三卷十期。一九六七年五月《革命思想》二十二卷五期。收入联经《全集》第二十三册及素书楼文教基金会·兰台出版社《中国学术思想史论丛》(九)页一一八~一三一。大意谓:

吴晗是一大学教授,专治明史,此刻拿海瑞来派用场。海瑞的评价,乃是人心所同,无可置辩。但要做海瑞却不容易。由此历级而上,直到"颜苦孔之卓"。到孔子才是做人最高榜样。要追随做人最高榜样,才引上你读孔孟《诗书》,学历史上做人。那些在邓拓、吴晗书中,固是未能深入;但至少他们已为中国传统文化提到了做人标准,做人榜样。这是中国传统文化中最重要一项目。由最低标准到最高标准可以一以贯之。由内面讲,你能这样做人,自会感到内心快乐;由外面讲,你能这样做人,自会获得群众同情。我并不是说邓拓、吴晗在为中国传统文化争地位、估新价;我只说他们在极度苦闷空虚的心情下,无端碰到了。从此正可体会到中国传统文化这一股潜势力,至少能叫人在究该如何做人的苦闷空虚中得一指针,得一归宿。

十月十日,为《陈立夫四书道贯撰序文》。收入联经《全集》五十三册《素书楼余沈》。摘要略。

十月三十一日,《总统蒋公八秩华诞祝寿文》,刊于《中央日报》。收入联经《全集》第二十三册及素书楼文教基金会·兰台出版社《中国学术思想史论丛》(十)页三七~三九。摘要略。

十一月,《人之三品类桴楼闲话三篇》,刊于《人生》三十一卷七期。收入联经《全集》第三十九册及素书楼文教基金会·兰台出版社《人生十论》页二〇八~二二四。编者案：联经《全集》及素书楼文教基金会·兰台本均分为《人之三品类》、《身生活与心生活》、《人学与心学》三篇。摘要略。

十一月,于台北阳明山庄演讲,讲辞《漫谈中国文化复兴》,刊于一九六七年六月《人生》三十二卷二期。收入联经《全集》第四十二册及素书楼文教基金会·兰台出版社《历史与文化论丛》页二九~五七。摘要略。

十一月十八日,《复兴文化运动与中小学国语国文之教材问题》,刊于《大华晚报》；又刊于《中国一周》第八百六十七期及一九六七年一月《教育与文化》第三百四十九、三百五十期。收入联经《全集》第四十一册及素书楼文教基金会·兰台出版社《文化与教育》页二七九~二八三。摘要略。

十二月六日,《人学与心学》,刊于《中央日报》。收入同前出版社《人生十论》页二一九~二二四。摘要略。

一九六七年　丁未　七十三岁

一　国内大事

七月一日，台北市升格为院辖市。

七月二十八日，"中华文化复兴运动推行委员会"成立。

十月十二日，"行政院"院会通过《九年国民教育实施条例（草案）》。

二　事略

先生于本年九月二十八日，自香港迁居台北市，先住在市区金山街。

三　著述

一月二十二至二十四日，《中国历史上的道德精神》，刊于《青年战士报》。收入联经《全集》第二十九册及素书楼文教基金会·兰台出版社《中国历史精神》页一二八～一四五。摘要略。

三月五至八日，《中国现代思想》，刊于《青年战士报》。此略。

五月，《中国的人文精神》，刊于《新天地》六卷三期。收入联经《全集》第四十四册及素书楼文教基金会·兰台出版社《中国文化丛谈》页二九八～三一二。摘要略。

五月，《记朱子论当时学弊》，刊于《政大学报》第十五期。收入联经《全集》第十三册《朱子新学案》（三）。摘要略。

九月,《我们该挨多少棒?(述禅宗革命的精神)》,刊于《现代》十七期。此略。

九月、十月,《四部概论》,刊于《人生杂志》三十二卷五、六期,收入联经《全集》第二十五册《中国学术通义》,二〇〇〇年又收入素书楼文教基金会·兰台出版社《中国学术通义》,页一~六一。其大要如下:

复智案:本文主旨在发挥中国传统四部之精义,先生云:"文化不能与学术相分离,欲了解中国文化传统,即不能不了解中国之学术传统。欲研治中国学术,该从中国文化着眼,庶可把捉要点。而研究学术,亦即为了解文化之基础。此篇分经、史、子、集四部,扼要叙述,承学之士,如能由此获得一门径,与失其精神归宿之所在,则作者所深幸也。"

上篇　经学与史学

一　经学

(一)经学向来认为是中国学术中最先起而又是最重要的一门学问。但经学只指对于中国古代相传几部经书之特有研究而言。中国古代经籍,最先分为《诗》、《书》、《礼》、《易》、《春秋》五种,谓之《五经》。其实此《五经》之结集时代并不早,或当年在秦末汉初之际。汉人又称《六经》为《六艺》,而汉代并不曾有"乐"之一经,则《六经》、《六艺》之名只是虚设。《五经》之后,又有《七经》、《九经》、《十三经》之汇集。此下中国经书则只限此十三种,并无再有增添。但所谓"经学",则确然成为中国各项学问中之最重要者,并可称为是中国学问之主要中心。……因此,中国人研究经学,其最高向往,实在周公与孔子其人。周公成为一大政治家,孔子成为一大教育家。中国人认为只有会通综合以上诸经而加以研究,才能了解周公、孔子为人及其在历史上之贡献与影响。……因此,经学在中国,一向看为是一种"做人"之学,一种"成圣"之学。要做一理想人,要做一圣人,便该在实际人生社会中去做，此便是中国学术传统中之人文精神。要接受此种人文精神，必该通历史，又该兼有一种近似宗教的精神，即所谓天人合一的信仰，必该博闻多识，对一切自然界人生界的知识能贯通合一，而从此寻求出一套当前可以活用的学问来真实贡献于社会。此是中国经学所理想追求之大目标。

（二）中国经学应自儒家兴起后才开始。直到西汉初年，经学传统始正式成立。……两汉经学，主要在求政治上应用。（1）当时的政治理论，不依托在神权或君权上，而别有一套合于人文社会历史演进的大理论。此套理论，皆从古代经书中推衍出来，即是从周公、孔子的教训中推衍出来。（2）政治措施不倚重在当朝之法律，或帝王宰相大臣等之私人意见，而必根据在古经书中推衍出来的理论上作决夺。此在汉代历史中皆有实例可举，此乃经学在两汉时代之大贡献。中国历史上文治政府的传统，即在两汉时代奠其基。学经学的当时称"儒"，《史记》、两《汉书·儒林传》中人物，显然与《货殖》、《游侠》乃至《文苑》、《独行》等传中人物不同。儒林人物亦可谓是此下中国学人之标准模范。因此以下中国历史人物乃及学者，必以儒为正统，亦以从政为主要目标。但两汉经学主要精神，比较偏重在政治。当时称孔子为"素王"，又称其"为汉制法"，此因大一统局面初成立，王权骤张，一辈儒生乃高抬孔子与经学把来压在新王权之上，渐渐形成此下历史上一个能接受学术指导的政权，这是汉儒的功绩。

……汉儒必把孔子与周公并举，必把《五经》尊为王官学，此是当时人之经学精神。魏晋南北朝儒学中衰，但此下《十三经注疏》中之大部分工作，实在此时期完成。当时上层政治规模，大体还承两汉，下面门第传统，也由儒家经学中之礼法来维持。但道家与佛教思想盛行，几与儒家三分鼎立。经学上义疏之学，也与当时佛教中人解释佛教经典的工作有关系。

唐代统一，把南北朝时代各家义疏集合起来，勒成《五经正义》，用作政府考试标准。但唐代考试门类中更受重视的却是诗赋文学，而当时人对于人生哲理及教训，则更偏向于佛学。因此，唐代经学，依然是在衰微时代，并可说更比不上魏晋南北朝。但唐代政治光昌，则较之南北朝为远胜,并可媲美两汉。讨论政治,则必依经学,因此经学在唐代人心目中,仍不失其重要性。但此时在政治与人生未免渐分成两途。从事政治事业,在人生理想中只认为是次要者,若论人生最高向往及其终极理想,则不在孔子与五经,而必从佛教经典中去探求。直待宋代,始有"新儒学"兴起。

宋代新儒学之主要目标,在于重新发扬古代儒家之人生理想,俾其再与政治理想通会一贯,把孔子教理来排斥释迦教理。既有新儒学,因亦要求有"新经学"。宋儒努力作新经学运动者,在北宋主要有王安石,在南宋主要有朱熹。此两人可为宋代从事复兴新经学运动之代表。王安石所努力者,先把唐代政府的考试制度侧重诗赋文学方面者,重新挽转,把重心再移到经学方面来。王安石又想把六朝以下经学义疏简单化,他只举《诗》、《书》、《周官》三经,作为新注,当时称《三经新义》,亦称王氏新学。但王氏新经学之内容,并不为当时一辈新儒家所满意。因其于古代儒家所揭举之人生最高真理阐发尚少,如是则仍不能与佛学相争衡,于是乃有"关"、"洛"理学家出现。

但北宋理学家虽能创出一套新的理学来,以与佛学相抗,却并未能完成一套新的经学来直接先秦与两汉之旧传统。直到南宋朱子,才在中国经学史上掀起了绝大波澜,上接古代传统,而完成一套新经学。朱子为《诗》与《易》两经作新注,更重要的是另定《论语》、《孟子》、《大学》、《中庸》四书来代替古代《五经》的地位。

《论语》一向为两汉以下中国社会人人所必读。但汉代,《论语》只是一种小学教材,其地位比不上《五经》。孟子则列在子部儒家,不算是经。唐韩愈始提出孟子,认其直接周公、孔子之传统,宋人遂把《孟子》亦列为经。唐以前,儒家总把"周公、孔子"并称。宋以后,始改称"孔、孟"。这里面有一极大的转变。周公、孔子并称,则孔子之重要性,在政治方面则超过了其在教育方面者。今把孔子、孟子并称,则孔子之重要性,教育方面的始超过了政治方面的。单就此一转变言,不能不说宋儒认识孔子,已在汉唐儒之上。

(三)今再综合一提中国经学之主要精神。中国文化体系中缺乏宗教,向来中国人则用经学来补偿此缺憾。一是天人合一的观念,对于宇宙真理与人生真理两方面一种最高合一的崇高信仰,在《五经》中最显著,最重视,而经学成为此一信仰之主要渊源。二是以历史为基础的人文精神,使学者深切认识人类历史演进,有其内在一贯的真理,就于历史过程之繁变中,举出可资代表此项真理之人物与事业及其教训,使人有一种尊信与向往之心情,此亦在经学中得其渊源。三是一切学术宗旨,应能创造出人物与时代来为此真理作实证。四是一切学术应在此最高真理下会通合一,不应有过分的门户壁垒。此两项亦在中国经学中演出。上述四项,可说即是中国儒家的精神与理想所在。此下的问题,是在如何能把此四项精神与理想具体摆出,列举几部重要的书,开示学者以研究的门径和方法,教人从此寻问上去,而各自接触到此四项精神与理想,这便是中国经学之成立及其不断变动革新之所在了。

因此,在中国学术史上,是有了儒家而才有经学的。是有了新儒家而才有所谓新经学的。若儒家精神漫失了,专来讲经学,那是一种无灵魂的经学,不是真经学。清代经学便有此趋势。但若我们忽略了一向的经学传统来讲儒家思想,那也是一种无骨骼的儒家,也非真儒家。民国以来讲儒家的,便有此倾向。此下的中国,是否要复兴新儒家与新经学,又如何来复兴新儒家与新经学?我将暂不在此深入讨论。但至少要能了解中国以往经学的大传统,才能了解中国文化与中国学术。本篇的主旨即在此。

二　史学

(一)……中国历史记载,自始即含有一种褒贬意义,即价值批判与人格评论之存在。春秋时代,列国皆有史官,本由周天子中央政府派出,分处列国,职位世袭,其名义不属于封建诸侯之下。……在中国历史上正式成为第一个史学家的,应推西汉的司马迁。他写下一部《太史公书》,后人称为《史记》,他自承为师法孔子《春秋》。《汉书·艺文志》把司马迁《史记》归入《六艺略·春秋》类,可见直到东汉初年,史学还是附在经学之中,独立的史学观念,还未确立。司马迁自称他写《史记》》,将以明天人之际,通古今之变,成一家之言。这三句话,成为此后中国史学家著史一种崇高的目标。要把人文历史会通到宇宙自然衍变,而明了其间之分界所在，此即是"明天人之际"。要把人文历史来贯通古今，认识人类历史趋势与衍变大例，此即是"通古今之变"。要胜任完成此两大目标，必具备史学家所特有的一种深识独见，历史记载虽是根据客观事实，但亦寓有史家自己主观的见解，此即所谓"成一家之言"了。

（二）上面说的是中国的史学精神，下面再说中国的史学方法。我所说的史学方法，主要从史书的体裁说起。中国史书，大别可分为三体。一编年本，二列传体，三纪事本末体。"编年体"起始最早，孔子《春秋》以下如《左传》，至宋代司马光《资治通鉴》皆是。编年体之长处，在其逐年逐月随时把事件记下，较之事后追述，可以更客观，更易把捉到历史事件演进之真相。……而且列传体也极富一种启示性的教育意义。任何一人物，不问其事业大小，乃及其在历史影响上是正面或反面的，只要他对历史有影响，中国史书中关于此种人物，往往为之分类立传。在某一时期某一人类特别活跃，便可为之立一新类。如《史记》有《游侠传》、《货殖传》，《东汉书》有《文苑传》、《独行传》等。任何一人物，不问其或幸或不幸，或成或败，此人一生之意义与价值，都和他本人的天赋才智与其德性修养及教育过程有关系。此项真理，在中国历史记载中充分地透露。正因中国史家看重人物，使人容易了解每一人可能在历史上发生之意义与影响，每一人能在此下历史上发生某一种价值。此一真理之显示，乃中国史学一种最大的教育功能。……中国史中之编年与列传，可说是记录了历史之动态，书和志则比较是记录了历史之静态。所谓静态者，指其能绵历较长时期而言。以其所记贯通各代，故对断代史言，此等体裁乃称为"通史"。

下篇　子学与文学

三　子学

（一）中国经、史、子、集四部之学，又可分作两部分。经、史先有，在古代属于"王官学"。子、集后起，在古代属于"百家言"。王官学是一种政府贵族学，百家言是一种社会平民学。

四 文学

（一）中国集部之学，普通称之为文学。但论其内容、有些并不是文学，而与子部相近。若就文学的广义论，在中国，四部书中都有在文学上极高的作品，惟专注重文学的集部之出现，则在四部中比较属最迟。讲到中国文学，必溯源于《诗经》。就集部论，《诗经》亦可称是一部"总集"。总集是以作品为主而编集的。总集之后有别集，别集是以作家为主而编集的。被称为文学家的，在中国历史上出生甚迟。被称为专门文学家的，兴起更迟。可证独立的文学观念，在中国是兴起很迟的。但中国人对文学之爱好与重视，则很早在历史上有明证。从这上面，我们可以获得，关于中国文学之内在特质及文学史发展之特有过程，一种最佳的启示。

其实周公便该算是中国古代第一个杰出的文学家。《诗经》中许多作品，相传系周公作。至少周公是首先懂得文学在人生中的价值，而首先把文学功能来运用到政治场中的。《诗经》三百首的作者，无法一一详考。但《雅》、《颂》两部分，全使用在政治场合，无疑由当时政府中人握笔。十五《国风》中，应有不少社会作品，但亦经政府中加以采集改制，仍可说由当时政府中人来完成。因此，《诗经》之结集，最先当始于周公，而中国第一部文学书——《诗经》，其实由上层政府产生，在当时是一种王官学，在后代则目为一部经书。

中国文学的第二部总集是《楚辞》，《楚辞》的主要作者是屈原。屈原可称为中国第一个被公认的文学家。但实际屈原仍是一位政治家，他的政治事业遭到失败，一番忠君爱国之忱，郁积胸中，无可发泄，才始有《离骚》之创作，成为中国古代一篇最有名的文学作品。但在屈原内心，并不曾想把创造文学来自成一家。屈原仍与周公同样，是由"政治"事业中引生出"文学"来。这正是中国文学之最先渊源，这是中国文学史发展的一条特殊路径，可资说明此下中国文学史上一项特殊精神的。……由上看来，中国文学最先表现在政治上层方面，随后始移转到社会全部人生方面来。而作为文学之内在骨干，或称为文学主要内容的，却是儒、道两家。所以"文学"与"人生"合一，是中国文学一条大主流。

（二）汉赋大体来说，只是一种宫廷文学，汉赋作者自说他们是上承《诗经》、《雅》、《颂》，但其内在精神实不同。汉赋徒然在谀颂王室，初无作者之内心表现，决不是中国文学之正宗。

（三）略。

（四）我在上面子学篇，已把中国思想传统，分别提出先秦儒、道两家，隋、唐时代之中国佛学，及宋、明理学之三大时期，而扼要举出其在思想方法与求知态度上，几许共通点，已提出中国人对宇宙真理与人生真理之抱有一种共通的最高信仰之所在。此篇讲中国文学，种种阐述，多与上篇《子学篇》意旨相通。换辞言之，子部之学实与集部之学相通。每一理想的文学家，同时即是一思想家，特其表达之方式有不同。中国第一流的文学家及其文学作品，乃无一而非于此信仰与智慧中透出，因此，子部与集部亦同样可以代表着中国传统文化主要精神所在之一面。此下中国新文学兴起，无疑仍会曲折走上此一路，特其具体的形态之变新，则无法预知。

十月十六日，致杨联升一书，收入联经《全集》五十三册《素书楼余沈》。其中有云：

西方大都市乃是西方文化之馒头尖，又如宝塔顶上之相轮。朱子最戒人做学问只吃馒头尖，明道说荆公论学如对塔说相轮。今日东方人追求西方文化，却从大都市繁荣上着眼，则亦是对塔说相轮，吃馒头只吃一尖，因此想到"迎头赶上"四字要不得。一切仍须按部就班，无可以迎头赶上之理。追随学步则可，如何能迎头赶上？读书做学问如此，创兴新文化更不易。此层乃穆最近悟到。此须大政治家心知其意，通体筹划。书生见解，却可指示一正确方向与正确道路。

十一月，于台北孔孟学会演讲，讲辞《谈朱子的论语集注》，刊于一九六八年一月《孔孟月刊》六卷五期。收入联经《全集》第四册及素书楼文教基金会·兰台出版社《孔子与论语》页六八～七九。大意谓：

朱子三十四岁时，写了两部书：一为《论语要义》，一为《论语训蒙口义》。他自己说，前书之成，"先遍求诸儒之说，合而编之，晚亲有道，尽删余说，独取先生及其门人、朋友数家之说。待《要义》既成，以其训诂略而义理详，因为删录以成《训蒙口义》"。

朱子尝说，读《论语》，只当没有《孟子》；读《学而》第一章，只当没有《为政》第二章。因为他把各家有关此章的说法汇合来看，参伍比较，读完前一章，再用同样方法读后一章；是以用力大而费时久。等他拜李延平（侗）为师，所谓"晚亲有道"，才感觉到讲法应有一个标准。惟二程之说，最为可信。因此，他这一时期成此《论语要义》，乃是采取他父亲以至李延平意见，从二程门人来参二程；从二程来参《论语》之一途径。至于《论语训蒙口义》，乃是"本注疏以通其训诂，参释文以正其音读，会之于诸老先生之说以发其精微"。乃是把思想、义理方面加以删节，加进了训诂和音读。但此二书可惜都失传了。

朱子在二十几岁时，师李延平，三十四岁时作《论语要义》和《论语训蒙口义》。到四十三岁时，又把《要义》一书改写为《论语精义》，后又改为《论语要义》，但此是后来的《要义》，并非三十四岁所成的《要义》了。过不多时，他又把此书改名为《论语集义》。我们只照此几番书名之改定来作推想：朱子起初推崇二程，因及其门人与同时朋友的讲法，汇成《要义》。后来愈研究愈觉得其中之深趣，故改书名为《精义》。但过了一段时候，又觉得他们的说法有些并不很"精"。他说："《精义》中惟程先生说得确当。"所以又改名为《要义》。此时只认为其所收诸家之说，亦甚重要，却不一定都精确。但再过一段时候，他又感到《要义》也有些不很"要"，所以终于复改为《论语集义》。

朱子开始服膺二程所讲，因而遍求之于程门诸弟子，及其同时往来讲学诸友。其后对二程门人说法有不满意，最后对二程说法也有些不满意，所以把他的书名也只叫作《集义》了。至是，朱子已经五十一岁，而他的《论语集注》，却是在四十八岁时写成。

再说《论语集注》和上三书不同处。上三书只是罗列各家说法来通《论语》，而《论语集注》则完全以《论语》本文为主，而加以解说。朱子自己说，约《精义》、《口义》之妙得本旨者为《集注》是也。

朱子写《论语集注》，同时又写《论语或问》。因为许多人的讲法，本收于《论语精义》、《要义》等书者，此刻写《集注》，则采取了各家

一九六七年　丁未　七十三岁

说法的并不多。为何要取此舍彼？其理由则详于《或问》中。朱子自己说，"疏其去取之义为《或问》"是也。我们若能先看《论语精义》，再看《论语集注》，然后看《论语或问》。从朱子写此数书之经过，便可知道朱子为学逐步前进的层次。

《论语集注》可说是朱子一生用功《论语》最后所得的结果。此书完成以后，大家便只读他的《集注》，而忽略了其它两书。所以朱子常劝人看他的《精义》，好多研究各家的见解，比较它们的得失，也使自己多启发。他说：精力强的人，既看《精义》，又读《集注》。如果没有这分精力，则只看《集注》便也可以。这因为《集注》太简要，故必以《集注》和《精义》对看，研究两书不同所在；然后再去求解于《或问》，才会明白《论语集注》的取舍。

十一月十二日，《中华文化复兴运动一周年》，刊于《青年战士报》。此略。

十一月二十一日，于中国侨政学会演讲，讲辞《华侨与复兴中华文化运动》。收入联经《全集》第四十四册及素书楼文教基金会·兰台出版社《中国文化丛谈》页一五三～一六五。本文论及西方殖民与中国华侨之分别，先生云：

近代西方殖民有两特性：一是帝国主义的武力扩展，一是资本主义的经济剥削。他们的殖民，往往由一个大公司大行号组织成，有庞大的经济背景，又有国家武力大炮战舰为后盾。住下以后，并有他们社会的宗教法律为助。他们的殖民，每到一地，都是高高在上，和侨居地的人民对立。争夺领土和保持主权，为西方殖民必然附带的条件，最高希望，是其国家凭恃殖民势力来统治其殖民地。其次则从殖民地剥削来增加其国家之财富。

反观我国侨民，跑到国外去，性质便迥然不同，中国"侨"字的意义只是暂时移居，或说是寄居，如东晋南朝时之侨郡，便是暂置的非永久的，直至明代以来的海外侨民，都是这样，只是暂居，不作久计。他们往国外，都属私人行动，政府只采放任主义，不加干涉，亦不特别加以保护。其目的只在向外谋生,因此中国海外侨民,开始大部分都是贫穷的人,虽是一批批的去,实际则都是单枪匹马,并无组织。他们到了国外,只求投入于其侨居地的社会,帮助当地人开发、生产,由此来获得其个人或其小家族之生存。因此我们华侨和其侨居地社会是融成一体的,对其侨居地有帮助,无损害。不像西方殖民,是以一个有组织的团体来插进当地社会,而始终保持其与当地社会之对立。我们的侨民,既没有国家武力作后盾,亦没有为祖国扩张领土的野心。我们的政府,对于这些侨民,几乎也可说任其自生自灭,不会为侨民争地位而有意去干涉到侨居地之政权。

十二月,《朱子从游延平始末》,刊于《清华学报》六卷一、二期。收入联经《全集》十三册《朱子新学案》(三)。摘要略。

十二月,《中国文化对西方世界之贡献》,刊于《革命思想》十二卷五期。此略。

十二月十七日,复兴中国文化会第十次学术演讲讲辞《复兴中华文化人人必读的几部书》,刊于一九六八年二月六日一八日《青年战士报》;又刊于《中国宪政》四卷三期。收入联经《全集》四十四册及素书楼文教基金会·兰台出版社《中国文化丛谈》页一九六。摘要略。

一九六八年　戊申　七十四岁

一　国内大事

一月十九日,"立法院"院会三读通过《九年国民教育实施条例》。

六月二十八日,旅日围棋国手林海峰赢得第二十三届"本因坊"头衔。

十月二十四日,"行政院"院会决定兴建核能发电厂。

二　事略

先生于本年七月迁入外双溪"素书楼"。承先"总统"蒋公礼遇,该所之建筑,全由阳明山管理局负责,并为政府一宾馆。公费建筑庭园小楼,背山临溪。先生署榜"素书楼",用以纪念当年七房桥五世同堂第二大厅"素书堂"。七月二十八日,先生膺选"中央研究院"院士。

三　著述

一月一日,《变与滥》,刊于《自由谈》十九卷一期。收入联经《全集》第四十四册及素书楼文教基金会·兰台出版社《中国文化丛谈》页八七～九二。大意谓:

《周易》"易"字,第一便是"变易"义。一部《易经》,只讲个变易。故曰:"穷则变,变则通,通则久。"《易传》里每以事业与变通并言。能变通,此事业始可久。不可久则亦无事业可信。但变非人人能之。《易》之《革卦》九五说:"大人虎变。"上六说:"君子豹变,小人革面。"此是说只有极少数大人君子始能变。群众小人非不想变,但不知变,不能变,则只能革面。革面亦是变,只是变的外皮,并不能在骨子内里变。大人君子变了。群众小人亦革面相从,而后其变始定。

《周易》"易"字之第二义是"不变"。事有当变，有不当变，亦有当不变。此非大人君子不能辨。孔子告子路说："君子固穷，小人穷斯滥矣。"又曰："道之不行，已知之矣。"道穷不行而仍须固守不变，此更非大人君子不知不能，小人则穷了急要变，于是变而滥。"滥"是流滥、放滥、泛滥之义，如水流离其故槽，四散横溢，遇低洼处即去，尽自向下流。下流那可居，于是更要变，却变而益穷。在小人尚自以为求变，而不知其变是滥。一川之水，变而为一条干涸的废槽，那些水滴，则就不知去向了。

《革》之初爻："巩用黄牛之革。"《象》曰："巩用黄牛，不可以有为也。"这是说当革之初期，最怕是急欲变，急欲有为。黄牛皮坚韧，可以用来约束使物不流散而团结巩固。不是用来防变，乃是用来防滥。群众一知前面道路穷了，于是急得争着变，但又不能真知如何样变。弃却旧的，争向新的，泛滥四出，不可收拾。那时便是正少一条黄牛皮带子来约束来指导人慢慢地向一条正路上去变。

一月一日，《反攻复国的展望——历史决定在人道与天理》，刊于《青年战士报》。收入联经《全集》第二十八册及素书楼文教基金会·兰台出版社《中华文化十二讲》页一三三～一四二。摘要略。

一月二十五日，于"国防研究院"第九期思想文化课程演讲，讲辞《中国文化之成长与发展》，刊于四月《东西文化》第十期；又刊于一九七〇年七月《公教智识》第四百七十期、一九七五年八月十六至二十九日《青年战士报》。收入同前出版社《中国文化丛谈》页三二～六八。摘要略。

一月二十五、二十六日，《故友刘百闵兄悼辞》，刊于《中央日报副刊》。收入联经《全集》第五十一册及素书楼文教基金会·兰台出版社《八十忆双亲师友杂忆合刊》页三八三～三八八。摘要如下：

复智案：先生文中记载：刘百闵先生早年曾译日人五来欣造《中国儒教对于德国政治思想之影响》一书，先生即"不胜暇想，如见其人。"

其后先生"滞留港、九前后十八年,往来最密者,实惟百闵夫妇。""新亚之创始,及我最后之辞职,其间种种,惟百闵知之最悉,而又与我同情。"

刘百闵先生任教港大中文系前后十五年,其在港后之著述,先有《经子肄言》;而于易学最所用心,撰有《易事理学序论》、《周易事理通论》。

先生云:"百闵于学术,不喜为专家,亦绝无门户之见。其先受业于夏灵峰,嗣则见知于马一浮。我尝读夏氏书,亦曾与马氏往来,故百闵尤喜为我追述其幼年问学往事。于夏氏屡屡称道,于马氏更乐回溯。其于夏氏,盖得其理学严谨之传绪,于马氏,则深赏其诗文风流之趣。其练达事务通洽人情似马氏,其立身有主不逾大节似夏氏。其学尤于古经籍及宋明理学家言为娴熟。然每誉我散文小品,杂见于报章,或得之他人处,别人所不注意者,百闵每加称道,认为有古人文章家法。"

二月,《人之三品类》,刊于《革命思想》二十四卷二期。亦即《桴楼闲话之一》,收入同前出版社《人生十论》页二〇八~二一三。摘要略。

三月十六日,中国历史学会第四届年会讲辞《略谈当前史学界》。此略。

三月二十九日,《民族与文化》,刊于《青年战士报》;又刊于四月《中华文化复兴月刊》一卷二期。案此文为《中华文化十二讲》之一。收入该书页五六~七〇。摘要略。

四月,于政治大学教育研究所演讲,讲辞《中国教育制度与教育思想》,刊于一九七〇年四月、五月《中华文化复兴月刊》三卷四,五期。收入联经《全集》第三十册及素书楼文教基金会·兰台出版社《国史新论》页二二九~二六七。大意谓:

中国历代政府,西周不论,两汉以下,几乎无不注意国家公立教育之建树。然惟两汉太学最为持久,并有成绩。明代国子监已不能相比。

其它如唐、宋两代，虽亦曾尽力提倡，而国立教育之被重视，实仅昙花之一现。外此率皆有名无实，未见绩效。在中国教育史上，其真实具影响力者，多在社会私家讲学之一途。战国诸子乃及宋、元、明三代之理学，声光最显，绩效亦大。即魏晋南北朝以至隋、唐时代之门第与佛门寺院教育，亦不能谓无贡献，此其一。

而且公私教育，常成对立之势。若论中国文化渊源，先有周公，后有孔子，此两人厥功最伟。然周公在上，先秦所谓"官学"，由其创始。孔子在下，先秦百家私学，承其轨辙。两汉太学，以《六艺》为教，此则作于周公，传之孔子，故汉人并尊周、孔，公私融会，而周公当尤在孔子之上。故《论语》仅列于小学，《五经》始得立博士，入大学。是即官尊于私之意，直至唐代犹然。自宋以下，周、孔乃改称孔、孟，又以《四书》上驾《五经》。元、明、清三代取士，均先《四书》，后《五经》，是为私家学上驾王官学一确切之明证。此其二。

中国人常称"政统"与"道统"。尊政统则主以政治领导学术，尊道统则主以学术领导政治。自东汉之衰，以政治领导学术之信心破毁无存。下及南北朝之宋代，其时国立太学，分玄、史、文、儒四学，玄居最先，儒列最后，则周、孔经学已屈在庄老道家言之下。此实已见道统尊于政统之意向，盖其时视庄老为得道统之正，而周、孔则似居政统之列。唐代兼崇道、佛，佛教东来，本有"沙门不拜王者"之说。唐代帝王则奉僧侣为国师，帝王转拜沙门。太学所讲虽是儒学，然儒属政，佛属道，儒不如佛已成一时公见。唐人考试，本分经义与诗赋两项，然明经出身远不如进士。进士考诗赋，则时人之视诗文学亦犹占儒学之上。唐人又崇老子，与汉人不同。汉人崇黄老，其着眼点在政治。魏、晋以下崇庄老玄学，其着眼点不在政治，纯在玄学论道，其价值乃超出儒家周、孔经学崇政之上。唐人承此意而来。是则此一时期已成为道统高出政统之时期。道、释出世法被视为乃道统所在。周、孔经学乃入世法，仅当领导政治，不能为人生作领导。故其时僧人、道士皆得称"师"，而儒家转不敢自称师。韩愈在太学掌教，则仅是一学官。乃为《师说》，挺身以师道自任，曰："师者所以传道、授业、解惑"，然韩愈亦仅为一古文师。其自称："好古之文，乃好古之道。"斯则韩愈亦未脱当时人重视《文选》

之意见，乃提倡古文，仍欲导人由文入"道"。又为《原道篇》，竭论道在周、孔，不在老、释。此论乃上承旧传，下开宋、元理学之先声。要之，唐人群认老、释始是道，文、儒则皆出其下。考试以文为准，学校以儒为教，此则皆在政统一边，而政统则居道统下。故韩愈之论，实际终不得大行于世。此其三。

宋代理学家兴起，乃重尊孔、孟道统。老、释不言政事，政统屈居道统下，相互间事可无争；孔、孟论道亦兼论政，果将以学术领导政治，则两者间终不免有争。北宋曾禁洛学，南宋亦禁朱学。阳明在明代，亦屡受政府压制。而东林则在政府间掀起大争端。清代压抑学人更甚，学者竞逃入故纸堆中，其治经仅为考古，不敢侵议政事。然而道统高出政统已成社会公见，清廷亦无奈之何。朱子在南宋，亲受伪学之禁。而在清代，则备受朝廷崇奉。学者乃以训诂、考据反朱，其意端在反朝廷科举之功令。以历史大趋势言，在野讲学，其势力常超过政府所提倡，而政府亦不得不屈意以从。先秦诸子尤其著例。两汉博士今文经学，终为民间古文经学所替代。唐代考试重文选，韩、柳古文运动亦崛起代之。清廷以理学家四书义取士，终不敌在野之汉学。此皆其荦荦大者。然则就中国文化史言，学术教育命脉，常在下，不在上。此其四。

惟中国历史传统，虽上下皆知重教育，乃从未有坚稳之学校基础。大率言之，尤其在社会之下层，除却地方乡里小学外，可称为有师长，有学徒，而可无学校。学徒亦多属成年人。主要乃在有大师之讲学。有其师，则四方学徒响应雾集。主要在获得一项为学方针，归而自学。师道殒落，则学亦中绝。此其五。

以上罗举数项特征，若问其所以然，则在此等特征之背后，正可见中国民族性、中国文化传统，乃及中国历史大趋势，具有一番精神力量，有以使然。其间自不能无长短得失。然今日从事新教育者，则于此诸项，不能不知，庶可释回增美，使当前之新教育，不致与自己国家民族文化传统历史大趋势脱节，或甚至于违背乖离，此则今日从事教育事业者，所当共同勉力以赴。

今再续述教育思想。全部中国思想史，亦可谓即是一部教育思想史。至少一切思想之主脑，或重心，或其出发点与归宿点，则必然在教育。

中国一切教育思想，又可一言蔽之，曰："在教人如何做人"，即所谓做人的道理。如儒、如墨、如道，何尝不是都讲的做人道理。即从政做官，亦只是做人道理中之一枝一节。因此中国人看学术则必然在政治之上。亦绝不看重如西方般纯思想之思想，而必求思想与行为之相辅并进，与相得益彰。一切思想，必从人生实际行为中产生，亦必从人生实际行为中证实与发挥，最后亦必以实际人生为归宿。故中国传统思想，则必带有教育成份。中国一思想家，同时必是一教育家。中国人看重一思想家，不仅是看重其思想与著作，同时必看重其人，看重其实际人生中之一切行为。故凡属一大思想家，则必然同时成为一大师。后人读其书，必知师其人。此所谓能自得师，尚友古人。若把其思想从实际人生中抽离，即不成为思想。

可以说中国教育特所注重，乃一种"全人教育"。所谓全人教育，乃指其人之内在全部生命言。贯彻此内在全部生命而为之中心作主宰者，乃其人之心情德性。因此中国教育，此较上常忽视了一种偏才教育。人各有才，因才成学，各有其用；但不免各有其偏，不能相通。其相通处，乃在其人本身之外，而不限在其人本身之内。自外面人事言，虽亦相通；自内部人生言，则一切知识才艺，固是各不相通。故孔门四科，德行为首，言语、政事、文学皆其次。因人生相通惟在其德行上。言语、政事、文学皆属人事方面，则各自分别，不易相通。故孔子虽以六艺教，而曰："志于道，据于德，依于仁，游于艺"。其教人终以道德为重，才艺为轻，显然可见。其告子夏，曰："汝为君子儒，无为小人儒"。子夏长文学，终是落在一偏，故孔子勉其自务于广大。樊迟请学稼，又欲学为圃，孔子称之曰"小人"。因其亦是志于一偏。凡属知识技艺，则终必偏至。惟人之所以为人，为其全生命之主宰与中心，属于心情德性方面者，则贵于得"大全"，贵于能相通，尤为人类所以贵有教育之最大宗本所在。孔子此一教育宗旨，后世莫能违。成为中国教育史上一大趋向。

六月，《从中国固有文化谈法的观念》，刊于《中华文化复兴月刊》一卷四期；又刊于一九七六年十月十六、十七日《青年战士报》。收入同前出版社《中国文化丛谈》页一三六～一四三。大意谓：

近人受西方思想影响，好谈法治，而仅知有申韩，不知孟子曾言："上无道揆，下无法守。"明以"道""法"平提，道犹如水流，法则犹是堤防，两者相辅而成。揆，度也。道之审度之权在上，厘定大计，定而为法，使在下者有所遵守，而天下治。孟子又设想舜为君，皋陶为士，即当时之司法部长。设舜之父瞽瞍杀人，皋陶欲治之罪，舜当如何处理？舜若依皋陶入父于罪，则有悖于父子之大伦；苟欲顺父子之情，而皋陶守法不屈，又不能强其枉法以从。在舜实为进退狼狈，欲求两全，不使皋陶失职，则惟有偕父潜逃远避海滨，自己把君位丢了。由此可见儒家对法重视之一斑。

中国历代定法尚有律例之分，律是定法，例属判法，"律"有不能包括的许多特别事情，须得活判，乃产生了所谓"例"。经著为例，则嗣后类此情形者均可援例而判。执法者苟认其事不合于某条之律，则适用某例而加裁判，其结果虽若有不合于律处，而却反为合于理。故例乃律之变，例愈多，适用范围亦愈广愈密。几经演绎之后，后人又将前代之例著之为法，又复因应时变增加新例。要之，例所以补法律之不足，而使判案能得事理之平。例是在死法中寓活法义，而义理深微，故学法者贵能为一通人。

六月二十五日，致杨联升一书，收入联经《全集》第五十三册《素书楼余沈》。其中有云：

林海峰本因坊赛第六局，此间事先均已预办好了爆竹，待到深夜哑然而止，遇见熟人虽不谙手谈者，亦能谈林海峰之棋赛，爱国家爱民族文化只能在此等处求发泄，而终于临时发泄不出，亦可悲也。穆每逢赛期，亦必守候电视新闻夜深不睡，误了明日之写作课程。亦因睡了不能入梦，不如痛快坐候也。

七月三、六日，《展望反攻复国的前途》，刊于《自由报》。收入同前素书楼文教基金会·兰台出版社《中华文化十二讲》页一三三～一四三。摘要略。

七月二十四日，《国史规模的宏伟——国史漫谈》（一），重刊于《自由报》第八百七十四期。收入联经《全集》第三十二册及素书楼文教基金会·兰台出版社《中国史学发微》页一~四。摘要略。

七月二十四日，撰《中华文化十二讲之序》，收入同前出版社该书页三~七。摘要如下：

我去年八月曾在空军松山基地作过一次讲演，题为"反攻复国前途的展望"。十月来台定居。十一月又赴空军各基地作巡回讲演凡八次，以中国文化为中心分讲八题。"空军总部政治作战部"整理各次录音，送我校改，集为一书。并增附我在三军联合参谋大学，海、陆、空三军官校分讲三题及"陆军第二集团军官团"一讲，取名《中华文化十二讲》。

讲述文化，必从两方面入手。一则文化千头万绪，必从其各方面各部门分别探究，而认识其相互汇通，以合成一大体系。二则文化非一成不变，必从其历史演进中分别探究其随时因革损益，以见其全体系之进向与其利弊得失长短轻重之所在。我在对日抗战时期曾写《中国文化史导论》一书，即从以上两点着眼。

避共居港，初次来台，曾在师范大学及"陆总政战部"作过两番连续性讲演，均记录成书，一篇《文化学大义》，一为《中国历史精神》。嗣又在"国防研究院"讲"民族与文化"，亦将讲演记录成书。此次空军讲演，乃我对中国文化作有系统讲演之第四次。每次所讲内容，均从某一角度，偏重在某一方面发挥。虽可相通互足，而其着眼与侧重点则并不全同。读我此十二讲者，倘能再看我以前之各集，庶于我所阐说有一更完备之了解。

我此次遍历空军各基地，获与各地官长士兵接触，参观其各项设备与活动，深信我空军健儿精神饱满，志气壮旺，退足以保安全，进足以胜任反攻复国之大命。并使我更益深信我中华传统文化精义，实无背于时代潮流，而仍有其更高更大之启示。即以我所目睹之空军生活而言，亦可有不少之例证。

我常爱读唐以下各派禅宗祖师与宋明理学诸儒之《语录》，尤其关于心性修养方面，认为此乃我中华文化传统精要所在。此次历经空军各基地，虽属匆促，却觉空军生活实有堪与禅宗理学之所揭示相证发者。从前禅宗及理学家修心养性，有一共通主要之点，厥为"空诸所在，系心一处"。理学家说"敬"说"静"，敬则教人随时随地心主一处。静则教人心主于一，更不为其它外物所动。理学家所反对于禅宗者，禅宗祖师只求系心一处，而不复求此心之"用"。故理学家谓之"有体而无用"。心系一处是为体，此心落于空虚则无用。故又谓其"弥近理而大乱真"。今我所睹空军生活，其实亦是要系心一处，然而却是系在一真实有大用处。试问驾驶飞机，升空临敌，在个人则是一死生关头，在国家民族文化传统则是一存亡绝续关头，岂止军事上之或胜或败而已。若非心在一处，焉能胜任而愉快。

我观空军各休憩室，均称待命室。一当命下，即有紧急之动作随之，其间不容以瞬。孔子曰："不知命，无以为君子。"人生实各有一大责任、大使命。若我们知得有此大命在身，自然会无朝无夕、无作无息，而此心常主在此。常动即是常静，常静即是常动。动静一致，使此生命永恒圆满，无亏欠，无间断，此乃人生最高境界，亦即人生最高理想。

空军某一军官告我说："每一基地，地勤空勤，各有分职，而莫不紧密相关，联成一体。若一人一职疏失，即可影响到全体之各部。"我又参观某一基地，其士兵终日夜坐暗室中监视雷达，稍有踪影，即遍告各地。其所任职务，极单纯，又极严肃。若论其部队之本身生活，则可谓干枯之至。然其在全军中之任务，则实是机动之至。空军后方如前线，平时如战时，故能使其全部队，人人具有紧密联成一体之警觉。使人人各自系心一处，而其各别系心之处则相互会合，融成一体而后可以完成全体空军之一大使命。

我又参观空军驾机升空之种种衣装设备。在其一身，自顶至踵，几成一机器人。其机上座位四周，则完全是一机器世界。人则在此机器世界中全仗一心指挥运使。科学愈进步，机械愈发展，在此愈益唯物之环境中，乃愈见心灵活动之重要。物则依心为主，心则与物为体。宋儒"万物一体"，"民吾同胞物吾与也"之格言，在空军生活中，岂不更易具体指陈其内涵意义之真实性。

我因此次到空军各基地，遂更亲切悟到中国禅宗与宋明理学家所发挥之"心性修养",实非仅在深山寺庙与私人书斋中一番闲谈论、闲工夫。即使现代最机械、最紧张的斗争场合中,依然同样需此训练,合此教义。空军如此,海军、陆军事可例推。军队如此,工商实业界亦可例推。军事与经济如此,政治、教育乃及其他一切文化要项,同样亦可例推。要言之,中国历史上唐、宋、元、明四代禅宗理学家所言心性修养工夫,既可通之现代最机械最紧张之空军生活,岂有不能通之其它职务乃及一应日常人生之理。我中华文化传统中所言之心性修养,更当上溯之于先秦儒、道两家,而更主要者则为孔孟教义,此诚我中华文化主要精义所在。只要我们每一人从其各自岗位上,能善加体会,善加推扩,上达至于全民族、全人类之文化大体系上,而心知其意,则凡我中华先民先哲之所启示,其在人类心性精微处,在人类生活广大处,早已提纲挈领,抉发出其大义,揭露出其要旨,为我们奠下了一基础,指示了一大道。

莫要说我们今天该是一民主社会了,其实民主社会仍需要此一套人生之大理论与大方向。莫要说我们今天该是一科学时代了,其实科学时代亦仍需要此一套人生之大理论与大方向。而要走上此大方向,实现此大理论,则有待于我国人各自有其一番心性修养。惟此最为我中华文化传统对全世界全人类文化前途有其大贡献之处。我此十二番讲演所特别着眼注重之点,亦正在此一角度上。因此在本书出版之前,即本我此次演讲时亲所悟得,略加阐说。以备关心文化复兴一大任务者,继此作为共同进一步之研究。

八月,《中国文化与人文修养》,刊于《自由报》第八百七十八期。收入联经《全集》第四十二册及素书楼文教基金会·兰台出版社《历史与文化论丛》页三三三~三四〇。摘要略。

八月三日,《善变日新的中国——国史漫谈》(二),重刊于《自由报》第八百七十七期;又刊于《自立晚报》。收入同前出版社《中国史学发微》页五~十。摘要略。

八月十七日,《绵延悠久,归于自然——国史漫谈》(三),重刊于

《自由报》第八百八十二期；又刊于《自立晚报》。收入同前书页一一～一六。案题名改为《悠久与自然》。摘要略。

八月二十一、二十四日，《分合与一统——国史漫谈》（四），重刊于《自由报》第八百八十二、八百八十三期。收入同前页一七～二八。摘要略。

九月，《史记地名考》（上、下），由香港龙门书店重印刊行。收入联经《全集》第三十四、三十五册。二〇〇一年北京商务印书馆印行。摘要见一九六六年四月。

九月二十九日，"总统府"纪念孔子诞辰纪念日典礼讲辞《孔孟学说蠡测》，刊于《中央日报》、《联合报》、《青年战士报》；又刊于《教育文化》第三百六十九、三百七十期。收入素书楼文教基金会·兰台出版社《中国文化丛谈》页九九～一〇二。摘要略。

十月，《中华文化十二讲》，由空军总政战部出版，台北三民书局经销。收入联经《全集》第二十八册。二〇〇一年由素书楼文教基金会·兰台出版社整理新版印行。页七〇。摘要如下：

复智案：本书为先生初来台湾定居，在各军事基地作有关中国文化问题之讲演辞。先生以为中国文化有其特殊之成就，有其特殊之意义与价值，纵使一时受人轻蔑鄙视，但就人类生命全体之前途言，中国文化宜有其再现光辉与发扬之一日。本书共十二讲，兹摘录其大要如下：

先生于《中国文化的进退升沉》中云：只要在此各地，有人对民族有自尊心，对文化有自信心，文化复兴机缘已熟，正如箭在弦上，一触即发。古人说："人穷则反本。""穷则变，变则通，通则久。"大陆今天激变随时可起。那时外呼内应，易如反掌。我们在此时机提出"文化复兴"一口号，正是国内外人人所共同想望，共同盼切的。事在人为，顾亭林说："天下兴亡，匹夫有责。"我们可改为"文化兴衰，匹夫有责。"待我们大家来努力。

先生于《中国文化中的武功与武德》中云："中国军人的精神修养，基本着重在智、仁、勇三达德。这三达德中，又以'仁'为主。孟子谓：'君子以仁存心，以礼存心。仁者爱人，有礼者敬人。'礼是仁的表现，仁是礼的本原。但战争本是要杀人的，好像是一种残忍的行为，我中华民族虽尚武，而不流于残忍，所以能绵延历久，屡挫不衰。中国军事要讲顺天应人，替天行道。所谓'止戈为武'，'仁者无敌'，战争乃为一种吊民伐罪，以杀止杀的行为。故军队则称为仁义之师。孟子也说：'不嗜杀人者，能一天下。'不嗜杀人，不是不杀人。但杀人总不是好事，因此非存心至仁，则不宜来担任此杀人的大任。既要杀人，自己也该不怕死，所以说：'有断头将军，无降将军。'视死如归，也是武德。那有所谓光荣的投降？当知两军交锋，固是要争胜败，更要是'争是非'。是的向非的投降，实无光荣可言。一个人有生必有死，活要有意义的活，死也得有价值的死。成功要有价值，失败也应有价值。中国人强调'精神不死'，躯体虽不保，但其人格气节仍然存在。战争并不是鼓励杀人，更不是鼓励自杀。心中只有一个道，一个仁义之道，一个忠勇之道。死生一观，并不在这些上来计较。"

先生于《中国历史上的军人》中云："今再通观全史，可见军人之在国家社会，乃系一种义务，非职业。非为谋生，乃为服务。非取于人，乃以献于人。其最高表现，乃为献身国家民族，至于肝脑涂地而不惜。'兵役'二字，乃自古有之。募兵制之最大弊病，在使人以从军为一谋生职业。试问岂应以贡献生命为谋生之职业？又岂应以杀人为谋生之职业？军人教育本为人类教育中一项最具崇高理想最富伟大精神之教育。今若行使募兵制，则此种理想与精神将无可表现。历史上如东晋之'北府兵'，亦系募兵制，实出不得已。淝水之战虽着功绩，自刘裕率之北伐以后，此一军队即渐变质。要之，此种军队可暂不可久，不可以为定制。宋代之募兵制，实当悬为炯戒。目前如美国青年怕当兵役，此亦是美国社会精神堕落一预兆。若在国家民族遇不得已时而有募兵，此乃成为一种'义勇兵'，与法定募兵制不同。如黄埔军校，何尝不出于应募，而来者本于义勇，又兼之以一种精神教育，故其功绩表现乃能远出如东晋北府兵之上。最近美国社会亦有倡为将来当改义务兵役为募兵制之意见，

一九六八年　戊申　七十四岁

此中得失，实尚待更深之研讨。"

十月，《文化与生活》，刊于《中央月刊》一卷一期。收入联经《全集》第四十三册及素书文教基金会·兰台出版社《世界局势与中国文化》页五七～七一。摘要略。

十月，《中国文化的进退升沉》，刊于《人生》三十三卷五期；又刊于一九七四年二月《青溪》第八十期。收入同前出版社《中华文化十二讲》页七〇～八〇。摘要略。

十二月二十八日，《论当前学风之弊》，刊于《香港时报》。收入联经《全集》第二十四册及素书楼文教基金会·兰台出版社《学籥》页一七六～一九六。摘要略。

十月三十一日，《一位高瞻远瞩的政治家》，刊于《中央日报》。案一九七五年四月十六日故总统蒋公奉厝大典，《中央日报追思特刊》重刊本文时，改题名为《蒋总统之高瞻远瞩》。收入联经《全集》第二十二册及素书楼文教基金会·兰台出版社《中国学术思想史论丛》（十）页四〇～五五。摘要略。

十一月，《朱子之辨伪学》，刊于《中央图书馆馆刊特刊》；又刊于一九七〇年十月《宋史研究集》第五集。收入联经《全集》第十五册《朱子新学案》（五）。摘要略。

十一月十二日，《中国文化与国运》，重刊于《青年战士报》。收入素书楼文教基金会·兰台出版社《中国文化丛谈》页六九～七九。摘要略。

十一月二十四日，《中国京剧之文学意味》，刊于《青年战士报》；又刊于一九七六年六月《大成》第三十一期。收入联经《全集》第四十五册及素书楼文教基金会·兰台出版社《中国文学论丛》页一七五～一八三。大意谓：

中国戏剧扼要地说，可用三句话综括指出其特点，是即"动作舞蹈化"、"语言音乐化"、"布景图案化"。换言之，中国戏剧乃是由舞蹈、音乐、绘画三部分配合而组成的。此三者之配合，可谓是人生之艺术化。戏剧本求将人生搬上舞台，但有假戏真做与真戏假做之别。世界即舞台，人生即戏剧，若把真实人生搬上舞台演出，则为真戏假做。京剧则是把人生艺术化了而在舞台上去演，因此是假戏真做。也可说戏剧是把来作人生榜样，所以中国京剧中之人生比真实人生更具理想，更有意义了。

十二月，于"国防研究院"思想与文化课讲演，讲辞《中国历史人物》，刊于一九六九年七月《中央月刊》一卷九期；又刊于一九六九年八月《东西文化》第二十六期。收入联经《全集》第三十册及素书楼文教基金会·兰台出版社《国史新论》页二九二～三二八。摘要如下：

案先生此文，仍一本旧贯，主张"历史讲人事，人事该以人为主，以事为副"。先生列举历代中国历史人物事迹，指出其值得效法之处。如云："明代人物也很多，即如王阳明先生，诸位读《阳明年谱》，就知他也是一个豪杰。再讲一人海瑞。他是琼州海南岛人。一生正直，自号刚峰。你若不说海瑞是圣贤，他该是一豪杰。"

清初，我想举一人李二曲，他是陕西一种田汉。他讲阳明哲学，名大了，清代皇帝定要笼络他，派地方官送他到北京应"博学鸿词科"，他说生病，不肯去。朝廷下命，生病便好好用床抬着去。路上防备甚严，无寸铁可以自杀。他只有饿死一法，不吃东西。地方官也受感动，说他实有病不能来，把他送回去。他说："我实为名所误"。从此一生绝交，地下掘一土室，不见任何人。只顾亭林到陕西，可下土室见他。一谈一半天，不知谈了些什么。清末时，大家起来革命，读者莫要认为这都是法国、美国革命来领导我们，其实明末遗老如李二曲等故事，也发生了极大作用。今天我们要复兴文化，大家又来谈西洋文艺复兴，其实也该在中国历史上多举几个可资效法的先例来号召。

先生最后感慨："可是我们今天的社会风气，却愈转愈离谱。我在香港新亚书院时，有一学生从大陆逃来，上我课，听到'君子无入而不自得'一句话，他觉得这真是人生最大要求所在。他问我这个道理，我说：

'你且慢慢听，慢慢学'。他见我散步，也要学散步。他说：'我读书程度浅，来不及，散步总该能。看你怎样散，我也怎样散，我散步庶亦可以自得其乐'。那学生极诚恳，极有志，可是别的同学有些会笑他，骂他。后来他觉得中国社会到处跑不进，转进教会，外国人却懂得欣赏他。现在他做了牧师传教，见了我，要来向我传教。他说：'先生，我得你好处不少，我该同你讲讲耶稣吧。'唉！今天的中国社会，偏偏中国道理不能讲，要讲就给人家笑骂，要逼得你特立独行，只有学伯夷，那怎了得！所以今天我们至少要大家负起一些责任，隐恶而扬善，来转移风气。至少要使年轻人有条路走，不要弄得像今天样，除了去外国，好像前面无路。'文武之道，未坠于地，在人。'我们到乡村老百姓圈子里，在无知识人身上，或许还有一点中国文化影子。我们受这时代潮流的冲激太大了，我们都要变成一现代人，而我今天却特别提出'历史人物'这题目来讲。当然我不过随便举几个例，希望我们将来学校小学中学乃至大学的教科书，多讲一些人物，讲一些中国历史传统所看重的，即如何做人。要讲一个无条件的，赤裸裸的，单凭自己便能做到的'君子无入而不自得'的这一套。"

十二月十五日，《跋半痴诗禅集》，刊于《中央日报》。此略。

十二月，《四书义理之展演》，此文为台北孔孟学会演讲辞，刊于一九六九年四月《孔孟学报》第十七期。收入联经《全集》第四册及素书楼文教基金会·兰台出版社《孔子与论语》页二五五~二六八。大意谓：

关于《四书》义理的问题。我们首先要问：《四书》的义理，是共通一致的？还是各别相异的呢？在我个人认为，它们间的义理，是共通一致的。可是从另一方面看，《四书》的义理，又是各别不同的。共通一致和各别相异似乎对立，其实不然。

《学》、《庸》、《论》、《孟》的义理，是在它们的共同一致下，有其各别相异，大纲领相同，小节目差异。从了解其各别相异之点，去体察其同一致性，就是我今天讲题的主旨。

《论语》、《孟子》本原是独立成书，《大学》、《中庸》则是属于《小戴礼记》中的两篇。《大学》、《中庸》都是晚出书，大约为战国末年乃至秦初的作品。说它们晚出，也并不贬损了他们在学术史上的地位和价值。先秦有许多伟大思想家，留下许多不知名的不朽巨著，《大学》、《中庸》亦是一例。

子贡说："夫子之文章，可得而闻也。"此所谓"文章"，便是孔子所讲的礼乐制度，所遗憾的是，当时门人没有把它详细记载下来。这些礼乐制度，便是修身、齐家、治国、平天下的具体项目。子贡又说："夫子之言性与天道，不可得而闻也。"论语上只有"性相近也，习相远也"一语，孟子乃推阐出性善论。孔子说天道，不过云："天何言哉？"到《中庸》却说到"天命之谓性，率性之谓道。"朱子教人先读《大学》，就懂得人之为学，不仅应该知道如何诚意、正心，还要知道如何修身、齐家、治国、平天下。再读《论》、《孟》，则一切心性治平之道都在内。至于《中庸》，则应放在最后读，因其更广大、更微妙。若一开头便读中庸，常会由于体会未到，持守未定，而流入于释老。

我们今天研究孔孟学说，应该体、用并兼，但今天讲的，似乎忽略了其实用。孙中山先生认为宋明以后讲"修身"以前的"诚意""正心"之学嫌多了，讲"修身"以后的"治国""平天下"之道则嫌少了。在宋代理学家，他们讲学主要在求对付释老，这也无可厚非。汉唐人则在政治统一以后，要多留心于治平实绩，这正与宋明儒各走了一偏。我们今天的教育，正应该效法孔子通六艺、开四科，不该专讲"性与天道"，却忽略了"文章"。我们要使青年们纵不梦见周公、孔子，至少也得梦见孙中山先生。

十二月，《朱子的史学》，刊于《华冈研究通讯》。收入联经《全集》第十五册《朱子新学案》（五）大意谓：

朱子理学大儒，经学大儒，抑其史学精卓，亦旷世无匹。惟后之讲理学研经学者，每疏于治史。朱子史学逐少绍续，殊可惋惜也。

言朱子之史学，精深博大，殊难以一端尽。兹姑分为论治道，论心术，论人才，论世风之四者。四者举，而朱子治史精神庶亦大体可窥。

十二月，校勘清斐大中等所修《无锡金匮县志》，由陈仲良刊行。此略。

一九六九年　己酉　七十五岁

一　国内大事

三月二日，中苏边境珍宝岛发生军事冲突。

十月七日，著名学者陈寅恪逝世，终年八十岁。

四月十一日，"行政院"院会通过《中华民国人口政策纲领》。

二　事略

先生本年《朱子新学案》成稿，遂应张晓峰之聘，在中国文化学院（一九八〇年改制为大学）历史研究所任教；又得故宫博物院（台北）院长蒋慰堂之邀，以特聘名义为研究员，特辟一研究室，得读《四库全书》中宋元明三朝理学诸集，续有撰述。

三　著述

一月，《谈诗》，重刊于《文艺》一期；又刊于一九七一年五月《中国文选》第四十九期。收入联经《全集》第四十五册及素书楼文教基金会·兰台出版社《中国文学论丛》页一一三～一四二。案本文为一九六〇年六月于美国耶鲁大学讲课讲辞。摘要略。

一月一、四日，《中国文化中的武功与武德》，刊于《自由报》第九百二十、九百二十一期；又刊于一九七三年三月《青溪》第六十九期。收入联经《全集》第三十八册及素书楼文教基金会·兰台出版社《中华文化十二讲》页一四三～一五三。摘要略。

二月五、八、十二日，《中国文化的中庸之道》，刊于《自由报》九百三十一至九百三十二期。收入同前书页一一五~一三二。摘要略。

二月,《记朱子之校勘学》,刊于《故宫季刊特刊——庆祝蒋复璁先生七十荣庆论文集》。收入联经《全集》第十五册《朱子新学案》(五)。摘要略。

二月二十三至二十五日,《大局展望》,刊于《青年战士报》。收入联经《全集》第四十二册及素书楼文教基金会·兰台出版社《世界局势与中国文化》页二八五~三〇五。摘要略。

三月,《农业与中国文化》,刊于《中华文化复兴月刊》二卷三期;又刊于《中华农学会报》第六十五期、一九七一年三月《台肥月刊》十二卷三期、一九七五年十月四至七日《青年战士报》。收入联经《全集》第四十四册及兰台出版社《中国文化丛谈》页一一〇~一二三。摘要略。

三月,《读佛书三篇》、《读姜白岩尊行日记》、《葛洪年谱——读书随札》、《读陆贾新语——读书随札》,刊于《大陆杂志》三十八卷五期。案《读书随札》二篇,收入联经《全集》第十九册及素书楼文教基金会·兰台出版社《中国学术思想史论丛》(三)。《读佛书三篇》,收入同上出版社《论丛》(四)。《读姜白岩尊行日记》,收入同上出版社《论丛》(八)。摘要略。

三月,《刘百闵经学通论序》。收入联经《全集》第五十三册《素书楼余渖》。摘要略。

三月十三至十五日,《六祖坛经大义——慧能真修真悟的故事》,刊于《中央日报》,又刊于一九八二年四月《香港佛教》第二百六十三期。收入联经《全集》第十九册及素书楼文教基金会·兰台出版社《中国学术思想史论丛》(四)页一五四~一六四。大意谓:
在后代中国学术史上有两大伟人,对中国文化有其极大的影响,一为唐代禅宗六祖慧能，一为南宋儒家朱熹。六祖生于唐太宗贞观十二年，卒于玄宗先天二年，当公历之七世纪到八世纪之初，距今已有一千两百多年。朱子生于南宋高宗建炎四年，卒于宁宗庆元六年，当公历之十二世纪，到今也已七百八十多年。慧能实际上可说是唐代禅宗的开山祖师，朱子则是宋代理学之集大成者。一儒一释开出此下中国学术思想种种门路，亦可谓此下中国学术思想莫不由此两人导源。言其同，则慧能是广东人，朱子生卒皆在福建，可说是福建人，两人皆崛起于南方。此乃中国文化由北向南之大显例。言其异，慧能不识字，而朱子博极群书，又恰成一两极端之对比。

学术思想有两大趋向互相循环，一曰积，一曰消。孟子曰："所存者神，所过者化。"存是积，化是消。学术思想之前进，往往由积存到消化，再由消化到积存。正犹人之饮食，一积一消，始能营养身躯。同样，思想积久，要经过消化工作，才能使之融汇贯通。观察思想史的过程，便是一积一消之循环。六祖能消能化，朱子能积能存。所以中国传统文化的儒、释融合，如乳投水，经慧能大消化之后，接着朱子能大积存，这二者对后世学术思想的贡献，也是相辅相成的。

自佛教传入中国，到唐代已历四百多年，在此四百多年中，求法翻经，派别纷歧。积存多了，须有如慧能其人者出来完成一番极大的消的工作。他主张不立文字，以心印心，直截了当的当下直指。这一号召，令人见性成佛，把过去学佛人对于文字书本那一重担子全部放下。如此的简易方法，使此下全体佛教徒，几乎全向禅宗一门，整个社会几乎全接受了禅宗的思想方法，和求学路径，把过去吃得太多太腻的全消化了。也可说，从慧能以下，乃能将外来佛教融入于中国文化中而正式成为中国的佛教。也可说，慧能以前，四百多年间的佛教，犯了"实"病，经慧能把它根治了。

到了宋代，新儒学兴起，诸大儒如周敦颐、程颢、程颐、张载诸人，他们都曾参究佛学，其实他们所参究的，也只以禅宗为主。他们所讲，虽已是一套新儒学，确乎与禅宗不同。但平心而论，他们也似当时的禅宗，同样犯了一个"虚"病，似乎肚子吃不饱，要待朱子出来大大进补一番。此后陆、王在消的一面，明末顾、王诸大儒，在积的一面。而大体说来，朱子以下的中国学术界，七八百年间，主要是偏在积。

佛教有三宝，一是佛，一是法，一是僧。佛是说法者，法是佛所说，但没有了僧，则佛也没有了，法也没有了。佛学起于印度，而后来中断了，正因为他们没有了僧，便亦没有了佛所说之法。在中国则高僧大德，代代有之，绵延不绝，我们一读历代高僧传可得其证，因此佛学终于成为中国文化体系中之一大支。而慧能之贡献，主要亦在能提高僧众地位，扩大僧众数量，使佛门三宝，真能鼎足并峙，无所轩轾。

讲佛学，应分义解、修行两大部门。其实其它学术思想，都该并重两部门。如特别着重在义解方面而不重修行，便像近世中国高呼西化，新文化运动气焰方盛之时，一面说要全部西化，一面又却要打倒宗教，不知宗教亦是西方文化中一大支。在此潮流下，又有人说佛教乃哲学，非宗教，此是仅重义解思辨，却蔑视了信奉修行。两者不调和，又成为近代中国社会一大病痛。

稍进一层讲，佛教来中国，中国的高僧们早已不断在修行、义解两方面用力，又无意中不断把中国传统文化渗进佛教，而使佛法中国化。慧能以前，我且举一竺道生为例。竺道生是东晋、南宋间人，他是第一个提倡顿悟的。所谓"顿悟"，我可简单把八个字来说，即是："义由心起，法由心生"。一切义解，不在外面文字上求，都该由心中起。要把我心和佛所说法迎合会一，如是则法即是心，心即是法，但须悟后乃有此境界，亦可谓得此境界乃始谓之悟。悟到了此境界，则佛即是我，我即是佛。信法人亦成了说法人。如竺道生说"一阐提亦得成佛"，明明违逆了当时已译出之《小品泥洹经》之所云。但竺道生却说，若我错了，死后应入拔舌地狱；若我说不错，则死后仍将坐狮子座宣扬正义。此后慧能一派的禅宗，正是承此"义由心起，法由心生"之八字而来。

此前佛门僧众，只知着重文字，宣讲经典，老在心外兜圈子，忽略了自己根本的一颗心。直到不识一字的慧能出现，才将竺道生此一说法付之实现，固然竺道生是一博学僧人，和慧能不同，两人所悟亦有所不同。然正为竺道生之博学，使人认为其所悟乃由一切经典文字言说中悟。惟其慧能不识一字，乃能使人懂得其悟不自一切经典文字言说中悟，而实由心悟，而禅宗之顿悟法乃得正式形成。

今天我将偏重于慧能之"修",不像一般人只来谈他之悟。若少注意到他的修,无真修,又岂能有真悟?此义重要,应大家注意。慧能是广东人,在他时代,佛法已在中国渐渐地普及民间,佛法从两条路来中国:一从西域到长安,一从海道到广州。当慧能出世,在广州听闻佛法已早有此机缘。

据《六祖坛经》记载,慧能是个早岁丧父的孤儿,以卖柴为生。他亦是一个孝子,以卖柴供养母亲。一日背柴到城里卖,听人念《金刚经》,心便开悟。此悟正是由心领会,不借旁门。慧能便问此诵经人,这经从何而来?此人说:是从湖北黄梅县东山禅寺五祖那里得来。但慧能身贫如洗,家有老母,要进一步前去黄梅听经是不易之事,有人出钱助他安置了母亲,独自上路前往黄梅。我们可说,他听到其人诵《金刚经》时是初悟,此后花了三十余天光阴从广东到黄梅,试问在此一路上,那时他心境到底如何?他自然是抱着满心希望和最高信心而前去,这种长途跋涉的艰苦情况,无疑是难能可贵的。我们可想知他在此三十余天的路程中,实有他的一番"修",此是真实的心修。

到了黄梅,见到五祖弘忍。弘忍问他:"你何方人,前来欲求何物?"他说:"惟求作佛,不求余事。"这真是好大的口气呀!请问一个不识字人如何敢如此大胆?当知这正与他三十余天一路前来时的内心修行有大关系,不是临时随口能出此大言。他那时的心境,早和在广东初闻人诵《金刚经》时,又进了一大步,此是他进一步之"悟"。

当时弘忍再问:"你是岭南人,又是獠獦,若为堪作佛?"他答说:"人虽有南北,佛性本无南北,獠獦身与和尚不同,佛性有何差别?"此一语真是青天霹雳,前无古人。想见慧能一路上早已自悟到此。在他以前,固是没有人说过,在他之后,虽然人人会说,然如鹦鹉学舌,却不能如慧能般之由心实悟。弘忍一听之下,便知慧能不是泛泛之徒,为使他不招意外,故将明珠暗藏,叫他到后院去做劈柴舂米工作。慧能眼巴巴自广东遥远来黄梅,一心为求作佛,却使他去厨下打杂做粗工,这是所为何来?但他毫不介意,天天在厨下劈柴舂米。此时他心境应与他到黄梅初见五祖时心境又大不同,这些工作,好像与他所要求的毫不相干,其实他亦很明白,五祖叫他做此杂工,便正是叫他"修",也便是做佛正法啊!

慧能在作坊苦作已历八个月,一天,弘忍为要考验门下众僧徒工夫境界,叫大家写一偈子,自道心得。大家都不敢写,只有首座弟子神秀不得不写,在墙壁上写一道偈说:"身是菩提树,心是明镜台,时时勤拂拭,勿使惹尘埃。"这首偈却又不敢直陈五祖,但已立时传遍了东山全寺,也传到了慧能耳中,慧能一时耐不住,也想写一偈,但不识字,不能写,只好口念请人代笔写道:"菩提本无树,明镜亦非台,本来无一物,何处惹尘埃?"我们又当知,此"本来无一物"五字,正是他在磨坊中八个月磨米中磨出来的,只此一颗清清净净的心,没有不快乐,没有杂念,没有渣滓,没有尘埃,何处再要拂拭? 此正是慧能自道心境,却不是来讲佛法。此时则已是慧能的到家之"悟"了。

慧能承受衣钵之后,又经历了千辛万苦,他自说那时真是"命如悬丝"。他是一不识字的人,他在东山禅寺,也未正式剃发为僧,他自知不得行化太早,所以他只是避名隐迹于四会猎人队中,先后有十五年之久。每为猎人守网,见到投网的生命,往往会为牠们放出一条生路。又因他持戒不吃荤,只好吃些肉边菜。慧能在此漫长岁月中,又增长了不少的潜修工夫。比之磨坊八月,又更不同。

后来到了广州法性寺,听到两个僧人在那里争论风动抑是旛动,慧能想,我如此埋藏,终不是办法,于是他上前开口说:"不是风动,不是旛动,而是仁者心动。"此语被该寺座主印宗听到,印宗也非常人,早已传闻五祖衣钵南来,如今一听慧能出语,便疑他是受五祖衣钵的人。一问之下,慧能也坦白承认了。诸位又当知,此"仁者心动"四字,也并不是凭空说的,既不如后来一般禅师们之浪作机锋,也不如近人所想,如一般哲学家们之轻肆言辨。此乃慧能在此十五年中之一番真修实悟。风动旛动,时时有之,命如悬丝,而其心不动,这纯是一捆一掌血的生活经验凝炼而来。慧能只说自己心情,只是如实说法,不关一切经典文字。自五祖传法,直到见了印宗,在此十五年中,慧能始终还是一个俗人身份,还没有比丘的具足戒。自见印宗后,才助他完成了出家人和尚身份。此下才是他正式设教度人的开始。

六祖不识字,在他一生中所说法,只是口讲给人听,今此一部《六祖坛经》之所以有文字，乃是他门人之笔录，他门人也把六祖当时的口语，尽量保持真相，所以《六祖坛经》乃是中国第一部白话作品。宋、明两代理学家之语录，也是受了此影响。依照佛门惯例，佛之金口说法始称"经"，菩萨们的祖述则称"论"。只有慧能《坛经》却称"经"，此亦是佛门中一变例，而且是一大大变例，这一层，我们也不该忽略过。若说《坛经》称"经"，不是慧能之意，这又是一种不必要的解说。

我们必要明白了慧能东山得法此一段前后十六年之经过，才能来谈慧能之《坛经》。《坛经》中要点固多，但在我认为，所当注意的以下两点最重要。

其一，是佛之自性化。竺道生已说："一切众生都有佛性。"此佛性问题不是慧能先提出，慧能讲"心即是佛"，反转来说则成为"佛即是心"。此与竺道生所说也有些区别。慧能教我们"见性成佛"，又说"言下见性"，又说"佛向性中作，莫向身外求"。自性能含万法，万法在人性中。能见性的是我此心。故说："万法尽在自心，何不从自心中顿见真如本性。"他说："但于此心常起正念，烦恼尘劳常不能染，即是见性。"又说："能识自心见性，皆成佛道。"他强调自修心、自修身，自性自度。又说自修自行自成佛道，此乃慧能之独出前人处，亦是慧能所说中之最伟大最见精神处。

其二：是佛之世间化，他说"万法皆由人兴"，"三藏十二部经皆因人置"。"若无世人，一切万法本自不有"。"欲求见佛，但识众生，不识众生，则万劫觅佛难逢"。这样讲得何等直截痛快！

总而言之，慧能讲佛法，主要只是两句话，即是"人性"与"人事"，他教人明白本性，却不教人摒弃一切事。所以他说："恩则孝养父母，义则上下相怜，让则尊卑和睦，忍则众恶无喧"。所以他又说，"若欲修行，在家亦得，不由在寺。"又说："在家能行，如东方人心善，在寺不修，如西方人心恶。"又说："自性西方。"他说："东方人造罪念佛，求生西方，西方人造罪念佛，又求生何国？"又说："心平何用持戒，行直何用修禅。"这些却成为佛门中极革命的意见，慧能讲佛法，既是一本心性，又不摒弃世俗，只求心性尘埃不惹，又何碍在人生俗务上再讲些孝悌、仁义、齐家、治国？因此唐代之有禅宗，从上是佛学之革新，向后则成为宋代理学之开先，而慧能则为此一大转捩中之关键人物。

四月，《记钞本章氏遗书》，重刊于《中央图书馆馆刊》二卷四期。收入同前出版社《中国学术思想史论丛》（八）页三三八~三四四。摘要略。

四月，为徐文珊《中华民族之研究》撰序文，刊于《中国一周》一千零一十五期。收入联经《全集》第五十三册《素书楼余沈》。摘要略。

四月五、九日，《中国民族与文化》，刊于《自由报》第九百四十六、九百四十七期。此略。

四月十六日，致余英时一书。收入联经《全集》第五十三册《素书楼余沈》。其中有云：

外人研究汉学，其眼光、兴趣、立场、意见终自与国人不同，惟恐熏染过久，终妨深入远到之前途。

穆所著书，一向只寄望于身后，不敢遽希诸当前。至今国内学术界始终以白眼视之为怪物，尽力欲冷藏之于举世不闻不问之化外。穆亦借此闭户，俾可专心一志，自期于晚年再有收获。

五月十七日，撰《略述有关六祖坛经之真伪问题》，刊于五月二十二、二十三日《中央日报》；又刊于六月、七月《中国宪政》四卷六、七期。收入联经《全集》第十九册及素书楼文教基金会·兰台出版社《中国学术思想史论丛》（四）页一六五~一七四。摘要如下：

先生在文中云："我前些时在'善导寺'讲《六祖坛经大义》，本系一番通俗讲演，并不想牵涉到有关专门性的学术讨论，因此对于《坛经》的版本问题及真伪问题，均未提及。"有读者为文质疑，"力主《六祖坛经》乃神会所伪造"。先生因"坚信《坛经》确是代表六祖思想，乃由其上座弟子法海所编集。"故草本文、及稍后之《再论关于坛经真伪问题》，作为响应。

一九六九年　己酉　七十五岁

六月，《朱子之四书学》，刊于《复兴岗学报》第六期。收入联经《全集》第十四册《朱子新学案》（四）。摘要略。

六月十八、十九日《再论关于坛经真伪问题》，刊于《中央日报》；又刊于《狮子吼》八卷七期。收入素书楼文教基金会·兰台出版社《中国学术思想论丛》（四）页一七五～一八四。摘要如下：

先生在文中云："关于《坛经》真伪问题，本不想多加辩论，惟我因此而连带提起的思想与考据一问题，实感有再一申述之必要。"故借《坛经》真伪为话题，而加以申述。

先生云："太过重视了考据，太过忽视了思想，此乃当前学术界一偏陷。有关西方的在外，只要是中国旧有的，或对某一家思想正面接受，而又加以一番崇重之意者，则称之曰此乃是一种"宗教的心情"，或说是一种传道的精神，言外若含讥讽，认为此种心情与精神乃不得预于学术探讨之园地。所谓"学术探讨"，则必是纯理智的、纯客观的，此乃所谓"科学方法"，而考据乃被认为是学术上之惟一途径。在鄙意则认为学术园地不该如是之狭小。从来大学问家，大思想家，则无不具有一种所谓宗教之心情与夫传道之精神，而后其学术境界，乃得更深厚，更博大，更崇高，更精微。此等境界，则惟贵吾人之心领而神会。若要我从外面拿证据来，则一切证据，触及不到此种境界之真实处。

我们若要在学术工作中来注意思想问题，我们必先具有一番大抱负、大心胸、大眼光、大魄力，从整个大系统中去寻求；此则决非只注意在考据工作者之所能胜任而愉快。今人爱言创造，怕言传统，把传统一笔抹煞了，谁也能创造，但亦谁也无创造。谁也有思想，但亦谁也无思想，此是我们目前学术界一悲剧。

讲考据亦该平心静气，兼观双方，何论讲思想，可以有"宗主"，却不必有"门户"。入主出奴，终是要不得。讲学术思想，亦终是不该排斥了宗教。宗教中亦非无学术思想可言。我个人的治学态度，也很想能有一番"宗教的心情"与夫一番"传道的精神"，但只是"高山仰止，景行行止，虽不能至，心向往之"而已。

七月，《中国人之宇宙信仰及其人生观修养》，刊于《东亚季刊》复刊一期。收入联经《全集》第四十三册及素书楼文教基金会·兰台出版社《世界局势与中国文化》页七二～九二。摘要略。

七月，《中国之师道》，刊于《自由谈》二十卷七期；又刊于《教育与文化》第三百八十一、三百八十二期及九月二十八日《中央日报》。收入联经《全集》第四十一册素书楼文教基金会·兰台出版社《文化与教育》页三一七～三二五。摘要略。

七月、八月，《记朱子之文学》，刊于《东方杂志》三卷一期、二期。收入联经《全集》第十五册《朱子新学案第》（五）。摘要略。

八月，撰《中国文化丛谈》之《序》文。收入素书楼文教基金会·兰台出版社《中国文化丛谈》页七～八。摘要略。

九月二十八日，《新亚二十周年校庆典礼讲词》，刊于《新亚生活》十二卷八期。收入联经《全集》第五十册《新亚遗铎》页五七四～五七九。摘要略。

秋，《人类登陆月球与历史前瞻》，刊于《东亚季刊》复刊二期。收入素书楼文教基金会·兰台出版社《世界局势与中国文化》页三〇六～三一七。摘要略。

秋，《许君焕君论学论政嘉言录序》。收入联经《全集》第五十三册《素书楼余沈》。摘要略。

十月，《中国文化与文艺天地——略评施耐庵水浒传及金圣叹批注》，刊于《文艺》第四期；又刊于一九七二年六月《中国文选》第六十二期。收入联经《全集》第四十五册及素书楼文教基金会·兰台出版社《中国文学论丛》页一四三～一六三。大意谓：

文学当论好坏，不当论死活。凡属存在到今，成为一种文学的，则莫非是活的。其所以为活的，则正因其是好的。为何说它是好的？此则贵有能鉴别与欣赏的人。能鉴别欣赏好文学的，则必具有一种文学修养工夫。好文学则自有标准，不专在其能通俗，大家能懂，而即便成为好文学。

要求通俗，其事亦难。俗善变，俗外有俗，通于此，未必即通于彼。近人又说文学当大众化，大众范围也可无限延伸。不识一字，与仅识几字的，都是大众。没有读书，和仅读几本书的，也都是大众。要求通到无穷易变之俗，化及无穷延伸之大众，那真不是件易事。并且若只是通俗与大众化，也不一定便会是好文学。好文学有时不易使不读书人不识字人也能解，能欣赏。有时仅能有少数人了解欣赏，但亦并不失其为好文学。因此，好文学与通俗大众文学，应该分开作两项说。好文学比较通俗的也有，但不一定要兼此两者称得好。

通俗文学流行在大众间，近人说它是活文学，但很多是寿命不长，过些时便死了。这不待远求证据，即在当前数十年间，一时风行，随即便被遗忘的作品，太多了。如此则活文学转瞬便变成了死文学。何以故？因其只求通俗，只求在大众间流行，而大众则如长江之水，后浪推前浪，转瞬都变了。对象一失，自己立场也站不住。这因其文章本身并不好，所以会短命，过时便死。要是好文学，虽不通俗，虽不人人都能欣赏，但在大众中不断自有能欣赏的人，所以好文学能永远流传，千载长生。

说到中国古文学，如《诗经》三百首。距今远的有三千年，近的也在两千五百年以上，这是古代文学代表，不在以近代大众为对象。但虽如此，亦断不能说它已是死文学。只要在今时，仍有人能欣赏，它在能欣赏人的心中，还是一种活文学。只要将来仍不断有人能欣赏，则它将来还依然是一种活文学。

故论文学，一方面当求有人能创作出好文学来。另一方面则当求有人能欣赏，能有文学修养的人来欣赏。创作与欣赏，应是站在对等地位。不能只求创作而不求欣赏。若只求俗众欣赏，而不求俗众之提高欣赏能力，无欣赏而只创作，亦创作不出好文学来。在初学识字的小学生言，他们只能识得小猫三只四只，但小猫三只四只究不能说它是好文学。

远在三百年前，早有人识得此道理。那时有一位文学批评家金圣叹，他把《西厢》、《水浒》和《离骚》、《庄子》、《史记》、杜诗同列为才子必读书，那即是说这些都是好文学。他并不曾单把《西厢》、《水浒》称之为通俗的大众化的活文学，而把《离骚》、《庄子》等归入为古典的死文学。他说："吾最初得见《妙法莲华经》，次之则见屈子《离骚》，次之则见太史公《史记》，次之则见俗本《水浒传》，是皆十一岁病中之创获也。《离骚》苦多生字，好之而不甚解，记其一句两句，吟唱而已。《法华经》、《史记》，解处为多，然而胆未坚刚，终亦不能常读。其无晨无夜不在怀抱者，吾于《水浒传》可谓无间然矣。"从近人意见说来，《离骚》在此孩时的金圣叹心中，显然早是死文学。《法华经》、《史记》则半死不活。但此孩异时长大，死的半死的全都活了。他又为"才子"二字下定义。他说："依世人之所谓才，则是文成于易者，才子也。依古人之所谓才，则必文成于难者，才子也。依文成于易之说，则是迅疾挥扫，神气扬扬者，才子也。依文成于难之说，则必心绝气尽，面犹死人者，才子也。故若庄周、屈平、马迁、杜甫以及施耐庵、董解元之书，是皆所谓心绝气尽面犹死人，然后其才前后缭绕得成一书者也。"

依圣叹之说，则好文学必然成于难。苟非"心绝气尽，面类死人"，则不得成一才子书，即不得成为好文学。依圣叹之说，则不仅创作难，欣赏亦不易。苟非具坚刚之胆，亦不能常读不易解书，而得其"心绝气尽面类死人"之所在。圣叹此一意见，似乎与今人意见大不同。依今人意见，不易读，便不是好文章，而古人文章乃全成为冢中枯骨，山上僵石。要写人人易读之文章，则必出于人人易写之手。而后创作之与欣赏，乃一主于易而不知有所谓难。如此则好文学将遍天地，而亦自不见其所谓好。

有人和我谈及新文学，我常劝他何不一读圣叹批《水浒》。然而风气变了，别人不易听我劝说。金圣叹在近代爱好文学者心底，逐渐褪色，而终于遗弃。金圣叹底论调，违反了时代潮流，他把通俗化大众化的白话的新的活文学，依附到古典的陈旧的死文学队伍中去，而不懂得在它们中间划出一条鲜明的界线。而且又提出一"难"字，创作难，欣赏亦难。此一层，更不易为近代潮流所容受。依近代人观点，《水浒》当然还当划在活文学之内；而金圣叹则因观念落伍，虽在他身后三百年来，亦曾活跃人间，当时读《水浒》则必读圣叹批，连我童年老师顾先生还如此般欣赏，而此刻则圣叹批已成死去。最近在坊间要觅一部圣叹批的《水浒》，已如沧海捞珠，渺不易得。文学寿命，真是愈来愈短了。一部文学作品，要能经历三十年，也就够满意了。余之追忆，则如白头宫女，闲话天宝遗事。六十年前事恍如隔世，更何论于三百年。然而文章寿命既如此其短促，乃欲期求文化寿命之悠久而绵长，此亦大值深作思考之事。爰述所感，以供当代从事文学工作者之研究。

固然，取材于社会上广大流行的梁山泊好汉故事而编集为《水浒传》一书，对此诸好汉们，自必绘声绘影，尽量渲染，以博读者之欢心。至于朝廷君相之污黩残酷，只有诛伐，没有回护，那是必然之事，更可不论。其书称曰《忠义水浒传》，乃以迎合积久存在之群众心理。是否此"忠义"二字，乃最先所有，或后来加入，此处暂不深论。要之，《水浒》成书，必然有一番极浓重的社会群众心理作背景。又经《水浒》作者之妙文妙笔，遂使此书成为当时一部最理想的通俗而大众化的上乘活文学。此等似皆不难了解。但最可怪者，乃是《水浒》作者独于忠义堂上众所拥戴之领袖呼保义及时雨宋公明，却深有微辞。虽不曾加以明白之贬斥，而曲笔婉笔，随处流露。在于作者，乃若有一番欲一吐以为快之内心情感寄寓其间。此层最是《水浒》作者写此一部大书之深微作意所在，而使读者隐瞒鼓中。在作者实是一种偷关漏税的手法，把自己一番心情混合在社会群众心情中曲曲传达。只此一点，遂使此书真成为一部上乘的文学作品，可以列之古今作者名著之林而无愧。然而直要待到圣叹出来为之揭发。于是圣叹乃一本作者之隐旨，而索性把后面平方腊为国建功衣锦还乡种种无当于原作者之隐旨的一刀切断，只以忠义堂一梦来结束，而成为此下最流行之七十回本。此亦是圣叹对《水浒》一书之绝大贡献。所犹有憾者，则圣叹批《水浒》，只在笔法、文法上指示出《水浒》作者对宋江人格描写之微旨，而没有再进一层对于《水浒》作者之深隐作意所在，有一番更明白更透切之披露。而此事乃仍有待于后人之继续寻讨。而近人则虽是仍读此七十回本，而把圣叹批一并删了，则作者隐旨，又归沉晦，欲索解人而不得。此诚为古今名著得列为最上乘之文学作品者所同有之遭遇，而《水浒》传亦无以自逃于其外。

相传明淮南王道生有《施耐庵墓志》与《传记》两篇。《传记》篇中有云："张士诚屡聘耐庵不至。迨据吴称王，乃造其门，见耐庵正命笔为文，所著为《江湖豪客传》，即《水浒》。顿首对士诚曰：'志士立功，英贤报主，不佞何敢固辞！奈母老不能远离。'士诚不悦，拂袖而去。耐庵恐祸至，乃举家迁淮安。明洪武初，征书数下，坚辞不赴。"考诸史册，一时名士，拒士诚与明祖之征辟者，大不乏人。即刘基亦是其中之一，后乃不得已而赴明祖之召，元末明初诸家诗文集传至今者不少，惟宋濂一人较为例外，其它多有与施耐庵抱同一意见。不直宋江，而愿为王进。若认文学作品必有时代作背景，则《水浒传》必出元末明初，实有极坚强之理据。圣叹既酷嗜《水浒传》，其认施耐庵为《水浒传》作者，应亦有其根据。苟非有明确之反证，不容轻易推翻。今为《水浒传》作考据，而独摈圣叹一人不加理会，成见之锢人心智有如此。至王道生《传记》中耐庵以母老辞士诚，亦与王进母子俱隐有可互参之消息。

又圣叹批《水浒》，附有贯华堂所藏古本《水浒传》施耐庵一序，文中有叙述懒于著作之心情凡四："名心既尽，其心多懒，一。微言求乐，著书心苦，二。身死之后，无能读人，三。今年所作，明年必悔。四。"所谓"名心既尽"，亦可为耐庵对吴王、明祖两方却聘作注脚。所讲"微言求乐"，序中又言："日有友人来家座谈，谈不及朝廷，亦不及人过失。所发之言，不求惊人，人亦不惊。未尝不欲人解，而人卒亦不能解者。事在性情之际，世人多忙，未曾尝闻也。"此亦约略道出耐庵诸人乱世苍凉苦闷退晦之心情。此种心情，亦未尝不一鳞片爪，隐约出现于其友散之后，灯下戏墨之《水浒传》中。此等文字，宜其身死后无能读之人。然又谓所以独有此《水浒》一传者，亦有四故："成之无名，不成无损，一。心闲试弄，舒卷自恣，二。无贤无愚，无不能读，三。文章得失，小不足悔，四。"读者当于"无贤无愚，无不能读"之中，而窥见其"身死以后，无人能读"之感慨所在，则庶可谓善读《水浒》之人。而《水浒》一书之最高文学价值所在，则正贵从此处参入。

西方小说戏剧富娱乐性、刺激性，而中国之小说戏剧则富教诲性、感化性。施耐庵《水浒传》可为其代表。但起于明初，故富反面性。罗贯中则当已臻明开国后之社会安定期，故既续《水浒》宋江反正，又为《三国演义》，乃转正面性。施耐庵《水浒传》取材北宋徽、钦以下之北方社会抗金故事，而罗贯中《三国演义》则取材正史陈寿《三国志》。余于此两书皆未能作精详细密之考据，但于此两书之著作年代则颇有所感。中国自秦代统一，以平民为天子者先后两人，一为汉高祖，一为明太祖。而明太祖以和尚寺一沙弥获登天子位，更为杰出。但论其生平，于《孟子》书乃多异见，又亲身废宰相制，为中国史实行帝王专制之第一人。其于随从诸朝臣自刘基以下，也多曲加防制，则岂不如《水浒》忠义堂之群对宋江为元首？又历代帝王开国，最不像样，最无规矩者，首推三国时代之曹操，亲以其身为周文王，预为其子安排做周武王，故终其生为汉献帝一臣，而尊贤礼士，犹超乎寻常，如关羽得封汉寿亭侯，而关羽终不易其主，罪官杀将以道，乃得为中国第一武圣人，深得社会之敬慕，虽如南宋岳飞犹有不逮，其影响社会人心有如是。此非明太祖及其子永乐之为君，焉得有如是深入人心之影响之两大巨著？故明代开国近三百年，而《水浒传》及《三国演义》乃为此一时代之最有名、最流传之大著作。江湖人物，一转为廊庙人物。虽其改造正史多出杜撰，而广泛流传，终为一极不寻常之史迹，而岂仅为一章回小说而止。此非明白深晓于有明一代之群众心理以及中国三千年来极深厚极广大之文化传统者，实难与深论此两书之意义与价值之所在矣。

今人纵盛尊西化，崇慕西方小说，又焉得与此两书有相提并论之某几著作可以具体举例乎？此亦为讨论中国文学一极有意义与价值之一具体示例，幸读者其于此深思之。

十月《王君子廓禹贡释地序》，刊于《东西文化》第二十八期。此略。

十月四日，新亚书院学生会学术演讲讲辞《人物与理想》，刊于《新亚生活》十二卷十期。收入素书楼文教基金会·兰台出版社《中国文化丛谈》页二五四～二六一。大意谓：

人物和普通人不同。说此人是一"人物"，乃是从普通人中分别出来的"特殊人"。

中西文化不同,双方的理想亦不同。人物理想都该从"文化理想"中来。

没有成为一个人物的理想,将来便不能成为一人物。

十一月,《中国文化丛谈》,由台北三民书局刊行。收入联经《全集》第四十册。二〇〇一年由素书楼文教基金会·兰台出版社整理新版印行。案书中诸文多在刊载年月已有摘要,故全书摘要略。

十一月、十二月,《我人今日所需的历史知识》,刊于《国魂》第二十八期、三十期。此略。

十二月,《朱子泛论心地工夫》,刊于《中华文化复兴月刊》二卷十二期。收入联经《全集》第十二册《朱子新学案》(二)。摘要略。

一九七〇年　庚戌　七十六岁

一　国内大事

二月四日，各界庆祝"农民节"并表扬模范农民。

三月一日，"行政院"院会决定兴建南北高速公路，第一期工程中三重至杨梅段首先施工，两年完成。

五月六日，蒋"总统"任命钱思亮为"中央研究院"院长。五月七日，"行政院"院会通过由阎振兴继任台湾大学校长。

二　事略

先生本年续在文化学院历史研究所任教，又续写《朱子学提纲》一册。

三　著述

一月，《朱子之通鉴纲目》，刊于《寿罗香林教授论文集》。

一月六、八、十二、十四日，分四次在台南成功大学作公开演讲，讲辞后汇集为《史学导言》一书，由钱夫人胡美琦女士根据录音带逐字逐句写出，再经先生删润，于三月分刊于《中央日报》，五月由《中央日报》出版单行本。收入联经《全集》第三十二册及素书楼文教基金会・兰台出版社《中国史学发微》页三五～一〇五。兹述其大意如下：

第一讲　学问的三方面

从前中国古人讲学问，把来分成三个部门：一种义理之学。一称考据之学。一种辞章之学。提出此学问三分法的，乃在清代干隆时，有两位可说是当时的大学者，一是戴震东原，一是姚鼐姬传。戴震是经学家，姚鼐是古文学家。他们同时都说学问应有此三方面，即"义理"、"考据"、"辞章"。因那时清代学者，自名他们所讲是汉学，来反对宋代的理学。汉学重考据，理学重义理。我们也可说，在西方学问没有到中国来以前，中国近一千年来的学术上，有此宋学与汉学的两大分野；一是义理之学，一是考据之学。而同时又另有文章之学。学问就如此分成了三部门。

但姚、戴两人又有同样一个意见，说此三者不可偏废。如讲义理之学，不能废了考据、辞章之学。讲考据之学，也不能废了义理、辞章之学。我想三者不可偏废，应可有两个讲法。一是说学问之类别。如说此人喜讲义理之学，此人喜讲考据之学，又有人专讲文学。不能专有此一类而偏废了其它的两类。此是从学问类别上讲。但亦可从学问之成份上讲。任何一项学问中，定涵有义理、考据、辞章三个主要的成份。此三者，合则成美，偏则成病。

我此刻讲辞章之学，"修辞立其诚"正是一主要项目。诸位莫认为口里讲的，写出便可是文学。老子说："直而不肆。"说话要直固不错，但不该肆。肆则无忌惮，《中庸》称之为小人。所以我说讲义理之学，应该同时要有考据、有辞章。至于史学，自要考据。即如今天报上一条新闻，也该有考据，不能凭空捏造。史学主要在一个"是非"，有事实上之是非，有评判上之是非。要是非不谬，那都有关于义理。不辨是非，如何来讲历史。历史又很复杂，小说上说一枝笔不能同时写两件事，多方面的史事能一条线讲下，此处便要辞章之学。

中国文学源自《诗经》。孔子说，学诗可以"多识鸟兽草木之名"。凡所接触，不论动植物，它的姿态性情，生活状况，一切在胸中，那是文学家的修养。他的天地大了，生活情趣活泼丰富。心情出吐属，吐属见心情。否则便觉得枯燥单薄。诗人比、兴，也正是一种考据。"考据"二字该活看，不该死看。

后来，曾国藩涤生又在三者外，再加进一项"经济"。此属广义的，要有经国济世之用才叫做"经济"。诸位学史学，要知得学了不能经国济世，此则终非所学之最高境界；不免仍成空论，非实学。这样的学问，只是死学问，空学问。又要在死的空的学问上轻易发高论，那真要不得。又何况无学问而发高论，那就更要不得。

"义理"教我们德行，"辞章"培养我们情感，"考据"增进我们之知识。须德行、情感、知识三方皆备，才得称为一成人。学问皆由人做，人品高，学问境界亦会随而高。人品低，不能期望其学问境界之高。如一无德行、无情感之人，一意来求历史知识，究其所得，实也决不足称为是历史知识。一切知识，并非全摆在书本上，主要乃在学者本人之自身自心上。一切知识，应以德行、情感为基本。一切考据之学，应以义理、辞章为基本。一言一行不苟且，此是义理学开始。一字一句不苟且，此是辞章学开始。预备了这两项条件，才能来读历史治史学。此是我卑之毋甚高论来说实话，务期诸位勿忽略。先把基础放实放稳，才能从事一切学问，史学亦不例外。

第二讲　治史学所必备之一番心情

史学只是一种人事之学，所谓"人事"，乃指一切人为之事，与"自然"相别。学史学，首先该懂得人，其次该懂得事。

中国历史最悠久，范围广大，因此在中国，历史记载应该是最难的一件事，中国史却又记载得极详备、极精密、极有条理，而又极富客观可信之价值。

《西周书》可谓是中国有正式史书之第一部。《西周书》之主要创始人应属周公，周公是中国古代一大圣人。以后有《春秋》，可谓是中国有正式史书之第二部。此书距今亦已两千五百年，乃孔子所作。孔子是继周公以后中国第一大圣人。可见中国史学，其先乃出圣人之手。亦可说中国史学，本是一种圣人之学。中国古人，很早已知史学之重要。此下递传不绝，又迭有演进。中国文化所以成为一种最富人文精神之文化，其事绝非偶然。

中国历史最有价值处，在其记载方法之周密而完备，因此中国史书有许多各不同之体裁。自然科学最大本领，首在观察，次在记录。中国古人对"人"与"事"方面之观察与记录，其精密审细，较之近代西方之运用在自然物方面者，可谓有过无不及。将来若有人要从头研究人类生活文化演进，求获一番新知识，则惟中国有此一番记录，可供参考。因惟有中国史备有一种科学精神，把人类往迹，分年、分事、分人记下。像是错综，不免重复，实最细密，可获真象。而且中国的史书，又备有一种民主精神，从不把一件事都归在一个人的帐上，从不认为一个人可以干出一件事而没有别人参加。而且一事归一事，如政治学术，各自分开，从不把一事来抹煞另一事，因此也绝不把某一色人来淹没了另外一色人。

我认为治史只有八个字最重要，一曰"世运兴衰"，一曰"人物贤奸"。治史必该从此八字着眼，从此八字入门，亦在此八字归宿。

治史必以国家民族当前事变为出发点。能懂得注意世运兴衰，人物贤奸，积久感染，也自能培养出一番对民族国家之爱心，自能于民族国家当前处境知关切。诸位当知治史学，要有一种史学家之心情与史学家之抱负。若不关心国家民族，不关心大群人长时期演变，最多只能谈掌故，说旧事，更无"史学精神"可言。

在抗战前，中国东北出现了一个满洲国。外国人那时，也懂得讲"民族自决"，却说既有满洲民族，便该有满洲国。到今天，又有人在讲台湾独立，他们认为台湾人不是中国人。他们也在讲历史，可惜对中国史实是一无所知。这也不足责备。可耻可叹的，是中国人不懂中国史，不讲中国史。目前正有不少优秀中国青年去到美国、日本学中国史，那就值得我们之警惕。

此刻的中国人，还有人肯信中国会复兴。此是一部中国史有大意义大价值之真凭实据所在。虽经此一百年来中国人自己尽情自谴自责，但到底没有完全失掉此一分信心。有信心自会有希望。当前的史学家，正该在此契机上把稳舵，向前驶进。一时风狂浪恶，也自不足患。西方人有一套较发达的自然科学，还能自骄自傲。中国人有此一套极精美的人文学，为何不自奋自发？

历史上有过不少为民族为国家为大群体长时期前程而立志操心的大人物，他们此种心情，可谓之是"史心"。培养史心，来求取史识，这一种学问，乃谓之"史学"。"史学"必以国家民族大群体长时期上下古今直及将来，为其学问之对象。由此培养出一番见识与心智，其自身始得成为一历史正面人物，便是能参加此民族国家历史大趋之人物。其所表现，则在此人物之当身，在此人物之现代，在其当身现代所干之事业。此即是一历史事业，不限于其当身与现代。

第三讲　历史上之时间与事件

我们常说，时间有过去、现在、未来。过去的过去了，未来的还没有来，现在则像在过去、未来的一条夹缝中，等于几何学上两个面交切所成的一条线，并无广袤可言，而又是变动不居。我口里说到现在，此现在即成过去。甚至我心里想到现在，此现在也即成过去，永不停留。今我要问，过去的已经过去，未来的还没有来，又没有一个真实的现在，如此则人生与历史究将在哪里安放？诸位当知，如此说时间，只是一种数学上的时间，或说是一种自然科学上的时间。其实自然科学上的时间也不如此。这只是一个抽象的时间，好像时间可以脱离事物而独立。实际上，一个真实的时间，并不能脱离一切事物而独立。

我说过去者未过去，未来者早已来。时间各有单位不同，一切过去，都该能保留在未来中。不要认为过去的已过去了，当知过去可以永远保留。未来的可以早侵入到过去，过去的也可早控制着未来。

孟子书里有两句话说："所过者化，所存者神。"此可把来讲人生，也可把来讲历史。尤其可用来讲中国历史。一面是"积存"，一面是"变化"。一切过去都积存着。一天天新生命加入，便一天天在积存中发生出变化。全部历史只是所过者化，同时又是所存者神。我们岂不也还可以化，还可重新又化出神奇来？

再讲到历史事件。事情有大有小，一件大事之内，可包括许多小事。许多小事，会合成一件大事。如读史，汉高祖、楚霸王相争，此是件大事。鸿门之宴，垓下之围，都是其间的小事。但小事中还可分出小事。如鸿门宴中有项庄舞剑，垓下围中有虞姬自刎。而此诸小事中仍可分出几多小事来。如此分析下去，在一件事中，不晓得有几多小事可说。其实楚汉相争，在历史上也只是件小事。只要我们讲历史的换上一个题目，如讲"西汉开国"，那么楚汉相争也仅是一小事。又若再换一题目，讲"两汉兴亡"，则西汉开国也变成一小事。一切事，要活看，不能死看。不要硬认为当真有这么一件一件事。只因我们在历史过程中定下几个题目,遂若真有这么一件一件事可以分开。真的历史则并不然。把来分作一件一件事的,只是人为的工作。所以历史事件可分也可合。我们若把夏、商、周三代认为是"封建的统一",秦汉以下称为是"郡县的统一",如此来讲中国历史,岂不把四千年历史只分成了两节,只有由分而合、由小而大一件事,此一件事中便可包括一切变化一切事。

如此看法,可知民国初年北洋军阀割据,只是历史大流中一小波澜。今天中共窃据大陆也一样。也只是大流中一小波澜。中国则只是个中国,民族抟成与国家创建,这是中国历史一条大趋向。也可说全部中国史,惟有这一件事,即国家与民族之创成与扩展。

中国历史背后有一大图样,才成此大建筑。其实是有一番大生命存在,这即是中华民族五千年来的一番大生命。此番生命,还该无穷无限地继续。犯了病,只如屋子遇到风吹雨漏须加修补,却不能把整个生命来彻底改造。当知一切生命,在原理上还是差不多。此项生命大原理,固然可在历史中寻求,但历史上却又往往不能把来明白写下;此处便是学历史者之大难题所在。很多大事,往往不在普通历史上写。如孔子讲学设教,此是中国历史上大生命、大精神所寄,但诸位读《左传》则不见,读史记又嫌略。孔子讲学,却描画出此下中国历史一大图样。要学历史,须能把全部历史在大心胸、大智慧下融通一体,见其大又能见其通。此须我们学历史者之聪明与学力。我们要看得一部历史只是一件大事,中华民族此五千年来也只是一件大事,而分着为这件那件各别的小事写上历史了,而又有不写上的。

第四讲　历史上人物

人应有两个身份,也可说人是生活在两个圈子之内。一圈小,一圈大。我们是一个"自然人",同时又是一个"历史人",亦可称为"文化人"。天地自然生此人,此是生在自然大圈之内,但也生在历史里面。离开了历史,我们只是一野人,一原始人,不会像今天我们这样的人。

人是历史的创造者,又是历史的表现者,同时亦是历史的主宰者。因于人不同,而所创造、所表现、所主宰的历史也不同。因此我们今天来研究中国史,最重要的便是要研究中国人。

读历史,"定要懂得人物贤奸"。曹操兼能政治、军事、文学,又能用人;备此诸能于一身,故为中国史上一稀有人物。但曹操终是一大奸。若操能开诚心,布公道,尽力扶持汉室,刘备不致定不与他合作。此下六百年弑篡相承,使中国历史陷入一段中衰时期,曹操不能辞其咎。曹操、司马懿都是中国历史上的大奸雄,换句话说,他们是历史上的反面人物。因他们各具一个私心,为己不为人,为家不为国。他们不能领导历史向前,却使历史倒转向后,违背了历史的大趋向。批评历史人物,自有一标准。所以我们要学中国的史学,便不得不懂中国人的义理之学,那是比史学更大的学问。

我们讲了历史上有正面人物与反面人物。现在再接讲历史上的人,有一种在上层,有一种在下层。有浮面的人,也有底层的人。浮面上层的人,如三国时代曹操、刘备、孙权、诸葛亮、司马懿、鲁肃、关羽等大家知道,写在历史上,他们是上层的人。可是还有下层的人。前已讲过,任何一件事,不是一个人所能做。中国历史写得尽详细,还都是些上层人物。可是还要有下层人物,历史上根本没有写下。像我们,或许将来历史上都没有名字,可是我们确确实实活在这个历史里面。我们的生命,将来亦会永远藏在这历史里面。有记载的历史,亦有不记载的历史。项羽率领江东八千子弟渡江而西,历史上只写一个项王,八千子弟姓甚名谁,历史上不曾写下。但若没有这八千人,项王一人渡江有什么用?所以我们讲历史,不是要专讲历史的上层,还要讲历史的下层。

历史的上层是政治,下层是民众;但中国历史主要的,又有中间一层,即是知识分子学术界,中国人称之曰"士"。"士"之一阶级,亦可称为"学术阶级"。逢到学术昌明,此辈人多往上到政府方面去,则天下治。政治不清明,天下乱了,此辈人回头来只在乡村小都市从事教育,以待后起。所以这个社会能获一永远稳固的基础。所以中国一向看重读书人。中国历史乃是掌握在中国的学术上。

但我们今天,个人主义功利思想弥漫日盛。中国四民社会中"士"的一阶层,本要在世俗社会上建立历史理想,把如何做人即如何生活,奉为如何做事即如何建功立业之基础与准绳。德性道义生活更重要。但此刻则此一阶层渐趋没落。我们也将追随西方,只重个人的外生活,重功利，重事业；新社会亦将以工商经济为主要中心，一切听命于此。此从中国传统历史讲，乃是天翻地覆一绝大转变。我们要把中国历史大流堵塞，另开新流，此事艰巨且不论；其是非得失，亦该有讨论。

三月二十一、二十二日，《学问的三方面——史学导言之一》，刊于《中央日报》。收入同前书《中国史学发微》。摘要见前。

三月二十一至二十四日，《青年的责任——与青年书之一》，刊于《中央日报》；又刊于《中央月刊》二卷五期。收入联经《全集》第四十二册及素书楼文教基金会·兰台出版社《历史与文化论丛》页三七七~三八五。摘要略。

三月二十三至二十六日，《治史学所必备之一番心情——史学导言之二》，刊于《中央日报》。收入同前《中国史学发微》。摘要见前。

三月二十七至三十一日，《历史上之时间与事件——史学导言之三》，刊于《中央日报》。收入同前《中国史学发微》。摘要见前。

四月，《爱我中华——与青年书之二》，刊于《中央月刊》二卷六期。收入同前《历史与文化论丛》页三八六~三九四。摘要略。

四月一至五日，《历史上之人物——史学导言之四》，刊于《中央日报》。收入同前《中国史学发微》页八六~一〇五。摘要略。

五月，《史学导言》，由台北"中央日报"社刊行。收入同前书页三五。摘要略。

五月，《周冠华著荀子字义疏证序》，刊于《艺文志》第五十八期。收入联经《全集》第五十三册《素书楼余沈》。摘要略。

五月，《自觉自强——与青年书之三》，刊于《中央月刊》二卷七期。收入素书楼文教基金会·兰台出版社《历史与文化论丛》页三九五～四〇三。摘要略。

六月，《人生之路——与青年书之四》，刊于《中央月刊》二卷八期。收入同前出版社《历史与文化论丛》页四〇四～四一二。摘要略。

六月，《正中书局再版朱子语类序》，刊于七月三十日《台湾新生报》；又刊于八月《新时代》十卷八期。收入联经《全集》第五十三册《素书楼余沈》。摘要略。

六月十日，于台北孔孟学会演讲，讲辞《孔子之心学》，刊于九月《孔孟学报》第二十期。案本文后收入联经《全集》第四册《孔子与论语》，改名《孔子之史学与心学》。二〇〇一年素书楼文教基金会·兰台出版社整理新版印行。页三四五～三五二。大意谓：

孔子的真学问，则在根据历史，知道自古到今之沿革变迁，遂能跳出现代圈子，把自古到今的沿革变迁来批评现代；故曰："我非生而知之者，好古敏以求之者也。"又曰："述而不作，信而好古。"又曰："默而识之，学而不厌"。这些都是孔子之历史学与掌故学。

孔子研究史学，却为种种因革变迁的礼文找出一个本原，这就成为是孔子的历史哲学。孔子认为一切礼的本原，不在外部，而在创礼与守礼者之内心。这是孔子之心学。孔子的心学，是孔子的历史哲学之最后的结论。故曰："礼云礼云，玉帛云乎哉？乐云乐云，钟鼓云乎哉？"又说："人而不仁，如礼何？人而不仁，如乐何？""仁"与"礼"是孔子常常提到的两件事。"礼"是外面的节文，"仁"是礼之本原，即指的人之心。此后孟子说："仁，人心也。"此语便把"仁"字解释完尽。当知仁只是人之心，但此心必在人与人相交接时始十分透露，故汉儒又把仁字另作解释云："仁，相人偶也。"相人偶，便是指的人与人相交接。我们应把汉儒解释来补充孟子的语义，则仁是一种社会心，乃人与人相偶处时之心。礼是一种相人偶的事，其本原由相人偶之心来。换言之，即

"礼"从"仁"来也。由上述说，孔子思想便是由史学转入了心学。

七月，《陆桴亭学术》，刊于《故宫图书季刊》一卷一期。收入联经《全集》第二十二册及素书楼文教基金会·兰台出版社《中国学术思想史论丛》（八）页二四～五七。大意谓：

朱子学之流衍，余所最心折者有四人。在元曰黄震东发，明则罗钦顺整庵。明、清之际，有顾炎武亭林及陆世仪桴亭。朱子之学，性理、经史，俱臻于极。黄、顾尤长于经史，罗、陆更邃于性理。故亭林《日知录》屡称东发，而桴亭《思辨录》则时推整庵。亦见其学脉所自之有辨也。然若言理学经济，明体达用，内圣外王，兼而有之，则桴亭转若与亭林为近。此亦晚明学风所趋，而两人者足为其表率。亭林《日知录》分经术、治道、博闻三类，主"经学即理学"于性理阐申，似视黄、罗、陆三家较逊。言治道，则犹未泯诂经考史之迹。桴亭《思辨录》，博闻差堪比肩亭林，殆已超出黄、罗两家之上。其阐明性理，则粹然考亭矩矱，所得似较整庵益胜。而其言治道，亦复原本经史，博究古今之变，而尤能泯化史学襞积。使读者见其为论治，不觉其为论史。亦犹其言性理，使读者惟见其言人生日常，而不见有理窟之勃窣。比拟《思辨录》于东发之《日钞》，整庵之《困知记》，亭林之《日知录》，所诣固是在伯仲之间，而《思辨录》一书，益见有清新特出之妙。陈辞措意，脱落恒蹊。称心而道，摆尽缠缚，别开生面，洵不可多得之书也。

桴亭值易代之际，毕生未涉仕途，与亭林相类似，而声光暗淡尤过之。全祖望始为之作传，谓：国初儒者，曰孙夏峰、黄梨洲、李二曲最有名，而桴亭先生少知者。及读其书，而叹其学之邃。下迄清季，群称晚明三大儒曰亭林、梨洲、船山，于桴亭亦少称述。

桴亭之学，一本朱子，观其《思辨录辑要》，分门别类，广博浩瀚，乃俨如朱子之《语类》。虽论其质量，若有未逮，要之为朱子以下所未有。其为学规模，实可谓是朱子之具体而微也。桴亭之论学有曰："为学之弊有五端，而好异学攻时文者不与焉。谈经书则流于传注，郑玄、王弼之类是也。尚经济则趋于权谲，管、韩、申、商之类是也。看史学则入于泛滥，明道讥上蔡为丧志，朱子以伯恭为眼粗是也。务古学则好为奇博，扬子云玄而无当，张茂先华而不实是也。攻文辞则溺于词藻，卢、骆、王、杨皆名士，毕竟称为小才；韩、柳、欧、苏为大家，亦不免于夹杂是也。要之只不知大道。不知大道，故胸无主宰，到处差错。"桴亭之学，于此五者，皆所涉猎，然皆能祛其弊而见其大，可谓卓然不失为道学之正统矣。

桴亭学本朱子，固不以朱子之学为"支离"，然常以"精微"戒人，此亦桴亭之独见。其以"精微"为戒，正是其特见精微处，惜乎欲索解人不易得也。桴亭极反阳明四句教"无善无恶"一语，而又曰："喜怒哀乐，好恶生杀，无非天理。故曰善恶皆天理。"善恶皆天理，即是说善恶皆性。桴亭于此特标出《中庸》"中和"二字。其言曰："论性精微，莫若中庸，然只说喜怒哀乐。喜怒哀乐未发是性，已发是情。中与和是善。未发无不中，已发无不和，是圣人之性善。未发未能无不中，而未尝无中。已发未能无不和，而未尝无和，是常人之性善。性善二字只如此看。"于是桴亭乃提出其自己之"性无善恶"说。其言曰："人性中无所谓善恶。只有中与过不及。故圣人尽性，只是致中和。"此处极见桴亭论学常有宋明回返先秦之倾向。宋明理学家言似嫌多涉精微，先秦孔孟儒则语多平实。桴亭乃以宋明儒之精微回阐孔孟之平实。既归平实，斯可免精微之流弊。故桴亭并不辟宋明之精微，乃以孔孟平实来作阐申，则一切精微自归平实也。于此见桴亭之自下语，虽若一一平实，而于平实中实有愈见精微之处。

桴亭崛起于明末，其学直承周、朱，然实不能尽其用。若论成学之功业，则尚不如亭林《日知录》。桴亭于阐申理学义蕴，虽为卓至，其开启此下学术新途径，则不得不谓其有逊于亭林。此则亦时为之也。桴亭在明儒中惟时时称道罗整庵，而于论学大节，则驳正整庵处亦多。全谢山《传》有曰："《思辨录》所述，疏证剖析，无不粹且醇。其最足以废诸家纷争之说，而百世俟之而不易者，在论明儒。"是桴亭在理学传统中，亦一闻知者。易代以后，筑亭水上，潜龙不用。身居江南人文荟萃之区，而声光独暗。此固大儒之学养，资后人之观其德则可矣，然亦岂桴亭之所欲乎！其论《易》之《明夷》有曰："明不可息。虽晦于外，不可息于内。混迹庸众，所谓晦。专心圣贤，所谓明。"又论《易》之

"潜龙"曰："非龙德不能当潜，今之潜而龙者又谁乎？"此见其自负与自处。惜乎桴亭之所志所学，终以限于形势时位，而不获大彰显于后也。

七月，《从认识自己到回归自己——与青年书之五》，刊于《中央月刊》二卷九期。收入同前出版社《历史与文化论丛》页四一三。摘要略。

八月，《序陈固亭明治时代中日文化的联系》。此略。

八月，《中国文化的最高信仰与终极理想》，刊于《警备通讯》第一百四十六期。案此文为《中华文化十二讲》之一。收入素书楼文教基金会·兰台出版社《中华文化十二讲》页九五~一一四。摘要略。

十月六至九日，《我和陈通伯先生》，刊于《中央日报》；又刊于《传记文学》十七卷四期。此略。

十月十八日，《怎样做一个中国人》，刊于《香港时报》；案本文为《中国的空军》杂志邀稿而作。收入素书楼文教基金会·兰台出版社《中国文化丛谈》页八〇~八六。摘要略。

十月，《孔子思想与世界文化新生》，此文为孔孟学会作。收入素书楼文教基金会·兰台出版社《孔子与论语》页三〇〇~三二〇。大意谓：

今天的世界，由于物质进步，而使全世界人类日趋于接近。而正为此物质进步，人类日相接近，而使全世界人类在其心灵上，乃失却其黏合融合以共成为一体之主要成份，而更走向各自离散与敌对之一途。于是人心苦闷，恳切要求能有一转变。而此转变之曙光，则不幸而日益黯淡，日益渺茫。不仅无可接近，甚至无可瞻望。

今天的世界大问题，正本清源，首应着重于"教育"问题上。而今天人类所能寄望之教育，将是一套崭新的教育。此项新教育，则不能单一寄托在古老之宗教信仰上，亦不能单一寄托在古老之哲学思想上，更不能单一寄托在专限于物质方面之各项科学的知识与技能上，更不能寄望在狭义的国家与民族之各别相争上。此项新教育，则必当以全体人类为其共同对象，不问国别、种族别、职业别，乃至男女、老幼、富贵、贫贱种种人生境遇中之种种差别相，而有其一套共通的教育宗旨与教育方法。更不能有种种条件限制，如所谓小学、大学，普通教育与专门教育等，应使人人有接受此新教育之可能。只要其是一人，即应包括在此新教育之对象中。纵是种种人间相，千差万别，此一教育理想与教育方法，则纯一无别。不论种种零碎事项，都能在片言只语之指点下，可以使其各自反于心，各自达于外，而共同趋赴于同一目标，而不见有冲突，不见有差歧。

求之人类以往之教育宗旨与教育方法，能符合此一理想者，则惟有孔子思想。

十二月，《中国史学名著：〈尚书〉》，刊于《文艺复兴》第十二期。收入联经《全集》第三十三册及素书楼文教基金会·兰台出版社《中国史学名著》页一～一四。摘要略。

十二月六日，《阐释尊师重道》，刊于《大众日报》。此略。

一九七一年　辛亥　七十七岁

一　国内大事

六月十七日，美日两国片面签署《琉球群岛移转协定》。我政府再度郑重要求美日政府采取合理合法措施，以尊重我国对钓鱼台列屿主权。

十月二十日，中共新华社发表《台湾自古以来就是中国的神圣领土》评论文章。

十月二十五日，"中华民国"退出联合国。十一月十五日，中华人民共和国正式进入联合国。

十二月十五日，蒋"总统"明令公布将《中国银行条例》名称修正为《中国国际商业银行条例》。

二　事略

先生本年续在文化学院历史研究所任教。

三　著述

一月，《中国史学名著：〈春秋〉》，刊于《文艺复兴》第十三期。收入联经《全集》第三十三册及素书楼文教基金会・兰台出版社《中国史学名著》页一五。摘要略。

一月，《黄东发学述》，刊于《故宫图书季刊》一卷三期。收入联经《全集》第二十册及素书楼文教基金会・兰台出版社《中国学术思想史论丛》（六）页一~三三。大意谓：

少时读顾亭林《日知录》，即知黄震东发其人而好之。及读全谢山《宋元学案》称引黄氏语益多，益增想慕。然其书《日钞》颇难得。中岁游北平,始获一部。方别有撰述,未暇细加籀诵。年来草为《朱子新学案》,称引黄氏语亦仅据谢山。及《学案》成书,始抽暇通体玩诵《日钞》,复稍摭其一二条增入《学案》。窃谓后儒治朱学,能深得《朱子》奥旨者,殆莫逾于黄氏。谓黄氏深得朱学奥旨者,在其学博而能醇。

东发以一理学大儒,观其《日钞》,经、史、子、集罔不搜罗,可谓繁伙矣,然独无语录,此为理学家一异。其研精文史,用力之勤,可谓理学家中之又一异。盖东发之学,专崇朱子,其学博,即承朱子之教而来。然于朱子成说亦时有纠正,不娓娓姝姝务墨守,此则尤值重视。朱子论学极尊二程,亦时于二程有纠正。东发之能纠正朱子,乃正见其善学也。

伊川亦以读书为格物穷理之一端,然程门教人读书,终嫌太狭,伊川并《庄》、《列》亦不寓目。和靖来程门半年,仅得看《大学》、《西铭》。惟读书少,此心无放处,而必欲归之一线,则势将横斜轶出。朱子言:"学问孤则易入禅。"程门下梢都入禅,正亦因其视义理者太孤,读书门路太狭,其心枯燥,有以导之。而程门"敬"字,于此乃益见其重要。此在二程当时,殆以理学之途初辟,有不得不如此者。然孔孟大道,究非蚕丛栈道之比。故二程之为道,必至于朱子而后成,而后定。朱子始以博学广览教人,乃象山又议之曰"支离";此见当时理学门户,固已深固,而来游朱子之门者亦终不能于二程传统下痛快得解放。东发专崇朱子,极斥象山,其读书之广,观于《日钞》所罗列,文集一门,韩柳以下,凡得十家;东发于此,盖莫不竟体循玩,非聊资浏览而已。此乃东发善承朱子,乃其一种新学风之展开,大值注意大堪欣赏者。惜乎东发以后,此风终于不扬。治理学者仍惟奉语录为主,能上探经籍者已少,能旁及百家者更少,又能纵恣及于诸史者则更少之又少,又何论于诗文末技。此固限于其人之才,抑亦囿于风气;而学术之各有门户,乃不仅道学与儒林分而不合,而文苑一类又复距之益远;此则读东发之书,所由益增其向往之私也。

东发于史学,亦见博洽。东发论政,常主有治人,无治法。故其读史,亦备详人物,而不过重于制度。其论《三国志》云:"蜀者,地之名,非国名也。昭烈以汉名,未尝以蜀名。不特昭烈,虽孙氏之盟亦曰

'汉、吴既盟，同讨魏贼。'彼小人兮，独何所据而以蜀名之。国之有称号，犹人之有姓氏，自古未有改人之姓氏而笔之书，则亦未有改人之国号而笔之史者。刘渊自谓汉，人犹谓之汉；元帝累累南渡，世亦谓之晋。未闻以其居吴而谓之吴也。史氏实录，将以示信万世，从而蜀之，何欤？"此一检举，陈寿以来发其覆者不多。东发始发此正名之议，然此下魏、蜀、吴三国称号，竟亦莫之能改，陈寿私举，遂成历史定案，亦可怪也。

一月至十二月，《黄帝的故事》，刊于《国魂》第三百零三至三百一十二期。收入联经《全集》第三十六册《古史地理论丛》。摘要略。

二月，《中国史学名著：〈春秋〉三传》，刊于《文艺复兴》第十四期。收入素书楼文教基金会·兰台出版社《中国史学名著》页三〇。摘要略。

三月，《朱子新学案之例言》。收入联经《全集》第十一册《朱子新学案》（一）。摘要略。

三月，《中国文化精神之序》，收入联经《全集》第三十八册及素书楼文教基金会·兰台出版社《中国文化精神》一书中。文中有云：

闻鼙鼓而思将帅。今者国难当头，保护国家，捍卫文化，惟我军人担当了莫大的责任。惟能对国家民族传统的文化有信心，始能对保护捍卫当前的莫大责任有勇气。余对中国传统文化之深博伟大，所知甚浅。然自问爱国热忱，则自幼年迄于今兹，从未后人。凡我所讲，无不自我对国家民族之一腔热忱中来。

我之生年，在前清光绪乙未，即《马关条约》台湾割让日本之年，我之一生，即常在此外患纷乘，国难深重之困境中。一九一二年，我即在乡村小学教书。我之稍有知识，稍能读书，则莫非因国难之鼓励，受国难之指导。我之演讲，则皆是从我一生在不断的国难之鼓励与指导下困心衡虑而得。

我敬愿以此一腔热忱，以此稍许困心衡虑之所得，贡献于当前负保护国家捍卫文化之大任的军人们。并愿仍鼓余勇，以追随于我可敬爱之军人之后，同为当前国难善尽我所能追随之贡献。

三月，《中国史学名著：〈左传〉》，刊于《文艺复兴》第十五期。收入同前出版社《中国史学名著》页四五～六二。摘要略。

三月，《钱竹汀学述》，刊于《故宫文献季刊》二卷二期。收入联经《全集》第二十二册及素书楼文教基金会·兰台出版社《中国学术思想史论丛》（八）页三〇四～三二六。大意谓：

竹汀晚年著《十驾斋养新录》，同时阮元芸台为之序，有曰："学术盛衰，当于百年前后论升降焉。元初学者，不能学唐、宋儒者之难，惟以空言高论易立名者为事，其流至于明初《五经大全》，易极矣。中叶以后，学者渐务于难，然能者尚少。我朝开国，鸿儒硕学，接踵而出。干隆中学者，更习而精之，可谓难矣，可谓盛矣。国初以来诸儒，或言道德，或言经术，或言史学，或言天学，或言地理，或言文字音韵，或言金石诗文。专精者固多，兼擅者尚少。惟嘉定钱辛楣先生能兼其成。由今言之，盖有九难。先生讲学上书房，归里甚早，人伦师表，履蹈粹然，一也。深于道德性情之理，持论必执其中，实事必求其是，二也。潜研经学，传注疏义，无不洞彻原委，三也。正史杂史，无不讨寻，订千年未正之讹，四也。精通天算，三统上下，无不推而明之，五也。校正地志，于古今沿革分合，无不考而明之，六也。于六书音韵，观其会通，得古人声音文字之本，七也。于金石无不编录，于官制史事，考核尤精，八也。诗古文词，早岁久已主盟坛坫，冠冕馆阁，九也。元尝服膺曾子十篇矣，曰：'难者弗辟，易者弗从。'若立一说，标一旨，即名为大儒，恐古圣贤，不若是之易也。"

阮氏此序，实可为当时推重竹汀为学之代表。竹汀身后，《潜研堂集》刊行，段玉裁懋堂为之序，所言亦无以大异乎阮氏。在竹汀亦自言之曰："宣尼之言曰：'君子博学于文。'颜子述夫子之善诱，则曰：'博我以文。'子思作《中庸》曰：'博学之，审问之。'《孟子》之书曰：

'博学而详说之。'圣人删定《六经》，以垂教万世，未尝不虑学者之杂而多歧也，而必以博学为先。然则空疏之学，不可以传经也审矣。"则竹汀固自以博学为标的也。空疏之学，为竹汀之所斥。然博学尤贵有的。竹汀又曰："知德性之当尊，于是有问学之功。岂有遗弃学问而别为专德性之功者哉！"舍问学而言尊德性，固为竹汀所不许。然道问学正以为尊德性，则舍德性而言问学。更尤为竹汀所不许也。阮氏列举九难，首之曰"人伦师表，履蹈粹然"。次之曰"深于道德性情之理"。以此为竹汀揄扬，可谓知先后之序矣。

在《阮序》中，尤可注意者，乃在无一辞涉及汉学、宋学之分野。竹汀论学，即不认有此分野也。故曰："濂溪氏之言曰：'实胜，善也。文胜，耻也。'儒者读《易》、《诗》、《书》、《礼》、《春秋》之文，当立孝悌忠信之行。文与行兼修，故文为至文，行为善行。处为名儒，出为良辅。程、张、朱皆以文词登科，唯行足以副其文，乃无愧乎大儒之名。圣贤施教，未有不以崇实为先。"此以濂溪、二程、张、朱为能崇实学，故无愧乎大儒之名，则曷尝有菲薄宋儒道学之见存其心中乎！

竹汀为学，主于持论执中，实事求是，决不愿见学术界有轻肆诋毁菲薄前人之风，更不愿有门户出入主之私争。此在当时学术界中，洵可谓一特立独出之人物。余读《十驾斋养新录》，有一条云："朱文公《与陈同甫书》云：'欲贤者百尺竿头，进取一步，不作三代以下人物，省得气力为汉、唐分疏，即更脱洒磊落。'"此条仅录朱子语，更不自下一辞。窃意在当时，汉、宋门户意气已一时垒起，竹汀孤怀独抱，明照炯然，既不愿与时人竞肆辨诘，亦不愿为古人一一分疏，诚所谓"省得气力，脱洒磊落"。朱子此言，在竹汀必极有所感慨，故备录之，而更不自着一语；则尤值后人读其书者之神往也。此条在《余录》，已在竹汀七十六后之晚年，其对当时学术异同上之情怀，亦大可想见矣。

竹汀之为学，固不限于史。其成学之所至，亦不得仅以史学名。其学浩博无涯涘，不得已而必为之名，则不如直承清初诸大儒如亭林之俦而名之曰"经史实学"，庶乎近是。此犹是清儒学风未大变时之所有也。江藩著《汉学师承记》，亦以竹汀列名其间，不知竹汀固未尝以汉学自居。当时以汉学自负，以汉学相号召者，复有竹汀胸襟意趣之仿佛否？江氏之称竹汀又曰："尝谓自惠、戴之学盛行于世，天下学者但治古经，略涉三史，三史以下茫然不知，得谓之通儒乎？所著《二十二史考异》，盖有为而作。"此言亦无征。谓竹汀乃通儒之学，则然矣。为其治史乃有为而作，此则仍是经学、史学分门别户之见为之作祟，断无当于竹汀为学之意趣也。同时章学诚，欲标史学与戴震经学相代兴，而贻书竹汀，极陈其义，谓"天壤之大，岂绝知音，针芥之投，宁无暗合"，此亦未免门户之见，好启争诋。今《潜研堂集》中不见有复书，是竹汀固不以实斋为知音也。

纵谓治经必守汉人家法，非谓学问即尽于是也。其它一时学人，兼擅经、史、文章者，尚亦不乏，而竹汀尤为之冠冕。阮氏《养新录》一序，言之备矣。顾当时戴震东原乃曰："当代学者，吾以晓征为第二人。"此语引于江藩《汉学师承记》。江氏又曰："盖东原毅然以第一人自居。然东原之学，以肆经为宗，不读汉以后书。若先生学究天人，博采群籍，自开国以来，蔚然一代儒宗也。以汉儒拟之，在高密之下，即贾逵、服虔，亦瞠乎后矣，况不及贾、服者哉！"是江氏为竹汀抱不平。然东原初至京师，困于逆旅，竹汀为之延誉，称曰"天下奇才"，举世始知有东原。及东原卒，竹汀为之传，首举其"训诂明而后义理明"之论，而于此一义，竹汀乃终身称道。如曰："穷经者必通训诂，训诂明，而后知义理之趣。"类此之言犹屡见，而畅发于所为《经籍纂诂序》。其言曰："有文字而后有诂训，有诂训而后有义理。训诂者，义理之所由出，非别有义理出乎训诂之外者也。汉儒说经，遵守家法，诂训传笺，不失先民之旨。自晋代尚空虚，宋贤喜顿悟，笑问学为支离，弃注疏为糟粕，谈经之家，师心自用，古训之不讲，其贻害于圣经甚矣。仪征阮公，以经术为多士倡，谓治经必通训诂，而未有会最成一编者。往岁休宁戴东原实创此议。此书出而穷经之彦，焕然有所遵循；学术正而士习端，其必由是矣。小学云乎哉！"

谓"治经必通训诂"，此固然矣。谓"有训诂而后有义理"，"非别有义理出乎训诂之外"，此则大不然之甚者。若谓治学必以训诂为主，训诂必以汉儒为归，如此则学必昧其本源，而门户之已狭。学问只在故纸堆中，而所见之已小。实不与竹汀平日论学素旨相合。竹汀论学之渊懿，余既备引其说矣，惟此一义，实堪疵病，而实袭自东原。既奉以为治学之最要途辙,则无怪乎东原之毅然以第一人自居,而以竹汀为第二人也。竹汀以一代通儒,而袭此谬论,迄于晚年,曾不悟其非可与向所持论之凤旨相融洽。由此推衍,则孔、孟义理无其原,而汉、宋门户不可泯。余诵潜研一集,每不禁于此而为竹汀致惋惜也。

三月十四日,《王贯之哀辞》,刊于《中央日报》。收入联经《全集》第五十一册及素书楼文教基金会·兰台出版社《八十忆双亲师友杂忆合刊》页四一○。摘要如下:

案王道先生字贯之,为人生杂志创办人,此刊物以倡导中国文化为主旨。梁寒操先生为其抗战时期在重庆的老上司,在新亚义务授课时,先生与梁寒操先生联名亚洲基金会,为王贯之先生请得一笔津贴,《人生杂志》遂由此开始。

"贯之以极奋发的热忱,来运用此极低微的津贴,他除每期必自撰稿外,编辑、校勘、印刷、发行一切事务,都由他夫妇两人分担。还有余款,不少当时的流亡智识分子,蒙邀约,参加工作,而获得了救济。贯之的全部精力和全部活动,则都放在人生一刊物上。无交际,无应酬、无娱乐、无休息。节衣缩食,过着最清苦的生活。"

四月,《我对于雅礼、新亚合作十七年来之回忆》,刊于《新亚生活》十三卷十五期。收入联经《全集》第五十册《新亚遗铎》。摘要略。

四月、五月,《中国史学名著:〈史记〉》,刊于《文艺复兴》第十六、十七期。收入素书楼文教基金会·兰台出版社《中国史学名著》页六三。摘要略。

五月,国军文艺工作队讲辞《学术与人才》,刊于《国魂》弟三百零六期;又刊于六月二十三、二十四日,《青年战士报》、九月《海外文摘》第一百九十六期。收入联经《全集》第四十四册及素书楼文教基金会·兰台出版社《中国文化丛谈》页二八三~二九七。摘要略。

六月，《中国史学名著：〈汉书〉》，刊于《文艺复兴》十八期。收入同前出版社《中国史学名著》页一〇七~一一七。摘要略。

六月五日，新亚书院学术讲辞《事业与性情》，刊于《新亚生活》十四卷三期。收入同前出版社《中国文化丛谈》页二六二~二八二。摘要如下：

人生是两面的，一面是"业"，一面是"性"，用通俗话讲，就叫做"事业"和"性情"。

孔子在《论语》上说："古之学者为己，今之学者为人。"我们吃东西也是学，吃得舒服，这叫"为己"。要吃给人家看、摆阔，这叫"为人"。为己则重在"性"上，为人则重在"业"上，这里有一大分辨。人生在此分辨上，应知有一选择。

明代戚继光写一部书名叫《练兵纪实》。因当时中国沿海各省有倭寇，戚继光练兵作战，因士兵的出生地区不同，而所加训练亦别。如山东的兵长处在哪里，短处在哪里，江苏的兵长处在哪里，短处在哪里，书中都有详尽分析。这是一部极值得注意的书，因此书能发挥了因才施教的原理。这在教育事业上固当注意，即在自我教育方面也该注意。今天的教育，数千万人在一学校，聚数十百人在一班上课，他们出身不同，背景不同，也可说，各人品种性格有不同。但我们只重事业不重性情，硬把来集合在一起。若说学校是一制造人才的工厂，今天的学校未免有些粗制滥造。像在工厂里用机器大量出产的货物，断不能如从前人手工艺品之精美。今天的教育只讲普及化、大众化，论量不论质。只问事业所需，不问性情所宜。只求成才，不求"尽性"。把人生只当作一种工具，专为外面需要，不问内部生命之真实所在。若是我们要讲品种、讲性格、讲后天培养，则以前像英国牛津、剑桥的教育方式，倒有些地方可以借镜。它的教育方法，确有些近乎中国宋、明时代的书院。它分了许多学院，各自隔别，日常人生，照顾周到。不像今天般的教育，都已社会化，不容特立独行之士。只讲多数，只要随从众势，这在陶铸人才上，是大有问题的。

六月十至十二日，清华大学人文科学讲座讲辞《中国文化与科学》，刊于《中央日报》。收入联经《全集》第四十三册及素书楼文教基金会·兰台出版社《世界局势与中国文化》页二六二～二八四。摘要略。

七月，《中国文化精神》一书，由台北三民书局刊行。收入联经《全集》第三十八册。二〇〇一年素书楼文教基金会·兰台出版社整理新版印行。摘要如下：

复智案：一九七一年春，"国防部"集海、陆、空三军军官为"莒光班"，轮番受训，先生受邀讲"中国文化精神"一课，前后十三次，汇成此书。此为先生继《中国文化十二讲》一书后，对当前军人所作系统的文化讲演之第二集。

十三讲细目为：一、中国文化精神。二、中国文化传统在哪里。三、中国文化的变与常。四、文化传统中的冲突与调和。五、文化的散播与完整。六、文化的长命与短命。七、文化中事业与性情。八、文化的中和与偏反。九、文化中的自然与世俗。十、文化中的积累与开新。十一、文化中的精粹与渣滓。十二、文化的前瞻与回顾。十三、复兴文化的心理条件。

先生所讲，颇切时事，兹举《文化中的积累与开新》中论台独为例。先生云"今天我们在台湾，又有人来讲台湾独立，要由中国人自己来肢解中国。这里割一块，那里割一块。他们心里或许是要学美国，美国人多数是英国人，但他们独立成了一美国。讲台湾独立的，也不是不自认为中国人，但美国人能独立，我们为什么不能？但若撇开了美国来讲中国自己传统，台湾人大部分来自潮州漳州，闽南人、广东人、广东客家人，跑到此地来，就是今天我们台湾人。但推上去，广东福建人又从哪里来，大部分还是由中原的中国人迁徙而来。我们只看各省各地的地方志，广东、福建省志，潮州、漳州等府志，乃及一县一县的志，今天在台湾，如"中央图书馆"、故宫博物院（台北）、"中央研究院"、台湾图书馆、台北市立图书馆，各处所藏志书还不少。志书外，还有各家家谱，有一位台湾小姐，在《青年战士报》有一篇长篇连载，把中国百家姓，一姓一姓分述，台湾姓张、姓王、姓赵、姓李的，他们都是大陆来。他书名《五百年前是一家》。这是我们中国人观念。但这个家愈来愈大,从中原而到闽广,又从闽广而到台湾,从台湾南部到北部。倘使讲到五百年前的话,五百年前哪有一个美国?五百年前的英国又是什么样子?我们这些姓,大概都是两千年三千年积累在那里。中国家族和中国人,可说是经过文化淘洗的血统。中国和中国文化,可说是血统凝结的文化。西方历史像是一种输血,希腊、罗马人的血,输进了英国、法国人身中。英国、法国人又在输血,美国是受他们输血的。这里双方究当有些不同。所以在中国历史里,广东、福建人,不闹广东、福建独立。云南人也都从大陆去,抗战时代我们跑到云南,云南人总喜欢说他们是南京人,也没有闹云南独立。大批山东人、河北人迁徙到东北九省,也不闹东北独立。我们在对日抗战前后,乃有所谓满洲国独立。外国人不了解中国,还认为满洲人自该独立一满洲国。当时的国际联盟还派了代表来调查,他们纵使了解这事实背后就有日本人操纵,这是一国际间的阴谋,但满洲独立,仍像可有此一说。今天又有人要来闹台湾独立,不是和那时的满洲国独立如出一辙吗?

　　再说台湾有没有独立过呢?在历史上,台湾是有过独立的。郑成功到台湾,就是台湾独立。那时有大批中国人跟随同来,今天我们台湾同胞的祖宗,跟着郑成功来闹独立运动的应很不少。这些都是爱国之士。满洲人打进中国来,这是中国历史上一个新刺激。中国人跑到台湾独立,便是中国民族一个新反应。郑成功的台湾独立,只是不受大陆满清统治,在此独立,还要打回中国老家去。

　　第二次台湾独立,那就是满清政府把台湾割让给日本,台湾同胞不肯,不愿接受日本人统治,当时就选一个大总统唐景崧,他是大陆人,不是台湾人。那时台湾同胞就推举他做大总统,可见那时的独立,不是要对大陆独立,乃是要对日本独立。但并不能抵御日本的力量。这个独立就如昙花一现,不存在了。今天的我们,实在也是台湾独立呀!中国大陆变成了共产统治,政府迁来台湾,要继续反共,于是有金门大战争,这不是我们又在干台湾独立吗?我们这个独立,也还是要打回大陆去。我们不能尽来学西方,该学的是他们的科学,科学没有国界,和人文历史不同。从前的人文历史不能抹煞重写,不能把中国历史接上西洋。诸位又说，今天是工商业时代，是人类登陆月球的时代了，我们不该再要旧的，只要新的。讲科学，在物质文明方面，这话是不错。但讲人文历史，中国还是中国，西方还是西方。西方人也没有说，今天登陆月球可不再读希腊罗马史，他们的历史，还是他们的历史。中国也一般。

我们不能把中国祖宗积累一刀切断，在这边是切不断，在那边又接不上。倘使我们今天台湾独立了，我请问，台湾要不要有历史呢？国于天地间，总该要有历史，但这部历史又将如何写？说我们革命了、独立了，但我们由哪里来，我们的祖宗在台湾住了多少时，总要往上推，说到郑成功，说到唐景崧。不能说今天台湾独立，就从今天起，台湾选了一新总统。但他怎样成人，受过什么教育？不能只说他曾从美国、日本留学来。我们不能把中国历史一刀切断，不能把中国文化弃置不问，不能说没有家属祖先，只是别人家一个收养的寄儿子求独立。

人生由积累而来，文化亦由积累而来，不断刺激反应，积成经验，而后存在有他这一个人。我们自可学得别人家一点知识，但不能把别人家心来换成我的心。五千年历史到今天。台湾人就是中国人，一刀两断，不承认，要独立自成一国，把我们祖宗积累下来几千年血统和几千年文化全部勾销，但这决不是开新。今天我的题目是讲"积累与开新"，正因中国人最能开新，所以能五千年到今天。西方人容易走上一条停滞的路，迟钝下来，下边没有新花样，所以他们的历史多转换，少开新，变化是有，但不就是进步，这层须细辨。

倘使今天我们台湾独立，真是开了一个新，我请问明天的台湾，要不要有学校教育来教小孩子，还是教读中国文，还是教读日本文、英文？还是学荷兰人跑到台湾来创罗马字拼音？第一个教育问题就是个大问题。我们要开新，不是说今天换一面旗，换几个做官人，就可一路下去。岂不是完全为西方人几个字迷了，觉得'独立'二字很光荣。当知我们中国的历史文化，是一种广大深厚的'积累'。孙中山先生讲尧、舜、禹、汤、文、武、周公，一路积来，才有我们今天。我们今天此地的当然又受了新刺激，下面就该有新反应，却不是模仿抄袭。

中国文化精神最伟大处，在能'调和'。广东、福建人讲话互相听不懂，气候还是有不同，地理当然又不同，但同是中国人。远到东北、西北、只要中国人碰在一块，都还是中国人。中国人最伟大的，就在能调和，不在能分裂。台湾经过了五十年日本统治，这五十年来的日本人极用心地做了一种隔离工作，要台湾人不再是中国人。到头显然是不可能。

若使台湾果独立了，语言文字还是依然，姓名氏族是依然，若说专为政治独立，有人存心利用，可不论，当知台湾人不能向中国人独立。怕是隔了一千年，也不能重新创造出一个台湾民族，独立的台湾民族来。

七月，《中国史学名著：范晔〈后汉书〉和陈寿〈三国志〉》，刊于《文艺复兴》第十九期。收入同前出版社《中国史学名著》页一一八～一三二。摘要略。

七月，《罗整庵学述》，刊于《故宫图书季刊》二卷一期。收入联经《全集》第二十一册及素书楼文教基金会·兰台出版社《中国学术思想史论丛》（七）页四九～七三。大意谓：

余于后儒阐述朱子学者，于元取黄震东发，于明取罗钦顺整庵，然两人为学亦有异。东发可称为朱学，而整庵则以称程、朱学为允，盖朱子于宋代理学中，实开新统，其学不仅汇濂溪、横渠、二程而为一，并轶出其前，兼汇北宋理学兴起以前诸儒，又上溯之于汉、唐、先秦、六经、百家、文、史之部，靡不博通条贯。朱门后起，能具此磅礴宏大之气象者，殊不多有。东发《日钞》，庶乎欲窥此门墙；而整庵则专意精微，户庭修洁，于北宋周、张、二程四家中，更近二程。又其于程、朱相异处，往往一遵明道，于伊川、朱子皆有不满。尝曰："愚尝遍取程、朱之书，潜玩精思，反复不置，惟于伯子之说了无所疑。叔子与朱子，论著答问不为不多，往往穷深极微，两端皆竭，所可疑者，独未见其定于一尔。岂其所谓犹隔一膜者乎！夫因其言而求其所未一，非笃于尊信者不能，此愚所以尽心焉而不敢忽也。"此其与东发之一意独尊朱子为不同也。今试推此意言之，孔、孟创儒学，下迄北宋濂溪、明道，乃始于儒学中创理学。朱子则融理学归儒学，故于孔子后，朱子又为集大成。东发承此而起。整庵则确然为理学家言，故尊明道。朱子同时有象山，整庵同时有阳明，皆为理学，故亦同尊明道。至顾亭林亦欲融理学归儒学，故特尊朱子，兼及东发也。

整庵之学善辨心性。因以辨及象山、慈湖、阳明，以至释氏禅宗。此乃整庵在理学中之深有贡献于程、朱传统者。整庵又辨及理气，此层微可訾议。盖心性之辨，二程、朱子所同。理气之论，乃朱子之独创，为二程所未及。盖是汇通濂溪、横渠、康节而来，旷观宇宙之大，纵览万物之广。而整庵则一意潜修，精力内向，照顾有所未周。故于此等处，专傍明道，于伊川犹有疑，于朱子则不能相契也。治陆、王者，亦上宗明道，而伊川、朱子则在所必桃之列。今整庵于伊川、朱子虽亦微有诤议，而于象山、阳明则严加申辩，此所以不失为程、朱学之传宗也。

整庵之学，备见于其所为之《困知记》，共分《前》、《续》两编。其《前编》有《自序》谓："程子言'性即理也'，象山言'心即理也'。夫子赞《易》，言性屡矣。曰'干道变化，各正性命'。曰'成之者性'。曰'圣人作《易》以顺性命之理'。曰'穷理尽性以至于命'。但详味此数言，'性即理也'明矣。于心亦屡言之，曰'圣人以此洗心'。曰'易其心而后语'。曰'能说诸心'。夫心而曰洗曰易曰说，洗心而曰以此。试详味此数语，谓心即理也，其可通乎？且孟子尝言'理义之悦我心，犹刍豢之悦我口'，尤为明白易见。故学而不取证于经书，一切师心自用，未有不自误者也。"以上辨象山言异乎孟子，则其渊源禅学审矣。其病在不知心、性之辨。心乃知觉之灵明，而性则理，不能认知觉之灵明即为理，整庵见解主要处在此。整庵极不满于陆、王，于白沙亦加纠摘。盖此三人之学，皆重此心之神灵妙用，而忽视外面事物，故不能极深而研几也。整庵于禅学，亦是过来人，亲身体认，所知真切，又历长时期之钻研比对，故能直抉隐微，发其异同。其辨陆、王，皆从辨禅学来。梨洲《学案》中，特抽出整庵《困知记续录》中辨佛书者另为一帙，亦表其重视。

整庵理气之辨，道心、人心之辨，凡其所谓不能无少异于朱子者，取朱子之说两两对比，则其异同得失亦易见。盖其文理密察，敦尚行践，庶几乎朱子之风；而六通四辟高明浑化之境，则似犹未逮。惟当阳明良知学风靡一世，而整庵确然有守，不为所摇。论当时学者，往往以王、湛并举，然不如整庵之在思想学术异同上更见意义。余故于《困知记》

一九七一年　辛亥　七十七岁

特摭其抨击陆、王者为多,乃以见整庵在当时学术思想上地位之独特也。

抑且整庵潜居默修,独学无朋,又绝无弟子门人为之揄扬传述。以一代大儒,身值讲学风气大盛之际,乃更无一句半句语录流传。《明史》称张璁、桂萼以议礼骤贵,秉政树党,屏逐正人,整庵"耻与同列,故屡诏不起,里居二十余年,足不入城市",诚可谓悃愊无华,特立独行之士矣。当时林希元称其"如精金美玉,无得致疵",是尤值后人之向往也。

七月二十至二十四日,《谈谈人生》,刊于《中央日报》。收入联经《全集》第三十九册及素书楼文教基金会·兰台出版社《人生十论》页二二五。摘要略。

八月,《中国史学名著:综论东汉到隋的史学演进》,刊于《文艺复兴》第二十期。收入同前出版社《中国史学名著》页一三三。摘要略。

九月,《中国史学名著:〈高僧传〉、〈水经注〉、〈世说新语〉》,刊于《文艺复兴》第二十一期。收入同前出版社页一五三。摘要略。

九月二十八日,《复兴文化最重要的基础》,刊于《香港时报》。此略。

十月,《中国史学名著:刘知几〈史通〉》,刊于《文艺复兴》第二十二期。收入素书楼文教基金会·兰台基金会·兰台出版社《中国史学名著》页一六五。摘要略。

十月,《吴草庐学述》,刊于《故宫图书季刊》二卷二期。收入联经《全集》第二十册及素书楼文教基金会·兰台出版社《中国学术思想史论丛》(六)页五九。大意谓:

朱子后阐扬朱学,于学术史上有贡献者,宋末必举黄震东发,明代必举罗允升整庵,清初必举陆世仪桴亭。此三人虽所诣各不同,要为能得朱子学之大体及精旨所在。然元代有吴澄草庐，当时有"北许南吴"之称。许衡先仕于元，提倡朱学，亦不为无功。然论学问著述，惟草庐堪称巨擘。

《宋元学案》有《草庐学案》，黄梓材谓是卷多仍黄氏之旧。余尝遍翻《草庐全集》一百卷，其中要义，黄氏采摭殆尽。前儒读书谨密，即此可见。本文自抒观点，称引多出黄氏外，然不害黄氏此一案选择之精审，读者其兼观焉可也。

草庐生宋理宗淳祐九年己酉（公元一二四九），距朱子卒四十九年，下距南宋亡三十年。东发卒于宋亡后一年。刘因静修、程文海巨夫，皆与草庐同年生。静修风节峻邈，似非草庐所及。然巨夫强起草庐于元廷，草庐即以母老辞归。后虽屡经屈仕，草庐意终不属。其与鲁斋出处终是异趋。

草庐纵以上承朱子学统自任，然时代已非，前拟之东发，后拟之整庵，背景皆远不如。陆桴亭在清初，其时江南理学风气亦尚盛，处境亦非草庐所能企及。学术兴衰，关于时运。知人论世，此当于草庐致慨叹也。

草庐之生，理学未绝，而讲学之风则已衰，故东发以下如王伯厚、胡身之，皆从事博读，未闻讲学。即谢枋得、文天祥，亦未参讲席。草庐早年亦多致力于记诵，不见师友之会讲。

草庐虽遵朱学，而菲薄陈、饶，可觇其为学之一面。其《语要》又曰："通天地人曰儒，一物不知，一事不能，耻也。洞观时变，不可无经。广求名理，不可无诸子。游戏词林，不可无诸集。旁通多识，不可无纪录。而其要在圣人之经。圣人之经，非如史、子、文集、杂记、杂录之供涉猎而已。必饮而醉其醇，食而饱其蔌，斯可矣。"此可窥草庐为学之又一面。草庐虽能摆脱朱学末流文义缠绕之窠臼，然其于四部书，则归重在经。其于文、史，则游戏词林，旁通多识。似乎未得朱子论学本末内外体用兼赅之精义。不论《黄氏日钞》于文、史两业之致力，即伯厚、身之，其史学成就，皆在宋亡之前。至于文章诗词，经历胡元之淫威，其能寄亡国之痛、抒麦苗之思者，盖亦鲜有。草庐年方而立，即遭易世，故其为学，门墙虽立，宫室未美，而遽为时代所摧折。其未能接迹前修，亦可悯不可责也。

抑草庐之学，实别有一渊源，则为邵康节。又据《行状》，大德九年，校定邵子之书，十年十月出仕。十一年正月朔，即以疾辞去。留清都观，与门人论及《老子》、《庄子》、《太玄》等书之本旨，因正其讹伪而著其说。草庐于《老》、《庄》皆有深诣。此皆从康节转来。亦自于其身世有不可畅言之隐痛，而姑寄焉以为说也。曾为《虚舟说》有曰："庄老以无心待物，圣人以公心应物。其心公，虽曰有心，亦若无心。"此欲以孔孟会庄老，以公心转无心。当知在草庐心中，实蕴有一番深苦，曲折以达于自安，草庐之于当世，亦有心，亦无心。由于身世隐痛，而逼出此一番义理。后人不能设身处地，徒认为是一种名理深谈，则何足以当知人论学之任乎！

草庐又曰："读《四书》有法，必究竟其理而有实悟，非徒诵习文句而已。必敦谨其行而有实践，非徒出入口耳而已。朱子尝谓：《大学》有二关。格物者，梦、觉之关。诚意者，人、兽之关。实悟为格，实践为诚。物既格者，梦醒而为觉。否则虽当觉时，说梦也。意既诚者，转兽而为人。否则虽列人群，亦兽也。号为读《四书》，而未离乎梦、未免乎兽者盖不鲜，可不惧哉。物之格在研精，意之诚在慎独，苟能是，始可为真儒，可以范俗，可以垂世，百代之师也。"自许鲁斋在元初提倡朱子，元廷重兴科举，一世方竞务于读朱子之《四书》，草庐乃即以朱子言施箴砭；其用心之苦，岂在为朱、陆争门户。至大元年，草庐在国子监，有《题四书后》一篇，提出"《四书》罪人"之说。当时以俗学利欲之心读《四书》，是不仅为《四书》罪人，亦朱子之罪人。而草庐当时，乃每每避去朱子《四书》不谈。故谓其论学仍为述朱，已若不然。然谓其转在祖陆，则尤更失之。能设身处地了解草庐之时代，乃始可与论草庐之学术也。

道园既为其《行状》，又有《祭文》，略曰："哀哀先生，早勇进道。方圆直平，步趋惟程。缕析条分，朱之治经。信其有为，自比诸葛。宋熄其炎，敛而退藏。玩心神明，天人妙契。时行物生，独据其会。"于草庐之治学用心，可谓深有契会，后之读者玩其辞，方可以兴异世之悲矣。

十月,《柳诒征》、《钱基博》,刊于中华学术院《中国文化综合研究》,收入联经《全集》第二十三册及素书楼文教基金会·兰台出版社《中国学术思想史论丛》(九)页一六九~一九七。大意如下:

柳诒征

当一九二一年前后,学术界掀起了"新文化运动"之大浪潮,以北京大学为大本营,以《新青年》杂志为总喉舌。登高而呼,四野响应。所揭橥以相号召者,举其要旨,为"礼教吃人",为"非孝",为"打倒孔家店",为"线装书扔毛厕里",为"废止汉字",为"罗马字拼音",为"全盘西化"。其它惊众骇俗之谈,挟一世以奔赴恐后者,不遑枚举。时则有南京东南大学诸教授持相反议论,刊行学衡杂志,起与抗衡。其中执笔之士,尤为一时注目者,则为丹徒柳诒征翼谋。因学衡社同人,亦多游美留学生归国,惟柳氏独以耆儒宿学厕其间,故益以倾动视听也。

柳氏曾有《论近人讲诸子之学者之失》一文,刊载于《史地学报》第一卷第一号,文中大意谓:"近日学者,喜谈诸子之学,家喻户晓,寝成风气。然撏掫诸子之原书,纵贯史志,洞悉其源流者,实不多觏。大抵诵说章炳麟、梁启超、胡适诸氏之书,辗转稗贩,以饰口耳。诸氏之说,率好抨击。虽所诣各有深浅,而偏宕之辞,恒缪戾于事实。后生小子,习而不察,沿讹袭缪,其害匪细。"又曰:"吾为此论,非好与诸氏辩难。只以今之学者,不肯潜心读书,而又喜闻新说。根柢本自浅薄,一闻诸氏之言,便奉为枕中鸿宝。非儒谤古,大言不惭。则国学沦胥,实诸氏之过也。"文出,章氏即来书自承己过,谓:"大著所驳鄙人旧说,乃十数年前狂妄逆诈之论,妄疑圣哲,乃至于斯。是说今《丛书》中已经刊削,不意浅者犹陈其刍狗。足下痛与箴贬,是吾心也。感谢感谢。"柳氏覆书云:"前文初非敢妄有论列,实病挽近少年,不肯潜心读书,第知掇拾时贤一二绪论,变本加厉,疑经蔑古,即成通人。扬墨诋孔,以传西教。后生小子,利其可以抹煞一切,而又能尸国学之名,则放恣颠倒,无所不至。斯则尤所痛心者耳。"观此,可以想见当时学术界风气之一般,与夫柳氏论学用心之所在。

柳氏之学，尤长于史，有《史学要义》一书。凡柳氏所指示之国史大义，纲宗所在，乃与当时仅知以疑古辨伪为史学，与夫此下之仅以枝节委琐之考据为史学者，相距遥远。又为《中国文化史》，其书中精义，络绎纷纭，几于触目皆是，俯拾即得。然在当时，北方学者新文化运动之声势方张；柳氏讲学南雍，虽亦俊彦群凑，隐然为一方重镇，而砥柱之屹立，终无以障洪流之奔腾。直至于今，惩前毖后，痛定思痛，柳氏书如《国史要义》与《中国文化史》，皆获在台重印，并获再版、三版。此后当益获社会及学术界之重视，可预卜也。

钱基博

民初以来，与"新文化运动"前后作桴鼓之相应者，复有"新文学运动"。一人唱之，百人和之，不崇朝而叫嚣遍全国。"的、呢、么、哪"为摩登、前进；"之、乎、者、也"为腐败、落后。时闽侯林纾琴南群奉为当代古文学一宗师，于北京大学有讲席；稍抒微词，讥骂随之，酷薄无状，琴南乃噤不复作声。乃有无锡钱基博子泉，独守古文残垒，不树降旛，而作负嵎之抗。积年纂辑，有《现代中国文学史》长编之作。是书叙次，略分两派：曰"古文学"，曰"新文学"。乃大肆揄扬于冢中之枯骨，仍称之曰"古文学"，取以与"新文学"相抗衡。而其所谓"新文学"者，又分"新民体"、"逻辑文"、"白话文"三类。当时白话文几已成为国内唯一文体，而子泉书中，白话文仅为新文学中之一体。书中每一体，各著一大师以明显学，而附着其弟子朋从之有闻者。白话体仅得四人，于全书所列其它各体诸人，名额仅占二十分之一。论其篇幅，白话文亦只占全书二十分之一。其故为有所抑扬于其间乎？抑亦所谓"着之空言，不如见之行事之为深切着明"乎？此则待读其书者之自为论定。

其书又喜用"激射隐显"之法，自谓："事隐于此而义着于彼，激射映发，以见微恉。"如叙戊戌政变本末，详见《康有为梁启超篇》；而戊戌党人不餍人意，则见义于《章炳麟篇》，借章氏之论以畅发之。如此之类，未可更仆数。故其书若仅为叙述，不加论赞，无作者个人之意见；实则作者之意见，乃胥于"激射隐显"中见之也。

书中有一跋文,谓:"搜讨旧献,旁罗新闻,草创此篇,始于一九一七年。积十余岁,起王闿运以迄胡适,裒然成巨帙。人不求备,而风气变迁,大略可睹。革命成功,此诸公者,或推或挽,多与有力。然冒宠利以居成功者,所在多有。独章太炎革命之文雄,而自始于革命有过虑之谭。长图大念,不自今日。而论者徒矜其博文,罕体其深识。康南海维新之先锋,而垂老有笃古之论,著《欧洲十一国游记》。然疑欧化,若图晚盖;回首前尘,能无惘然!独梁任公沾沾自喜,时欲与后生相追逐,与之为亡町畦,若忘老之将至,而不免贻落伍之讥。乃知推排成老物,此亦无可如何之事。任公抚媚动人,南海权奇自喜,一师一弟,各擅千秋。严又陵与南海、任公同时辈流,早年声气标榜,抵掌图新,唱予和汝。而临绝哀音,乃力诋康、梁,以为'社会纪纲之灭裂,少年心行之浮薄,谁生厉阶,二公实尸其咎'。感慨恻怆,言之雪涕。呜呼!神器不可以一端窥,愚民不可以浮议扰。严叟国士,抑何见之晚也!举一世之人,徒见诸公者文采照映,倾动当时;而不知柴棘满胸,中有难言之隐,扪心不得,抱惭何穷!读者以此一帙为现代文人之忏悔录可也。民不见德,惟乱是闻。觥觥诸公,高文动俗,徒快一时,果何为乎!"此跋撰于一九三二年之十二月。

其书既出,乃大获畅销,于一九三六年年增订四版。有识语,乃益自宣揭其著作之意。有曰:"余读《太史公书商君列传》,叙鞅欲变法,备列群臣廷辩之议,又著鞅自叹为法之敝以终于篇。是书论列诸公,亡虑皆提倡宗风以开一代之新运。然利未形而害随之。昔贤咏'一将功成万骨枯',吾则谓:'一儒成名,百姓遭殃。'我生不辰,目睹诸公衮衮,放言高论,喜为异说而不让,令闻广誉施于身;而不自知诸公之高名厚实,何莫非亿兆姓之含冤茹辛有以成之。今吾侪小民,呻吟憔悴于新政制之下,疾首恫心,求死不得。末学小生,叫嚣跳踉于新学说之中,急言竭论,迷复何日!谁生厉阶,至今为梗。然有自始为之而即致其长虑却顾者,章炳麟是也。有自始舍旧谋新,如恐不力,而晚乃致次骨之悔以明不可追者,陈三立、王国维、康有为、严复、章士钊是也。有唯恐落伍,兢兢焉日新又新以为追逐,而进退维谷,卒不掩心理之矛盾者,梁启超、胡适是也。博桴昧无知晓,但掇拾排比诸公之行事及言论,散见于数十年中各报章,而参证之于本集,叙次之以系统。追忆昔年诵说王树枏之抗论诋廖平,朱一新之贻书规南海,马其昶之上疏论新政,方在少年盛气,以为顽朽,斥其昏庸。及今覆之,何乃不幸言中。生民道尽,验于蓍蔡。时迫事近,其在今日,溺于风尚,中于意气,必有以余论列为不然者。吾知百年以后,世移势变,是非经久而论定,意气阅世而平心,事过境迁,痛定思痛,必有沉吟反复于吾书,而致戒于天下神器之不可为,国于天地之必有与立者。此则硁硁之愚,所欲与天下后世共白之者已。"

故其书虽名"文学史",而于当时论政、论学,一世所趋之新思想、新潮流,靡不因文而见,抑且所重者实在此不在彼。其书上编所列"古文学",文、诗、词、曲四类,作者达七十人;下编"新文学"三类,所列作者只十二人,而篇幅相差,尚不足二与一之比。若以上编章炳麟、陈三立、王国维三人为《四版增订识语》所特别提出者,移以合之下编康、梁十二人之列,则双方篇幅亦几相埒。可征本书宗旨,及其用力所在,虽以"文学史"名,而固不以狭义之文学为限断。凡创高论,立新义,歆动一世,于政治、学术大起风波,号为一世宗师,而系亿兆人之祸福者,此书诵说论撰,益详益谨,而称之曰"广义的文学"。故曰:"文学者,述作之总称。用以会通众心,互纳群想,而表诸文章,兼发智情。"又曰:"吾人何为而治文学耶?曰:'智莫大于知来。'治史之大用,在博古通今,藏往知来。盖运会所届,人事将变。目前所食之果,非一一于古人证其因,即无以知前途之夷险。此史之所以为贵。"

作者自欲以此一帙为"现代人之忏悔录",然时人何尝有此忏悔!则以此书为现代文人之"燃犀录",庶乎为允。而要之今日白话新文学家之所撰集,则尚无一书,堪与伦比,或可谓竟无此等书。网罗旧闻,整齐故事,供后人为治当时文学作一参考,固舍此书莫属也。

今本书《四版增订识语》所列举之诸巨公,乃及本书作者,已尽入古人之林。而吾侪今日所食之果,则固与本书作者当时所食,同此一果,特食之益酸而益苦。而所谓"前途夷险",则益非本书作者当时之所逆料。此尤本书之用心,所值吾侪之同情与回味也。

本书《四版增订识语》所历举之诸公,其中惟王国维一人,本书列之"古文学"中之"曲"部。而及其晚年，则世人一以考据学推之。本书叙述王氏早年论词、论小说如《红楼梦》等，又详著其阐扬元剧筚路蓝缕之功，而又别引其一长篇，其文曰："自三代至于近世，道出于一而已。泰西通商以后，西学西政之书输入中国，于是修身齐家治国平天下之道，乃出于二。光绪中叶，新说渐胜。逮辛亥之变，而中国之政治学术，几全为新说所统一矣。而原西说之所以风靡一世者，以其国家之富强也。然自欧战以后，欧洲诸强国情见势绌，道德堕落，本业衰微，货币低降，物价腾涌，工资之争斗日烈，危险之思想日多。甚者如俄罗斯，赤地数万里，饿死千万人。生民以来，未有此酷。而中国此十余年中，纪纲扫地，争夺频仍，财政穷蹙，国几不国者，其源亦半出于此。寻求其故，盖有二焉：西人以权利为天赋，以富强为国是，以竞争为当然，以进取为能事。是故挟其奇技淫巧以肆其豪强兼并，更无知止知足之心，寖成不夺不餍之势。于是国与国相争，上与下相争，贫与富相争。凡昔之所以致富强者，今适为其自毙之具，此皆由'贪'之一字误之。此西说之害，根于心术者一也。中国立说，首贵'用中'，孔子称'过犹不及'，孟子恶'举一废百'。西人之说，大率过而失中，执一而忘其余者也。试言其尤著者：国以民为本，中外一也。先王知民之不能自治也，故立君以治之；君之不能独治也，故设官以佐之。而又虑君与官吏之病民也，故立法以防制之。以此治民，是亦可矣。西人以是为不足，于是有'立宪'焉，有'共和'焉。然试问立宪、共和之国，其政治果出于多数国民之公意乎？抑出于少数党人之意乎？民之不能自治，无中外一也。所异者，以党魁代君主，且多一贿赂奔走之弊而已。孔子言'患不均'，大学言'平天下'，古之为政，未有不以均平为务者。然其道不外重农抑末，禁止兼并而已。井田之法，口分之制，皆屡试而不能行，或行而不能久。西人则以是为不足，于是有'社会主义'焉，有'共产主义'焉。然此均产之事，将使国人共均之乎？抑委托少数人使均之乎？均产以后，将令全国之人而管理之乎？抑委托少数人使代理之乎？由前之说，则万万无此理。由后之说，则不均之事，俄顷即见矣。俄人行之，伏尸千万，赤地万里，而卒不能不承认私产之制度。则曩之汹汹，又奚为也！抑西人处事，皆欲以科学之法驭之。夫科学之所能驭者，空间也，时间也，物质也，人类与动植物之躯体也。然其结构愈复杂，则科学之律令愈不确实。至于人心之灵，及人类所构成之社会国家，则有民族之特性，数千年之历史，与其周围之一切境遇，万不能以科学之法治之。而西人往往见其一而忘其它，故其道方而不能圆，往而不知返。此西说之弊，根于方法者二也。至西洋近百年中，自然科学与历史科学之进步，诚为深邃精密，然不过少数学问家用以研究物理，考证事实，琢磨心思，消遣岁月，斯可矣。而自然科学之应用，人不胜其弊。西人兼并之烈，与工资之争，皆由科学为之羽翼。其无流弊如史地诸学者，亦犹富人之华服，大家之古玩，可以饰观瞻，而不足以养口体。是以欧战以后，彼土有识之士，乃转而崇拜东方之学术。非徒研究之，又信奉之。数年以来，欧洲诸大学议设东方学讲座者以数十计。德人之信奉孔子、老子说者，至各成一团体。盖与民休息之术，莫尚于黄老；而长治久安之道，莫备于周孔。在我国为经验之良方，在彼土尤为对症之新药。是西人固已憬然于彼政学之流弊而思所变计矣。我惛不知，乃见他人之落阱而辄追逐其后。争民施夺，处士横议，以'共和'始者，必以'共产'终。"

  本书作者继之曰："垂涕而道，而世人则见以为迂远而阔于事情。独称其考古之学为前无古人，后启来者。"

  王氏以一九二七年四月，自沉颐和园之昆明湖。不幸而其言有不中，彼不见欧洲第二次世界大战以迄于今日，其所谓"西人固已憬然于彼政学之流弊而思所变计"者，西方人实至今未能副其所想望。乃王氏于二十年前已有此不祥之预言。然当时中国学术界之于王氏，不矜夸其考据，则盛推其治元曲与《红楼梦》，乃及《人间词话》之类。能知有此文，又能注意而郑重称道及之者，复有几人？即至今日，见王氏此文，能不以为迂远而阔于事情者，又有几人？然而世变日亟，我国家民族之处境日困日迫，痛定思痛，途穷思变，莫谓秦无人。苟读子泉此书，凡其所钩稽称引，王氏此文，特其一例。将见当时之中国，实不如吾侪今日之所想象。忧深虑远，发为违众好、逆时趋之昌言正论，尚复多有。岂不足以长吾侪今日之志气，而启示吾侪以此下应循之途径？此固本书作者之微意所在，深虑所寄，而又岂徒断断于为"古文学"、"新文学"争一日之短长乎？

十月十日，《中国知识分子的责任》，刊于《中央日报》；又刊于《现代政治》十八卷十期、十一月《中国评论》第四百五十二期。收入同前出版社《世界局势与中国文化》页一四三。摘要略。

十一月，《朱子新学案》及《朱子学提纲》自印刊行。一九九八年收入联经《全集》第十一至十五册。

复智案：《朱子新学案》一书为先生晚年一极惬意之作。全书分篇逾五十，超过百万言，先生恐读者畏其繁猥，故又作《提纲》，冠于书端，庶使读者进窥全书，易于寻究。先生撰述《朱子新学案》期间，实时与杨联升先生往返通信讨论，及《朱子新学案》出版，杨联升先生读《提纲》之后便已赞叹不置；曾对余英时教授说："钱先生的中国学术思想史博大精深，并世无人能出其右。像这样的《提纲》，胡适之先生恐怕是写不出来的。"又先生有云："《学案》求详，重在记叙。《提纲》求简，稍加发挥。庶使读者易入。《提纲》仅为入门，若徒诵《提纲》即谓已知朱子，而遽欲自有所发挥与评骘，此乃朱子平日教人最所力戒之事。是则余之为此《提纲》，正恐将因之得罪于朱子。惟若读《提纲》者，由是而知朱子思想之邃密，与夫其学术体系之博大，而因以知于旷代大儒，不当轻施己见，即属赞扬，已属逾分，妄作弹斥，决难确当。是则虽不治朱子之书，不修朱子之业，读此《提纲》，亦足为博学知服之一助。"故先抄录《朱子新学案》之《例言》，以明先生著作之宗旨。复次，则以《朱子学提纲》之分目为主，撮录其要于下。

例言

此书撰述发意，在一九六四年夏新亚谢事之后。是年七月始，迄翌年五月，先读《朱子文集》百二十一卷。七月赴吉隆坡，讲学于马来西亚大学，迄翌年二月返香港，续读《语类》百四十卷。皆随读随摘其要旨，粗加类别，凡得三千余条。是年三月，乃就所摘类别要旨分题属草，再络续参读其它各籍。嗣于一九六七年十月迁居台北，赁屋市区。越年七月，始迁外双溪新屋。至一九六九年十一月，全稿完。一九七〇年又重撰《提纲》一篇冠之书端。翌年一九七一年四月，排印毕事。

此书初拟分"思想"、"学术"及"行事"三大部分。嗣因"思想"、"学术"两部篇幅已多;"行事"部分,有王白田《年谱》,复得夏炘《景紫堂集》为之补阙拾遗,余所能越出两氏者不多,因不复笔。

"思想"之部,又分理气与心性为两部分。

"学术"之部,分经、史、文学为三部分。经学中并分《易》、《诗》、《书》、《春秋》、《礼》、《四书》诸题。又于三部外添附《校勘》、《考据》、《辨伪》诸篇,并《游艺格物之学》一篇。

介乎"思想"、"学术"两部之间者,又分朱子评述濂溪、横渠、二程诸篇,下逮评程门、评五峰、评浙学,又别著朱陆异同三篇、辟禅学两篇等,专以发明朱子在当时理学界中之地位。

本书专就朱子原书叙述朱子,而于《文集》、《语类》称引最详。期于读者诵此书后,苟非专意研治朱学,即可不再翻阅《文集》、《语类》之全部。

其它朱子自著书,如《论孟集注》、《学庸章句》,如《易本》、《诗集传》之类,学者贵能寻读原书,本书特少称引。

又如《四书或问》等,虽是朱子书,而非其定著,又流传较少,故本书称引,转较《集注》、《章句》稍详。

本书叙述朱子,尤重在指出其思想学术之与年转进处。在每一分题下,并不专重其最后所归之结论,而必追溯其前后首尾往复之演变。

前人治朱子,每过分重视其与象山之异同。但鹅湖之会,已在朱子成学之后。朱陆相争,更是后事。固是两家显有异同,但若专就此方面研治朱子,则范围已狭,又漫失渊源,决不足以见朱子之精神。

学者因于门户之见,治理学则必言程朱、陆王。朱子于二程,固所崇重,亦非株守。程朱之间亦有相异。本书随处指出,不一而足。

朱子与二程有异,不仅在明道,亦复在伊川。更在程门,朱子多有纠弹、道南一脉四代相传之说,决不足以见朱学之真相。然朱子于延平,则实有薪火之传。本书皆本朱子自己言说加以剖辨阐述,与徒引后人说者大不相同。

学者又有经学、理学乃及汉学、宋学之辨,此等皆不免陷入门户。朱子学,广大精深,无所不包,亦无所不透,断非陷入门户者所能窥究。

本书意在破门户，读者幸勿以护门户视之。

治理学者，必治黄、全两学案。梨洲《明儒学案》，虽主王学门户，然不为病。因述明儒，固当奉王学为宗主也。谢山《宋元学案》，考核有功，而识断多差。上承梨洲父子，见解已多为门户所蔽。又谢山与李穆堂相交，受其濡染，门户意气，未能尽脱。本书随宜驳正谢山《学案》处甚多。因《宋元学案》，学者必多窥涉，加以指驳，亦不得已。

王白田《朱子年谱》，近世学人多称之，然亦勤于考核而拙于体会。并亦为门户所蔽，必欲申朱抑陆，遇朱子近似象山处，即讳避不迭，遂失朱子精神。学思未透深处，考事乃亦多误。本书甚多援用王《谱》，而加驳正者亦不少。因读本书必读王《谱》，凡有驳正亦不得已。

本书主要在一本朱子原书称述朱子。朱子殁世迄今逾七百年，著作议论涉及朱子者何限。本书虽间有称引，要是方便所及，既不愿于述朱诸人中别标宗主，更不愿于诤朱者故加排斥。其间如《阳明朱子晚年定论》，此乃讨论朱子思想一重要节目，本书屡有提及，亦非意存抑扬。要之在明真相，不在争门户。

朱子学范围广大，涵义精深，后人鲜能兼涉而都通。本书作者自问所知浅狭，不敢强不知以为知。然而百官之美，宫室之富，意存指述。非为夸大。读者固不当拈小节，于前世大贤轻肆讥呵；亦勿谓本书有崇扬，无抨弹，遂疑其亦落在门户中，知进不知出也。

本书分题命篇，亦为便宜之计。读者固当分篇研读，亦当会通全书，综合以睹。庶可窥见朱子之一家言，而不滞于枝节，或流于徒资贪多斗靡之病。

本书因篇幅已巨，恐读者骤窥难入；又本书惟主就朱子述朱子，实事求是，力避枝蔓，而朱子乃吾国学术史上中古惟一伟人，若不稍为发明，恐读者骤不得其承先启后之所在。因于本书前重加《提纲》一篇。读者当先读《提纲》，然后再进读全书。又当于通读全书后再重读《提纲》，庶于朱子学术思想在中国全部学术思想史上之地位更易认识。

本书属稿之最先三年，曾获美国哈佛燕京社研究补助金。在付印前，又得其印刷补助费。例当书此志谢。

本书最后一次校字，由及门何君佑森任之。又代为《索引》一编附

一九七一年 辛亥 七十七岁

刊书末，借便读者之翻检，亦当附此志谢。

本书自创始以溃于成，前后凡六年。中间自开始落笔迄于完稿亦达四年。然六年间往返港台者共四次，远游马来西亚一次，迁宅移居又两次。来台后各方邀演讲，讲稿整理出版者三种。又于赴马来西亚前撄眼疾，动手术，闭目废视者逾月。人事纷乘，兼以疾病，此稿作辍靡常。最后付排，自任校字，始获通体循诵一过。遇重复处稍加删剃，其它斟酌改动，未能尽臻自惬。以日校万字为度，体力不佳，血压屡升。校稿垂毕，十二指肠溃疡旧病复发。既以学殖之荒劣，重增衰迈之遽至，所能发明前人精意伟业，实恐有限。惟既竭吾心，知之为知之，不知为不知，私所向慕，时加赞叹，则情见乎辞，未敢掩匿。读吾书者，幸其谅之。

提纲一

在中国历史上，前古有孔子，近古有朱子，此两人，皆在中国学术思想史及中国文化史上发出莫大声光，留下莫大影响。旷观全史，恐无第三人堪与伦比。孔子集前古学术思想之大成，开创儒学，成为中国文化传统中一主要骨干。北宋理学兴起，乃儒学之重光。朱子崛起南宋，不仅能集北宋以来理学之大成，并亦可谓其乃集孔子以下学术思想之大成。此两人，先后矗立，皆能汇纳群流，归之一趋。自有朱子，而后孔子以下之儒学，乃重获新生机，发挥新精神，直迄于今。

然儒学亦仅为中国传统文化中一主干，除儒学外，尚有百家众流，其崇孔尊孔、述朱阐朱者可勿论，其它百家众流，莫不欲自辟蹊径，另启途辙，而孔子、朱子矗立中道，乃成为其它百家众流所共同批评之对象与共同抨击之目标。故此两人，实不仅为儒学传统之中心，乃亦为中国学术思想史上正反两面所共同集向之中心。不仅治儒学者，必先注意此两人，即治其它百家众流之学，亦必注意此两人，乃能如网在纲，如裘在领。不仅正反之兼尽，亦得全体之通贯。

孔子年代，距今已远，其成学经过，已难详索。后之崇孔尊孔者，亦惟以高山仰止之情，发为天纵大圣之叹而止。朱子距今仅逾八百年，书籍文字可资稽考者尚多，凡朱子之所以为朱子，其成学之经过，实可案图索骥，分年历述。故治朱子之学，比较可以具体而详尽，并亦有据而可证。学者潜心于此，可识儒学进修之阶梯，虽不能举一以概全，要之是典型之尚在，其所裨益，决非浅小。

孔子以来两千五百年，述之阐之者既多，反之攻之者亦众，事久而论定，故孔子之学，乃虽远而益彰。朱子距今仅八百年，后人之阐发容未能尽。而反朱攻朱者，多不出于百家众流，而转多出于儒学之同门。盖自有朱子，而儒学益臻光昌。自有朱子，而儒学几成独尊。于是于儒学中与朱子持异见者乃日起而无穷。群言淆乱，所争益微，剖解益难。故居今日而言朱子学，尚有使人不易骤获定论之憾。尊孔崇孔，乃朱子以后中国学术上一大趋向；而述朱阐朱，则尚是中国学术上一大争议。然诤朱攻朱，其说亦全从朱子学说中来。今果于朱子原书，能悉心寻求，详加发明，先泯门户之见，而务以发现真相为主。逮于真相既白，则述朱阐朱之与诤朱攻朱，正反双方，宜可得一折衷，由是乃可有渐得定论之望。此则不仅为治中国八百年来之学术思想史者一重大课题，实亦为治中国两千年来之儒学史者一重大课题。凡属关心中国文化大传统中此一主要骨干之精神所在、大旨所寄者，对于此一课题，皆当注意。作者不揣谫陋，发愤为此书，其主要意义亦在此。

提纲二

今当自孔子以后迄于朱子，此一千七百年来之儒学流变，与夫百家众说之杂出，先作一概括之叙述。

自孔子殁后，孔门诸大弟子，分散列国，相与传扬孔子之道，其时儒学基础已奠定。然同时反对孔子与儒学者，亦即随而踵起。最著者有杨墨，孟子辞而辟之，廓如也。然百家众流，亦即继之竞兴。至荀子而有《非十二子》之篇。其所反对，不仅百家众流，即子思、孟子亦在其列。当时称儒分为八，然惟孟、荀称大宗。

及秦人一统，始皇帝颇尚法家言。汉兴，黄老道家骎盛。其时则战国时代之百家众流，渐趋消失，惟儒、道、法三家鼎峙成三，然儒家言犹尚若居道、法两家之后。至汉武帝表彰《六经》，罢黜百家，而儒学跻于独盛。然此下汉儒之学，毕竟与先秦儒有区别。此种区别，大体由于双方所处时代背景不同而引生。

战国时代，列强纷争，天下未定，百家竞起，各欲揭其主张以为一世之蕲向。先秦儒为自身争存，亦相务于树新义，肆博辨。故其贡献，主要在理想方面者为多。汉代统一，局面大变，当时主要论点，在为此天下求实际之治平。汉初君臣，来自田间，本身初无学术修养，然深知民间疾苦，极欲与民休息，而道家清静无为之说，遂乘时兴起。然无为而治，事不可久，抑且无为即是不治，故汉初政治。实乃一依秦旧，承续法治之轨辙。及至武帝临朝，董仲舒对策，力言"复古更化"，复古乃复周之古，更化则更秦之化。周代绵历八百年，秦则不二世而亡，此乃历史教训，明白彰著。此下汉儒一般意向，均重在本历史，言治道。欲法周，则必上本之于六艺经典。当时谓六经起自周公而成于孔子之手，故曰孔子为汉制法。尊孔子，乃由于尊周治。尊周治，则必尊周公，尊《六艺》。故汉武帝兴太学，立《五经》博士，专以《六艺》设教，而《论语》乃与《孝经》、《尔雅》并列为小学书。《尔雅》乃《五经》之字典，而《孝经》、《论语》则仅是小学教本。《汉书·艺文志》上承刘向、歆父子，分群书为七略。首《六艺略》，次《诸子略》，儒家者言居《诸子略》之首，曾子、子思、孟子、荀子皆属之。而孔子不与焉。《论语》、《孝经》、《尔雅》则同附《六艺略》之后。此乃汉儒心目中之学术分野，亦可谓汉儒尊经尤重于尊儒。《史》、《汉·儒林传》中序列诸儒，皆起汉初，而曾、思、孟、荀亦不预。此乃一代之新儒，以传经言治为业，与战国诸儒之以明道作人为唱者，畸轻畸重之间有不同。此一区别，首当明辨。换言之，先秦儒在汉儒心目中，亦属"百家言"。汉儒传经，乃即所谓"王官之学"。一则主张于朝廷，一则兴起于田野，其为不同，显然可知。

汉儒固若无伟大特创之政治理想，亦若无伟大杰出之政治人物，然而定法制，垂规模，坐而言，即继以起而行。两汉郅治，永为后世称羡而效法。汉儒之功，要为不可否认。

汉儒言治道，必本之于经术，而经籍之整理，事亦不易。先秦儒如孟子、荀卿，虽亦时时称引《诗书》，然仅止于随所意欲而加称引，非求于经籍有通体之发挥。秦火以后，经籍残缺。汉儒治经之功，一则曰纂辑，再则曰训诂，又后而有章句，始于全经逐章逐句，一一解释。其间容多未是，又复各家之说不同，未能会归一致。然而汉儒治经之功，亦要为不可没。

今再综合言之，汉儒之为功于当时者，一为治道之实绩，一为传经之专业。又复渐分两途，一则专务治术，一则专守经业。迄于东汉季世，朝政不纲，治道日替，务于治术之儒，日失其职，而专一经业之儒，退处在野，乃大为一世所仰重。如许慎、马融、郑玄诸人，亦永为后世治经之宗师。然若谓汉儒功在传经，而忽其言治，则终为得其一而失其一，无当于汉儒之大全。

提纲三

三国两晋时代，天下分崩，两汉统一隆盛之世，渺不复接。时则庄老道家言乃与儒生经学代兴。又值佛教东来，其先尚是道家言在上，佛家言在下。南北朝以后，则地位互易，释家转踞道家之上。儒家经学，虽尚不绝如缕，要之如鼎三足，惟儒家一足为最弱。

若专言儒业，自东晋、五胡以下，南方儒亦与北方儒有区别。大体言之，东晋南朝虽属偏安，其政府体制，朝廷规模，尚是承袭两汉，大格局尚在。而释、道盛行，门第专擅，治道无可言。故其时之南方儒，只有沿袭汉儒传经一业，抱残守缺而止。北方自五胡云扰，下迄北魏建统，两汉以来之政府体制，朝廷规模，已扫地而尽。故其至要急务，厥在求治。幸而胡汉合作，政府尚知重用儒生，而北方诸儒，其所用心，言治道更重于言经术。亦可谓其时北方儒生，多半沿袭了汉儒重治绩之一边。自魏孝文变法下至西魏、北周崛起，政治开新，皆出北方儒生之贡献。

然则南、北朝儒，乃是分承汉儒之两面，而各作歧途之发展。下迄唐代开国，两汉统一盛运再见，孔颖达奉诏撰《五经正义》，即承汉儒及南朝诸儒治经一业而来，此为经学成绩之一大结集。而贞观一朝言治，即就其荟粹于贞观政要一书者而言，亦可谓多属粹然儒家之言，此乃上承汉儒及北朝诸儒言治一业而来。此后唐代儒家，在治道实绩方面，尚能持续有表现。在经学方面，则可谓自《五经正义》后即绝少嗣响。唐代经学之衰，实尚远较两晋南北朝为甚。此中亦有原因可说。

一则下至唐代，虽仍是儒、释、道三足并峙，而实际上，佛教已成一枝独秀。远自隋代以来，已有所谓中国佛教之兴起。此指天台、华严、禅三宗。而自武后以后，禅宗尤盛，几于掩胁天下，尽归禅门之下。士大夫寻求人生真理，奉为举世为人之最大宗主，与夫最后归宿者，几乎惟禅是主。至其从事治道实绩，则仅属私人之功名，尘世之俗业。在唐代人观念中，从事政治，实远不如汉儒所想之崇高而伟大。汉儒一心所尊，曰周公，曰孔子，《六经》远有其崇高之地位。唐代人心之所尊向，非释迦，则禅宗诸祖师。周公孔子，转退属次一等，则经学又何从而获盛。

次则唐代人之进身仕途，经学地位亦还不如文学地位之高。欲求出身，唐代之文选学，已接代了两汉之《六艺》学。唐代人无不能吟诗，但绝少能通经。在诗人中，亦可分儒、释、道三派。如谓杜甫是儒家，则李白是道家，王维是释家。依此分类，唐诗人中，惟儒家为最少。《文选》诗中，亦最少儒家诗。陶渊明乃是鹤立鸡群，卓尔不凡，而其诗入《文选》者亦特少。故就唐一代言，可谓无醇儒，亦无大儒。

就唐代言儒家，则必屈指首数及韩愈，然韩愈已在唐之中叶。韩愈尽力辟佛，极尊孟子，乃是一议论儒，近似战国先秦儒，而较远于汉儒。韩愈又提倡古文，求以超出于《文选》学之外。此亦为在当时欲致力复兴儒学一必然之要道。但韩愈用力虽大，收效则微。在政治上提挈韩愈为韩愈所追随之裴度，乃唐代一贤相，然其人亦信佛。与韩愈共同提倡古文者有柳宗元，然宗元亦信佛。追随韩愈从事古文运动者有李翱，作《复性书》三篇，根据《中庸》，重阐儒义，然其文亦复浸染于佛学。韩、李身后，古文运动亦告停息，儒学复兴运动，则更可不论。

故通论有唐一代，儒学最为衰微，不仅不能比两汉，并亦不能比两晋南北朝。其开国时代之一番儒业，乃自周、隋两代培植而来。其经学成绩，亦是东汉以下迄于隋代诸儒之成绩。唐初诸儒只加以一番之结集而已。唐代士大夫立身处世，所以仍不失儒家矩矱者，乃从以前门第传统中来。远自东汉直至唐代，大门第迭起，实尚保有儒家相传修身治家之风范与规格。自唐中晚之际，大门第相继崩溃，此种规格与风范，渐已不复存在。其时社会上乃只充斥着诗人与佛教信徒。佛教信徒终不免带有出世性,诗人则终不免带有浪漫性,于是光明灿烂、盛极一时之大唐时代终不免于没落,而且没落到一个不可收拾的地步。五代在中国史上乃成为一段最黑暗时期。其时则真所谓"天地闭,贤人隐",远不能比东汉以下之三国两晋。三国两晋时代虽乱,却有人物。从其人物群兴之一方面说,三国两晋却差可与战国相比。有了人,纵是乱,后面还可有希望。乱到没有了人,人物等第远远地降退,此下便无希望可言,五代亦有人物,则全在禅门之下。

提纲四

下及宋儒,便使人易于联想到理学,理学则后人称为是一种新儒学。其实理学在宋儒中亦属后起。理学兴起以前,已先有一大批宋儒,此一大批宋儒,早可称为是新儒。在某一意义上讲,理学兴起以前之宋儒,已与汉儒有不同。比较上,此一大批宋儒,可称为已具有回复到先秦儒的风气与魄力。

宋代虽亦称是统一时代,但宋代开国,北有辽,西有夏,并不曾有真统一。而且上承五代传下一派黑暗衰颓气象,因此宋代开国,绝不能和汉唐相比。汉唐诸儒,大体言之,似乎多怀有一番处在升平世的心情。宋代开国六七十年,儒运方起,当时诸儒所怀抱,似乎还脱不了一番拨乱世的心情。言外患,则辽夏并峙。言内忧,则积贫积弱,兵制财制,均待改革。而政府大体制,朝廷大规模,仍亦沿袭五代,初未有一番从头整顿。言社会文化风教,则依然是禅宗佛学,与夫骈四俪六之文章当道得势。宋儒处在此种形势下,不啻四面楚歌,因此其心情极刺激,不似汉唐儒之安和。而其学术门径,则转极开阔,能向多方面发展,不如汉唐儒之单纯。分析宋儒学术,当分几方面加以叙述。

一是政事治平之学。宋儒多能议政,又能从大处着眼。最著者,如范仲淹之《十事疏》,王安石之《万言书》,引起了庆历、熙宁两番大变法。在汉唐儒中,惟汉初贾谊之《陈政事疏》,与夫董仲舒之《天人对策》,差堪媲美。惟贾、董两文,开出了汉代儒家政治之新气运。而庆历、熙宁变法,则转增纷扰,反而因此引起混乱局面,而北宋亦随之以亡。此乃由环境遗传种种因素相逼至此，不得怪范、王对政事之无所见。其它诸儒，能议政，能从大处着眼，能阐申儒义，难于一一缕举。

其次曰经史之学，此与政事治平之学相表里。宋儒经学，与汉儒经学有不同。汉儒多尚专经讲习，纂辑训诂，着意所重，只在书本文字上。所谓通经致用，亦仅是因于政事，而牵引经义，初未能于大经大法有建树。宋儒经学，则多能在每一经之大义上发挥。尤著者，如胡瑗苏湖设教，分立"经义"、"治事"两斋。经义即所以治事，治事必本于经义，此亦汉儒通经致用之意，而较之汉儒，意义更明切，气魄更宏大。神宗尝问胡瑗高弟刘彝，胡瑗与王安石孰优。刘彝对曰："臣师胡瑗，以道德义教东南诸生时，王安石方在场屋中修进士业。臣闻圣人之道，有体，有用，有文。君臣父子、仁义礼乐，历世不可变者，其体也。诗书、史传、子集，垂法后世者，其文也。举而措之天下，能润泽斯民，归于皇极者，其用也。国家累朝取士，不以体用为本，而尚声律浮华之词，是以风俗偷薄。臣师当宝元、明道之间，尤病其失，遂以明体达用之学授诸生。夙夜勤瘁，二十余年，专切学校。故今学者明夫圣人体用以为政教之本，皆臣师之功，非安石比也。"此虽刘彝一人称崇其师之辞，然即谓此种精神，乃是北宋诸儒间之共同精神，亦无不可。胡瑗则当可推为乃唱导此种精神之第一人。

论北宋诸儒之治经，如胡瑗之于《易》与《洪范》，孙复之于《春秋》，李觏之于《周官》，此等皆元气磅礴，务大体，发新义，不规范于训诂章句，不得复以经儒经生目之。孙复书名《春秋尊王发微》，李觏书名《周礼致太平论》，即观其书名，亦可想见其治经意向之所在。其它如欧阳修、刘敞、王安石、苏轼诸人，皆研穷经术，尚兼通，而亦皆喜辟新径，创新解，立新义，与汉儒治经风规大异，此亦北宋诸儒近似先秦儒气味之一征。

论及史学，尤是宋儒之擅场。如欧阳修之《五代史》、《唐史》，司马光之《资治通鉴》，皆其荦荦大者。其它如苏辙之于古史，刘攽之于汉史，范祖禹之于唐史，刘恕之于上古及五代史。就一般而论，宋儒史学，显较汉唐儒为盛。而宋儒之于史学，亦好创立议论，不专于纂辑叙述考订而止。于著史、考史外，特长论史，此亦宋代学术一新风气之特征。

又其次曰文章子集之学，此乃承唐韩愈之古文运动而来。远在五代，已有僧人在寺院内教佛徒读《韩集》。盖儒学既燼，治道大坏，一世不得安，虽寺院僧人，亦不能自外。故有寺院僧人提倡攻读《韩集》之事之出现，此诚大堪诧异，亦大值警惕，而宋代学风将变，亦可据此而窥其端倪之已露，机缘之已熟。自欧阳修以下，古文大行。王安石、苏轼、曾巩尤为一代巨匠。宋诗亦与唐诗风格相异。而其时朝廷官式文章，则仍以四六为标准。虽欧阳、王、苏诸人，亦皆默尔遵守。独司马光为翰林学士，以不能为四六辞。神宗强之曰："如两汉制诏可也。"世风之猝难骤革，即此可见。今专就文学论，汉代文学在辞赋，唐代文学在文选，皆在儒学范围之外。惟宋儒始绾文学与儒术而一之，此亦是宋儒一大贡献。

尤可注意者，乃北宋诸儒之多泛滥及于先秦之子部。即就儒家言，唐韩愈始提倡孟子，至宋代王安石特尊孟，奉之入孔子庙。而同时如李觏之《常语》，司马光之《疑孟》，皆犹于孟子肆意反对。然自宋以下，始以孔孟并称，与汉唐儒之并称周公孔子者，大异其趣。此乃中国儒学传统及整个学术思想史上一绝大转变。此风虽始于韩愈，而实成于宋儒。此当大书特书为之标出。其它如徐积有《荀子辩》；范仲淹以《中庸》授张载；苏洵闭户读书，当时号为通《六经》百家之说，及其子轼，父子为文，皆法《孟子》，兼参之《战国策》，有纵横家气息。轼尤喜《庄子》，其弟辙则喜《老子》。要之北宋诸儒，眼光开放，兴趣横逸。若依《汉书·艺文志》之学术分类，则汉儒如《史》、《汉·儒林传》所举，当多入《六艺略》，而宋儒则当入《诸子略》中之儒家者言。亦可谓汉儒乃经学之儒，而宋儒则转回到子学之儒，故宋儒不仅有疑子，亦复有疑经。如欧阳修之疑《十翼》，刘恕、苏辙、晁说之之疑《周礼》，此亦与汉儒之辨今古文争家法者大不同。经尚当疑，更何论后儒之经说。孙复有云："专守王弼、韩康伯之说而求于《大易》，吾未见其能尽于《大易》也。专守《左氏》、《公羊》、《谷梁》、杜、何、范氏之说而求于《春秋》，吾未见其能尽于《春秋》也。专守毛苌、郑康成之说而求于《诗》，吾未见其能尽于《诗》也。专守孔氏之说而求于《书》，吾未见其能尽于《书》也。"宋儒之意，多贵于独寻遗经，戛戛自造一家之言，则于汉儒经说自不重视，故可谓宋儒之经学，实亦是一种子学之变相。

综是三者，一曰政事治平之学，一曰经史博古之学，一曰文章子集之学。宋儒为学，实乃兼经史子集四部之学而并包为一，若衡量之以汉唐儒之旧绳尺，若不免于博杂。又好创新说，竞标己见。然其要则归于明儒道以尊孔，拨乱世以返治。在宋儒之间，实自有一规格，自成一风气，固不得斥宋学于儒学之外，此则断断然者。故宋儒在自汉以下之儒统中，实已自成为新儒，不得谓自理学出世，始有新儒，此义必须明白标出。

提纲五

此下当论宋代之理学。

北宋理学开山，有四巨擘，周敦颐濂溪、张载横渠、程颢明道、程颐伊川兄弟。此四人，皆仕途沉沦，不居显职。在中朝之日浅，并未在治道实绩上有大表现。论其著作，濂溪分量特少，独有《易通书》与《太极图说》，一是短篇，一是小书，据朱子考订，《太极图说》亦当附《易通书》，非单独为篇，是则濂溪著书，仅有《易通书》一种。横渠有《正蒙》，亦如濂溪之《易通书》，皆是独抒己见，自成一家言。而《正蒙》篇幅特为宏大，组织亦更细密。要之厝此两家书于先秦子籍中，亦见杰出，决无逊色。窥此两家著书意向，竟可谓其欲各成一经，或说是各成一子，回视汉唐诸经儒，犹如大鹏翔寥廓，鹪鹩处薮泽。伊川一生，仅有《易传》一书，其书乃若欲与《五经正义》中王弼《注》争席，确然仍是经学传统；而在伊川本意，则其书非为传经，乃为传道。除此以外，明道、伊川兄弟，皆仅有《语录》传世，由其门人弟子记录，体制俨似禅家。二程自居为孟子以下传统大儒，乃不避效袭禅宗之语录体，此等大胆作风，较之濂溪、横渠之欲自造一经自成一子者，似更远过。惟在二程《语录》中，极多说经语，亦有训诂考据，较之濂溪、横渠著书，洁净精微，只求自发己旨，绝不见说经痕迹者又不同。故此四人中，惟二程尚差与汉唐说经儒较近，此亦特当指出。

至于史学，此四人似皆不甚厝意。谢良佐上蔡自负该博，对明道举史书，不遗一字，明道告之曰："贤却记得许多，可谓玩物丧志。"上蔡闻之，汗流浃背。上蔡又录《五经》语作一册，明道见之，亦谓其玩物丧志。然上蔡又曰："看明道读史，亦逐项看过，不差一字。"今二程《语录》中亦时见其论史，而濂溪、横渠书中则颇少见。可知濂溪、横渠、明道、伊川四人，确然已是一种新学风，与以前北宋儒风又有大不同，惟明道、伊川尚犹稍近，不如周、张之甚。

若论文章之学，亦惟明道、伊川两人尚有文集传世。据《直斋书录解题》，濂溪亦有《文集》七卷，然皆不传，传者仅《爱莲说》等小文数篇。横渠于文章之学若更少厝怀。惟其所为《西铭》，乃悬为此下理学家中最大文字，明道称之曰："某得此意，无此笔力。"又曰："自《孟子》后盖未见此书。"要之此四人，皆不甚重文章。濂溪《通书》有曰："文所以载道，轮辕饰而人弗庸，徒饰也，况虚车乎？第以文艺为能，艺而已矣。"明道亦言："学者先学文，鲜有能至道。如博观泛滥，亦自为害。"伊川亦曰："今之学者歧而为三，能文者谓之文士，谈经者谓之讲师，惟知道者乃儒学。"又曰："以博闻强记巧文丽辞为工，荣华其言，鲜有至于道者。"盖此四人之为学，经籍固所究心，子部亦颇涉及，惟亦志不在此。至于文史之学，似更淡远，而于文章为尤甚。

上举宋儒学术三途，一曰政事治道，一曰经史博古，一曰文章子集，会诸途而并进，同异趋于一归，是为北宋诸儒之学风。及理学家出而其风丕变。其转变精微处，固是仅可心知其意，不当强指曲说。然就外面事象言之，一则濂溪以下四人皆于仕途未达，故言治道政事者较少。横渠《与范巽之书》有曰："朝廷以道学政术为二事，此正自古之可忧者。"王安石变法，明道、横渠皆被摈，其专明道学，即所以争政术，此一也。又此四人既不在中朝，迹近隐沦，虽二程较显，然此四人交游声气皆不广，故其学特于反己自得有深诣。黄鲁直山谷称濂溪曰："茂叔人品甚高，胸怀洒落，如光风霁月。好读书，雅意林壑，初不为人窘束。廉于取名，而锐于求志。陋于希世，而尚友千古。"山谷乃文章之士，而此称道濂溪者，后之理学家莫不认其为是知德之言，善乎形容有道气象。其"廉于取名"、"陋于希世"之四语，实道出濂溪当时之际遇与操心。张栻南轩亦前濂溪之学举世不知。然则濂溪学之在当时，纵谓乃是一种隐士之学，亦无不可。

横渠有《诗上尧夫先生兼寄伯淳正叔》云："先生高卧洛城中，洛邑簪缨幸所同。顾我七年清渭上，并游无侣又春风。"汴京为当时政治中心，洛邑则为当时人物中心。邵雍康节与二程同住洛邑，其交游应接，上之视濂溪，同时视横渠，皆较为广泛与热闹。在北宋理学四巨擘中，二程学风较与濂溪、横渠不同，似亦不能谓与其交游应接间更无若干之关系。而当时理学之传，濂溪身后最关寂，横渠门庭亦清淡，惟伊洛厥传最大，亦可证其中之消息。

以上乃从外貌上指出北宋理学家与其先宋儒学术不同。故北宋诸儒实已为自汉以下儒统中之新儒；而北宋之理学家，则尤当目为新儒中之新儒。今再进一步指出理学家之所以为学与其所儒为学者究何在。理学家在当时，自称其学曰道学，又称理学，亦可称曰性道之学或性理之学，又可称为心性义理之学。政事治道、经史博古、文章子集之学比较皆在外，皆可向外求之；而心性义理之学，则一本之于内，惟当向内求，不当向外求。昔汉儒以谶纬之学为内学，后人又以佛学为内学。然则于宋学中，是否亦可称理学为内学，似亦无妨，然在理学家中则决不认此称。

今人又谓宋代理学渊源实自方外，所谓方外，即指道、释两家言。然当时理学家主要宗旨正在辨老释。唐韩愈著《原道篇》，亦为辨老释，惟辨之不精，老释之言流衍如故。北宋诸儒，只重在阐孔子，扬儒学，比较似置老释于一旁，认为昌于此则息于彼。欧阳修《本论》可为其代表。其言曰："佛法为中国患千余岁，千岁之患遍于天下，岂一人一日之可为。民之沉酣，入于骨髓，非口舌之可胜。然则将奈何？曰：莫若修其本以胜之。"凡政事治平、经史博古、文章子集之学，皆所以修其本。然亦有于此三途之学皆有深造，而终不免于逃禅之归，如王安石、苏轼其著者。其它宋儒中信佛者，更不胜缕举。理学家之主要对象与其重大用意，则正在于辟禅辟佛，余锋及于老氏道家。亦可谓北宋诸儒乃外于释老而求发扬孔子之大道与儒学之正统，理学诸儒则在针对释老而求发扬孔子之大道与儒学之正统。明得此一分辨，乃能进而略述理学家之所以为学，与其所谓为学之所在，亦即理学家之用心与其贡献之所在。

以上略述孔子以下儒学传统与其流变既迄，此下当述及朱子。

提纲六

首当先述朱子之集理学大成。

理学在北宋，惟伊洛程门有其传。及至南宋，所谓理学传宗，同时亦即是伊洛传宗。朱子亦从此传统来。但至朱子，乃始推尊濂溪，奉为理学开山，确认濂溪之学乃二程所自出。朱子始为《太极图说》与《通书》作解，濂溪著作，一一加以整理发明。又为稽考其生平，虽小节不遗，使后世重知濂溪其人之始末，与其学之蕴奥者，惟朱子之功。至其确定周程传统，虽发于五峰，亦成于朱子。

朱子又极盛推横渠。二程于横渠，固甚重其《西铭》。然明道尝谓"有有德之言，有造道之言"，谓《西铭》则仅是造道之言。伊川答横渠书，谓："吾叔之见，以大概气象言之，则有苦心极力之象，而无宽裕温和之气。非明睿所照，而考索至此。故意屡偏而言多窒，小出入时有之。"此则尤指其《正蒙》言。朱子则谓："横渠'心统性情'之说，二程无一语似此切。"又云："伊川说神化等，不似横渠较说得分明。"又曰："横渠说工夫处，更精切似二程。"此亦皆指《正蒙》言。朱子又为横渠《西铭》与濂溪《太极图》同作义解，并谓"近见儒者多议此两书之失，或乃未尝通其文义而妄肆诋诃。"当知此等诋诃，亦出理学门中。当时理学界，知重二程，不知重周、张。陆九渊象山之兄九韶梭山，亦与朱子辨《西铭》，象山继之，后与朱子辨《太极》。即朱子至友《吕祖谦东莱》，亦于朱子之言《太极》、《西铭》者不能无疑。张栻南轩亦时持异议。朱子于庆元六年庚申三月辛酉，改《大学诚意》章，越后三日，即为朱子易簀之日，此事尽人知之。然在前两夕己未，为诸生说《太极图》。前一夕庚申，为诸生说《西铭》。可见此两书朱子奉以终身，其谆谆之意，大可想见。后人言北宋理学，必兼举周、张、二程，然此事之论定，实由朱子。

朱子于北宋理学，不仅汇通周、张、二程四家，使之会归合一。又扩大其范围，及于邵雍尧夫、司马光君实两人，特作《六先生画像赞》，以康节、涑水与周、张、二程并举齐尊。二程与康节同居洛邑，过从甚密。康节长于数学，然二程于此颇忽视。明道尝曰："尧夫欲传数学于某兄弟，某兄弟那得工夫。"或问康节之数于伊川，伊川答曰："某与尧夫同里巷居三十余年，世间事无所不问，惟未尝一字及数。"康节以数学格物，一日雷起，谓伊川曰："子知雷起处乎？"伊川曰："某知之，尧夫不知也。"康节愕然，曰："何谓也？"曰："既知之，安用数推？以其不知，故待推而知。"康节问："子以为何处起？"曰："起于起处。"朱子则于康节数学特所欣赏。康节又以数学研史，杨龟山有曰："皇极之书，皆孔子所未言，然其论古今治乱成败之变，若合符节，恨未得其门而入。"朱子尤特欣赏康节之史学。康节疾革，伊川问："从此永诀，更有见告乎？"康节举两手示之，曰："面前路径须令宽。路窄则自无着身处，况能使人行？"此不仅论立身处世，亦当可以推论学术。朱子为《伊洛渊源录》，康节不与，乃认康节与伊洛异趋。然以康节列六先生之一，此在理学传统内，殆亦有路径令宽之意。

涑水特长史学，著《资治通鉴》，朱子作《纲目》继之，其意盖欲以史学扩大理学之范围。涑水特与康节相善，然未尝及其先天学。涑水亦治《易》，而不喜康节先天之说。顾朱子于康节之先天学又特所推重。故朱子虽为理学大宗师，其名字与濂溪、横渠、明道、伊川并重，后人称为濂洛关闽，然朱子之理学疆境，实较北宋四家远为开阔，称之为集北宋理学之大成，朱子决无愧色。

其次当论朱子集宋学之大成。此乃指理学兴起以前北宋诸儒之学言。上分北宋儒学为三项，一政事治道之学，一经史博古之学，一文章子集之学。朱子自筮仕以至属纩，五十年间，历事四朝，然仕于外者仅九考，立于朝者仅四十日。洪氏《年谱》谓："天将以先生绍往圣之统，觉来世之迷，故啬之于彼，而厚之于此"。然朱子于政事治道之学，可谓于理学界中最特出。试观其壬午、庚子、戊申诸封事，议论光明正大，指陈确切着实，体用兼备，理事互尽，厝诸北宋诸儒乃及古今名贤大奏议中，断当在第一流之列。又其在州郡之行政实绩，如在南康军之救荒，在漳洲之正经界，虽其事有成有败，然其精心果为，与夫强立不反之风，历代名疆吏施政，其可赞佩，亦不过如此。又朱子注意史学，于历代人物贤奸、制度得失、事为利病、治乱关键，莫不探讨精密，了如指掌。尤其于北宋熙宁变法，新旧党争，能平心评判，抉摘幽微，既不蹈道学家之义理空言，亦不陷于当时名士贤大夫之意气积习。以朱子之学养，果获大用，则汉唐名相政绩，宜非难致。朱子《祭张南轩文》谓："兄乔木之故家，而我衡茅之贱士。兄高明而宏博，我猬狭而迂滞。故我尝谓兄宜以是而行之当时，兄亦谓我盍以是而传之来裔。"此固朱子逊让之辞，亦见朱子抱负所重在此。然论两人政事治道之学，朱子所成就决不下于南轩。

伊川称明道之卒，当时同以为孟子之后，传圣人之道者，一人而已。推朱子之意，似未必于伊川之言完全首肯。厥后黄震东发传朱子之学，于此一端，特再提出。全谢山《宋元学案》，首胡安定，次孙泰山，次范高平，亦以此三人为首，乃见宋学、理学之一贯相承，亦明标其意为一本于朱子。

老、释之学，理学家同所申斥。朱子于庄老两家颇多发挥，亦不全加废弃。其于释氏，尤其于禅宗，则特有精辨。于理学家中，朱子辟禅之语最多。后代理学家所辨儒释疆界，其说几全本于朱子。

以上略述朱子集宋学理学之大成者，大致具是。此下当进而述及朱子集汉唐儒大成之所在。

汉唐儒之学，主要在经，亦可谓其时则儒学即经学。宋儒之学不专在经，文史百家之业与经学并盛，故可谓至宋儒，乃成为一种新儒学，经学仅占其一部分。抑且汉唐儒经学之成绩，主要在章句注疏，宋儒经学，不拘拘在此，重要在创新义，发新论，亦可谓宋儒经学乃是一种新经学。朱子治经，承袭北宋诸儒，而其创新义，发新论，较又过之。然朱子亦甚重汉唐经学之传统。

朱子极重视《注疏》，其早年为《论语训蒙口义》，即曰："本之《注疏》以通训诂，参之释文以正其音读，然后会之于诸老先生之说，以发其精微。"此则自始即以会通汉唐经学于当时新兴理学家言为帜志。直至其最后《论孟集注》、《中庸章句》成书，此一帜志终亦不变。朱子又曰："祖宗以来，学者但守《注疏》，其后便论道，如二苏直是要论道，但《注疏》如何弃得。"理学家风气，正在要论道，朱子将论道与解经分开，最为明通之见。不仅以此矫北宋诸儒之病。更要乃在矫当时理学家之病。

朱子于汉唐儒最重郑玄，曾曰："康成也可谓大儒，考礼名数大有功。"其弟子问："《礼记》古注外无以加否？"曰："郑《注》自好，看《注》看《疏》自可了。"又曰："近看《中庸》古注，极有好处。摆脱传注，须是两程先生方始开得这口。若后学未到此地位，便承虚接响，容易呵叱，恐属僭越，不可不戒。"又论《中庸》"至诚无息"一段，谓诸儒说多不明，只是古注好。

朱子重郑玄外亦重马融，并亦推重其它诸家。然朱子于古注，亦非一味推尊。朱子论经学，既重《注疏》，亦重专家与师说。尝曰："圣贤之言，有渊奥尔雅，不可以臆断者。其制度名物，行事本末，又非今日见闻所能及。故治经者必因先儒已成之说而推之。汉之诸儒，所以专门名家，各守师说，而不敢轻有变焉。但其守之太拘，不能精思明辨以求真是，则为病耳。然以此之故，当时风俗终是淳厚。近年以来，习俗苟偷，学无宗主。治经者不复读其经之本文，与夫先儒之传注，以意扭捏，妄作主张。今欲正之，莫若讨论诸经之说，各立家法，而皆以《注疏》为主。"然朱子意中所谓家法，亦不专限于汉儒。

朱子于经学，虽主以汉唐古注疏为主，亦采及北宋诸儒，又采及理学家言，并又采及南宋与朱子同时之人。其意实欲融贯古今，汇纳群流，采撷英华，酿制新实。此其气魄之伟大，局度之宽宏，在儒学传统中，惟郑玄差堪在伯仲之列。惟两人时代不同，朱子又后郑玄一千年，学术思想之递衍，积愈厚而变益新。朱子不仅欲创造出一番新经学，实欲发展出一番新理学。经学与理学相结合，又增之以百家文史之学。至其直接先秦，以《孟子》、《学》、《庸》羽翼孔门《论语》之传，而使当时儒学达于理想的新巅峰，其事尤非汉唐以迄北宋诸儒之所及。故谓朱子乃是孔子以下集儒学之大成，其言决非过夸而逾量。

今就朱子所举宋代经学名家，其中理学家，仅伊川、横渠两人，而濂溪、明道皆不列。程张以下，仅列杨时、吕大临，其它理学家亦不得与。可见当时理学家之于经学，在朱子意中，实多浅尝，非能深涉。厥后顾炎武谓"经学即理学，舍经学安所得理学哉"，此言亦恐不为朱子所首肯。而当时理学家谓二程直得孟子不传之秘，于汉唐以下经学，搁置一旁，不如理会，斯亦决非朱子所同意。

朱子又不仅于经学如此，尝谓："《庄老》二书解注者甚多，竟无一人说得他本义出，只据他臆说。某若拈出便别，只是不欲得。"此乃朱子之自信语。亦是朱子确曾下过工夫，故能有此自信。可见朱子于各家说《庄老》者，亦曾博观纵览，乃欲以解经方法来解子，解《庄老》二书，运用纯客观方法，以求发得《庄老》二书之本义与真相。惟因精力不敷，兴趣不属，乃置而不为。其实朱子之解濂溪《太极图说》与《通书》，以及横渠之《西铭》，其所运用之方法，亦是一种解经方法。朱子至友如张南轩，亦谓朱子"句句而解，字字而求，不无差失"。盖当时理学界风气，读书只贵通大义，乃继起立新说，新说愈兴起，传统愈脱落。此风在北宋诸儒已所不免，而理学家尤甚。即南轩亦仍在此风气中。惟朱子，一面固最能创新义，一面又最能守传统。其为注解，无论古今人书，皆务为句句而解，字字而求，此正是汉儒传经章句训诂工夫，只求发明书中之本义与真相，不容丝毫臆见测说之参杂。此正是经学上传统工夫。明得前人本意，与发挥自己新意，事不相妨。故经学之与理学，贵在相济，不在独申。合则两美，分则两损。朱子学之着精神处正在此。

以上略述孔子以下迄于朱子儒学传统之流变，及朱子之所以为集儒学之大成者，大体竟。下当转述朱子本人学术思想之大概。

提纲七

叙述朱子思想，首先当提出其主要之两部分。一为其理气论，又一为其心性论。理气论略当于近人所谓之宇宙论及形上学。心性论乃由宇宙论形上学落实到人生哲学上。

在北宋理学四大家中，二程于宇宙论形上学方面较少探究。濂溪、横渠则于此有大贡献。但二程谓横渠正蒙下语多有未莹，朱子接受二程此番意见，其论理气，主要根据为濂溪之《太极图说》，而以横渠《正蒙》为副。

朱子论宇宙万物本体，必兼言理气。气指其实质部分，理则约略相当于寄寓在此实质内之性，或可说是实质之内一切之条理与规范。

朱子虽理气分言，但认为只是一体浑成，而非两体对立。此层最当深体，乃可无失朱子立言宗旨。朱子云："天下未有无理之气，亦未有无

一九七一年　辛亥　七十七岁

气之理。""有是理，便有是气。""理未尝离乎气。"无理，将不能有气。但无气，亦将不见有理。故此两者，不仅是同时并存，实乃是一体浑成。

朱子把此说归纳之于濂溪之《太极图说》。故曰："太极只是天地万物之理，但太极却不是一物，无方所顿放，故周子曰'无极而太极'。"又曰："才说太极，便带着阴阳。才说性，便带着气。不带着阴阳与气，太极与性哪里收附。然要得分明，又不可不拆开说。"把理气拆开说，把太极与阴阳拆开说，乃为要求得对此一体分明之一种方便法门。不得因拆开说了，乃认为有理与气、太极与阴阳为两体而对立。

理与气既非两体对立，则自无先后可言。但若有人坚要问个先后，则朱子必言理先而气后。故曰："未有天地之先，毕竟也只是先有此理，便有此天地。若无此理，便亦无天地，无人、无物，都无该载了。"又曰："先有个天理了，却有气。""有是理，便有是气，便理是本。"但朱子亦并不是说今日有此理，明日有此气。虽说有先后，还是一体浑成，并无时间相隔。惟若有人硬要如此问，则只有如此答。但亦只是理推，非是实论。

朱子又说："阴静是太极之本。然阴静又自阳动而生。一静一动，便是一个辟阖。自其辟阖之大者推而上之，更无穷极，不可以本始言。"必要言天地本始，朱子似无此兴趣，故不复作进一步的研寻。太极即在阴阳之内，犹之言理即在气内。一气又分阴阳，但阴阳亦不是两体对立，仍只是一气浑成。若定要说阴先阳后，或阳先阴后，朱子亦并不赞许。

但既如此，为何定不说气先理后，理不离气，有了气自见理，太极即在阴阳里，有了阴阳也自见太极？因若如此说，则气为主而理为附，阴阳为主而太极为副，如此则成了唯气论，亦即是唯物论。宇宙唯物的主张，朱子极所反对，通观朱子思想大体自知。

但既曰理为本，又曰先理后气，则此宇宙是否乃是一唯理的？此层朱子亦表反对。朱子说："佛氏却不说着气，以为此已是渣滓，必外此然后可以为道，遂至于绝灭人伦，外形骸，皆以为不足恤。"又曰："事事物物上便有大本。若只说大本，便是释老之学。"又曰："有一种人，思虑向里去，嫌眼前道理粗，于事物上都不理会，此乃谈玄说妙之病，其流必入于异端。"朱子之学，重在内外本末精粗两面俱尽，惟理论容易落虚，单凭虚理，抹煞实事，朱子亦不之许。至如近代共产主义，乃是一种唯理的唯物论，更要不得。

朱子之宇宙论，既不主唯气，亦不主唯理，亦不主理气对立，而认为理事只是一体。惟有时不如此说，常把理气分开，谓："在物上看，则二物浑沦不可分开。若在理上看，则虽未有物，而已有物之理。然亦但有其理，未尝实有是物。"此如今人说，未有飞机，先有飞机之理。人只能凭此理创此物，不能说为要创此物，同时却创此理。更不能说，必待先有了飞机才始有飞机之理。朱子又说："且如万一山河大地都陷了，毕竟理却只在这里。"此如说飞机坏了，飞机之理尚在。但若没有飞机，那项飞机之理，究亦无处顿放，无处挂搭。所以理气当合看，但有时亦当分离开来看。分离开来看，有些处会看得更清楚。

理是一，气是多。理是常，气是变。没有多与变，便看不见一与常。但在理论上，究不能说只有多与变，没有一与常。纵使离开了多与变，此一与常者究竟还存在。但朱子又不许人真个离了多与变来认此一与常。似乎又不认多与变外还另有一与常。故说："周子曰'无极而太极'，是他说得有功处。"

朱子此项理气一体之宇宙观，在理学思想上讲，实是一项创见，前所未有。濂溪只讲太极与阴阳，此乃上承《易经·系辞》来。朱子换了两个新名辞，说理与气，说得更明白，更确切。如说物物一太极，究不如说物各有理更恰当。横渠《正蒙》说太虚与气，说太虚究亦不如说无极太极，较深允，较确切。故朱子理气论，只引据濂溪《太极图》，而对横渠《正蒙》"一大清虚"之说，则亦加以辨正。说虚字究不如说理字，但单说理字则仍是虚。濂溪言太极，亦不如朱子言理气之为恰当而明确。明道有言："吾学虽有所受，天理二字，却是自家体贴出来。"此所谓之天理，多半似只当属于人生界。此下理学家多以天理人欲对称，此亦只指人心人事言，与朱子言理气之理，高下广狭有不同。因此说朱子理气论，实是一番创论，为其前周张二程所未到。但由朱子说来，却觉其与周张二程所言处处吻合。只见其因袭，不见其创造。此乃朱子思想之最伟大处，然亦因此使人骤然难于窥到朱子思想之真际与深处。

朱子解经极审慎，务求解出原书本义。但亦有时极大胆，极创辟，

一九七一年 辛亥 七十七岁

似与原书本义太不相干。如《论语》"获罪于天，无所祷也"，朱子《注》"天即理也"。孔子只说祷于天，没有说祷于理，朱子注语岂非大背原义。但此等处正见理学精神，实亦见北宋诸儒之精神。后来清儒拈出此等处，对朱子与宋儒大肆讥呵，只在训诂上争，却不在学术思想上分辨，未免为小而失大。

老子说："天法道，道法自然。"道理二字，自理学家说来，本可无分别。濂溪《太极图》说，远则渊源于《易经·系辞》，近则传授自陈抟。《易经》与道家言，本属相通。朱子之宇宙论，既是渊源于濂溪之《太极图》，故亦兼通于《易》与道。但从此更当进一层分辨。道家主张乃是一本于自然，朱子理气论则认自然只是一道，故说有气则必有理。在宇宙形上界，理是无情意，无计度，无造作，无作用。但一落到人生形下界，人却可以凭此理来造作，理乃变成了有作用。人生界在气的圈子之内，自当有情意，有计度。只要此情意计度合乎理，则此理便会发生作用与造作。如是则又从庄老道家转回到孔孟儒家来。此一层，当待讲到朱子之心性论，才见有发挥，有着落。

在此，只可谓在宋代理学家思想中，实已包进了道家言，而加之以融化。周张二程皆如此，到朱子而益臻于圆通无碍。若仅就某一部分认为理学思想即是道家思想，则仍把握不到理学思想主要精神之所在。

以上约略说了朱子之理气论，以下再引述其心性论。

提纲八

性属理，心属气，必先明白了朱子之理气论，始能探究朱子之心性论。

朱子极称伊川"性即理也"一语。谓："伊川'性即理也'，自孔孟后无人见得到此，亦是从古无人敢如此道。"又曰："如'性即理也'一语，直自孔子后惟是伊川说得尽。"其实孔孟书中并不见有"性即理也"之语，只因宋代理学家敢于说从古未有人说的话。但就论其实，伊川说此话，也与朱子之说有不同。伊川云："性即理也，所谓理性是也。天下之理，原其所自，未有不善。喜怒哀乐之未发，何尝不善。发而中节，则无往而不善。发不中节，然后为不善。"可见伊川"性即理也"之语，主要在发挥孟子性善义，只就人生界立论，而朱子则用来上通之于宇宙界。亦可谓朱子乃就其自所创立有关宇宙界之理气论而来阐申伊川此语之义。要之伊川言性理，偏重在人生界，朱子言性理，则直从宇宙界来，此乃两人之所异。

伊川又曰："道孰为大？性为大。人之性则亦大矣，人之自小者，亦可哀也。人之性一也，世人皆曰吾何能为圣人，是不自信也。动物有知，植物有知，其性自异。但赋形于天地，其理则一。"此仍在阐发孟子性善义，仍偏围在人生界。虽亦兼及物性，但只从人生界推出，非从宇宙界落下。朱子则曰："性只是理，万理之总名。此理亦只是天地间公共之理，禀得来，便为我所有。"此是说天理禀赋在人物者为性，如此则宇宙界人生界一贯直下，形上形下，交融无间。今说天即是理，则在人物身上各自占有了一分天。此把庄老道家精义已尽量接受，而确然转成其为儒家义。此见朱子思想组织力之伟大，消化力之细腻，而在朱子，则只似依据伊川一语加以引申，不见有自己用力处。此乃朱子思想之邃密不可及处，亦是朱子思想之骤难把捉处。

伊川又言："论性不论气不备，论气不论性不明。"此处把性与气分言。朱子说之曰："大抵人有此形气，则是此理始具于形气之中而谓之性。才是说性，便已涉乎有生，而兼乎气质，不得为性之本体。然性之本体亦未尝杂。要人就此上面见得其本体元未尝离，亦未尝杂耳。"此处朱子阐说伊川"性即理也"一语，更入深微。理是天地公共底，性则是人物各别底。理属先天，性属后天。由理降落为性，已是移了一层次。朱子说理气合一，故说性气不离。朱子又主理气分言，故说性气不杂。但万物之性，各为其形气所拘，回不到天地公共底理上去。人性则可不为形气所拘，由己性直通于天理。此处要有一番工夫，此一番工夫则全在心上用。此乃全从人生界立说，若言宇宙界，则无工夫可用。惟在人生界用工夫，仍必以上通宇宙界为归极。若只围在人生界，而至于违背了宇宙界，则一切工夫皆属错用。宇宙界之与人生界，自朱子理想言，仍当是一体两分，非两体对立。其贯通处则正在性。性是体，其发而为工夫则在心，心属用。

又朱子说："理只是个净洁空阔底世界，无形迹，不会造作"，有人疑此等说法从佛家来；但释氏禅宗主张性空理空，朱子则说理必附气，性必附心。若说理不是一个净洁空阔底世界，又如何能附在气上，遍及气中。理如此，性亦然。正因其必附在气上，遍及气中，故理实非虚。一虚一实，为朱子分别儒释疆界一大鸿沟，此层俟下再述。

以上略说朱子论性，以下当再略述朱子之论心。

朱子论宇宙界，似说理之重要性更过于气。但论人生界，则似心之重要性尤过于性。因论宇宙界，只在说明此实体。而落到人生界，要由人返天，仍使人生界与宇宙界合一，则更重在工夫，工夫则全在心上用，故说心字尤更重要。但却不能说朱子重要说心，便接近了所谓唯心论。因心只属于气，朱子既不主唯气，自亦不主唯心。

后人又多说，程朱主"性即理"，陆王主"心即理"，因此分别程朱为理学，陆王为心学。此一区别，实亦不甚恰当。理学家中善言心者莫过于朱子。说心性，犹如其说理气，可以分说，可以合说。心性亦非两体对立，仍属一体两分。故又说："性便是心之所有之理。""心便是理之所会之地。""性是理，心是包含该载敷施发用底。"就宇宙界言，理则包含该载在气。就人生界言，性则包含该载在心。理无情意，无计度。无造作，无作用；性亦然。心则有情意，有计度，有造作，有作用。故理之敷施发用在气，而性之敷施发用则在心。气之敷施发用只是一自然，而心之敷施发用则在人为。应从自然中发出人为，又应从人为中回归自然。并应从人为中发展出自然中之一切可能与其最高可能。此始谓之道义，始是人生界最高理想与最大责任所在，亦始是人心之最大功用所在。故说："心性理，拈着一个，则都贯穿。"

后人又称理学家曰性理之学，依照上引语，可见性理之学正即是心学。一切对性与理之认识与工夫，将全靠心。若抹去了心，将无性理学可言。

朱子又谓释氏禅宗乃是主"心即理"之说者，故曰："释氏擎拳竖拂，运水搬柴之说，岂不见此心，岂不识此心，而卒不可与入尧舜之道。正为不见天理，而专认此心为主宰，故不免流于自私。前辈有言：'圣人本天，释氏本心。'盖谓此。"本天，即是本理，理必具于心，而心非即是理，此辨已详理气论。

朱子又说："虚明应物，知得这事合恁地，那事合恁地，这便是心。当这事感，则这理应，那事感，则那理应，这便是性。出头露面来底便是情。其实只是一个物事。"心是能觉。性是所觉，情是性之出头露面处。由宇宙自然界言，此三者似统一在性。由人生文化界言，此三者须统一在心。若只认得性情是自然，却不认得主宰在心，此是错了。但若只认得主宰在心，却不认得性情乃本之自然，亦同样是错。

提纲九

以上略述朱子之理气论与心性论。在此，朱子已尽力指陈了心之重要。在人生界中之心，正可与在宇宙界中之理相匹配。而就人生界论人生，则心之重要更过于理。因理是已存底，而心则是待发底。亦可谓理属体，心则主要在用，在工夫论上，故尤为理学家所重视。所以说，谓陆王是心学，程朱是理学，此一分别，未为恰当。若说陆王心学乃是专偏重在人生界，程朱理学则兼重人生界与宇宙界，如此言之，庶较近实。

今试问天地是否亦有心，即是说宇宙自然是否亦有心，朱子对此问题，似乎主张说天地亦有心。朱子说："'天地以生物为心'。天包着地，别无所作为，只是生物而已。亘古亘今，生生不穷，人物则得此生物之心以为心。"又曰："天地以此心普及万物，人得之，遂为人之心，物得之，遂为物之心，草木禽兽接着，遂为草木禽兽之心。只是一个天地之心尔。今须要知得它有心处，又要见得它无心处。"如此说来，朱子看天地，似乎认其在有心无心之间。天地只是一自然，此是无心的。但若只说理与气，一则冷酷无情，一则纷扰错综，不能说人生界一切道理便只从这无情与纷扰中来，儒家因此从宇宙大自然中提出一生命观，理则名之曰生理，气则称之曰生气，《易经·系辞》说"天地之大德曰生"，又曰"复见天地之心"。朱子说之曰："谓如一树，春荣夏敷，至秋乃实，至冬乃成。方其自小而大，各有生意。到冬时，疑若树无生意矣，不知却自收敛在下。每实各具生理，便见生生不穷之意。"此乃即就草木来说明宇宙，提出生气、生理、生意等字眼，说有意便如说有心。朱子又曰："万物生长，是天地无心时。枯槁欲生，是天地有心时。"当万物之各遂其生，自然生长时，则若不见天地之有心。若使天地有心，将不复是自然，亦将不见万物之各有其生，而只成为宇宙间一被生物。但到万物生命力收藏或萎缩近至不复有生时，而其生命力又渐渐苗壮起来，此得不得谓天地之无心。若果天地无心，何从在自然中报出生命？又如何使此生命永远继继承承而不绝？

朱子又谓："造化周流，未着形质，便是形而上，属阳。才丽于形质，为人物，为金木水火土，便转动不得，便是形而下，属阴。"故虽说一动一静互为其根，分阴分阳两仪立焉，但究竟仍该以阳动在先，阴静在后。在先是流行变动，末着形质时。在后则已丽于形质，成了一格局。此种形质，则无不将变坏衰灭，但下面还是会生生不已。故朱子说："统是一个生意。"如此，亦可说儒家说造化，说生，是说了此宇宙之阳面。道家说自然，说无，是说了此宇宙之阴面。朱子根据《易经·系辞》来畅阐儒义，而其根据于新兴理学诸儒者，则主要尤在濂溪与康节。

朱子从此理论上特地提出一"仁"字。朱子说："仁是天地之生气。""仁是个生底意思。"又曰："万物之心，便如天地之心。天下人之心，便如圣人之心。天地生万物，一个物里面便有一个天地之心。圣人于天下，一个人里面，便有一个圣人之心。"朱子专就心之生处、心之仁处着眼，至是而宇宙万物乃得通为一体。当知从来儒家发挥仁字到此境界者，正惟朱子一人。老子曰："天地不仁，以万物为刍狗。"从老子道家义，则此宇宙大整体，乃是一不仁之体。由朱子言之，则此宇宙大整体，乃是一至仁之体。然其间仍有分别处。由上向下言之，则万物各得天地之心，与天地之仁。若由下向上言之，则惟圣人乃能全得此心之仁，上与天地合德。从此乃生出关于心方面之种种方法论与工夫论，待以下加以阐述。

提纲十

以上略述朱子论此宇宙之仁，此下当再述朱子论此宇宙之神。亦可谓理与气乃此宇宙之体，仁与神则是此宇宙之用。必兼此体用四者来看，乃见朱子宇宙论之全貌。

横渠有言："鬼神者，二气之良能。"伊川则谓："鬼神者，造化之迹。"朱子论鬼神，大体本之张、程，惟谓程说不如张。盖"迹"字下得粗，不如"能"字更深切。朱子自说己意则曰："鬼神是这气里面神灵相似。"此意承横渠,谓气里面有一种作用,此种作用谓之鬼神,或只说神,此即是气之能。若以神与理相比,理属形而上,神属形而下。故朱子又说:"说鬼神,毕竟就气处多,发出光彩便是神。"如此则伊川说"鬼神为造化之迹",亦已得之,惟不若横渠与朱子说得更精妙。

朱子又自鬼神而言死生,因曰:"'归根'乃老子语,毕竟无归。如月影映在这盆水里,除了这盆水,这影便无了。岂是飞上天,归那月里去。又如花落便无了,岂是归去那里,明年复来生这枝上。"又曰:"死便是都散尽了。""大钧播物,一去便休,岂有散而复聚之气。"又曰:"日月寒暑晦明,可言反复。死无复生之理。今作一例推说,恐堕于释氏轮回之论。"又曰:"一受其成形,此性逐为吾有,虽死而犹不灭,截然自为一物,藏乎寂然一体之中,则自开辟以来,积至于今,其重并积叠,计已无地可容。且干坤造化,如大洪炉,人物生生无少休息,是乃所谓实然之理,不忧其断灭也。今乃以一片大虚寂目之,而反认人物已死之知觉谓之实然之理,岂不误哉。"又曰:"儒者以理为不生不灭,释氏以神识为不生不灭,真似冰炭。"此处朱子力辟释氏之轮回说与神识不灭说,俗传人死为鬼之说,亦可不待辟而知其妄。故朱子曰:"世俗大抵十分有八分垢说,只二分亦有此理。"其实朱子言鬼神,虽亦一一引据古经籍,显与古经籍中观念有分歧。朱子又因而推及于魂魄义、祭祀义,要之皆是杂揉新旧,自创一说,合而组成一思想大体系。貌若陈旧,实则新鲜。故论理学家之大传统,则自当属于儒家,但亦不害其在大传统下之各有所创造。此乃凡理学家皆然,而博大精深,能于传统创造双方各臻其极,则必首推朱子。

提纲十一

以上略述朱子言宇宙之仁与神。在此大仁至神之造化中,而有人物生生。人则得气最灵,其间乃有圣人出,上合天德,法乎天地之大仁至神而参赞宇宙之造化。濂溪有言:"士希贤,贤希圣,圣希天。"此为理学家之最大宗旨与最大目标,亦可谓理学即是一种希圣希天之学。惟圣人有易为不易为两说。主张圣人易为之说者,当推孟子为始。而颜子则曰:"既竭吾才,如有所立卓尔。虽欲从之,末由也已。"此由亲炙孔子,而发为圣人不易为之叹。濂溪曰："学颜子之所学。"似亦不言圣人易为。朱子亦然。今当继述朱子之圣人难为论。

朱子有曰："某十数岁时，读《孟子》，言'圣人与我同类者'，喜不可言，以为圣人亦易做。今方觉得难。"人须能有裁成辅相天地之功能，极其至者为圣人。此可见圣人之不易为。

朱子所意想中之圣人，乃是连结宇宙界与人生界而合一说之。朱子又深于史学，故其所意想中之圣人，又是会通古今历代人事之兴衰治乱而融贯说之。若有人说圣人易为，朱子却要说他近禅。又曰："某道古时圣贤易做，后世圣贤难做。古时只是顺那自然做将去，而今大故费手。"又曰："自古无不晓事底圣贤，亦无不通变底圣贤，亦无关门独坐底圣贤。只理会得门内事，门外事便了不得。所以圣人教人要博学。如今只道是持敬，收拾身心，日用要合道理，无差失，此固是好。然而出应天下事，应这事得时，应那事又不得。"又曰："圣人贤于尧舜处，却在于收拾累代圣人之典章礼乐、制度义理，以垂于世。"又曰："颜子不是一个衰善底人，看他是多少聪明。便敢问为邦，孔子便告以四代礼乐。""孟子说时，见得圣贤大段易做，全无许多等级。所以程子云：'孟子才高，学之无可依据。'"通观上引，朱子乃以德行、聪明、才能、事业四者并重而称之为圣人。乃以传道治国与裁成辅相天地之道，继天地之志，述天地之事。而称之为圣人。悬格甚高，既说圣人难为，则其理想中所谓理学所应从事之范围与境界，亦从此可推。

提纲十二

以上略述朱子之圣人难为论，但朱子又说："不要说高了圣人，高后，学者如何企及。越说得圣人低，越有意思。"要说得圣人低，要使人能信及圣人之可学而至。学圣人，首当学圣人之心。圣心之通于天心者在其仁。朱子论仁，当分作两部分。其论宇宙之仁已述在前，此下当续及其论人心之仁。

二程言仁处极多，朱子特取伊川"仁包四德"之语。伊川云："四德之元，犹五常之仁。偏言则主一事，专言则包四者。"朱子说之云："元只是初底便是。如木之萌，草之芽。其在人，如恻然有隐。"

宇宙是一个有生气或说有生意的宇宙。人生在宇宙中，人之最要者是心，此心亦有生气生意。因此人心能醒觉，能动，此醒底动底，便是人心之恻然有隐处。隐是隐痛，比恻然之恻字义更深些。所为羞恶、辞逊、是非之心，实亦只是那动底醒底恻然有隐之心之随所遇而发之变。故说："恻隐是个脑子，羞恶、辞逊、是非须从这里发来。若非恻隐，三者俱是死物。"明道说："满腔子是恻隐之心。"朱子说之曰："此身躯壳谓之腔子，而今人满身知痛处可见。"医家说"麻木不仁"，仁即是能痛痒相关。不仅满身如此，天地间也只是一个生气团聚，故见孺子入井，也会发生恻隐之心，天地万物生机一片，而人心之仁，亦会随所接触而与之融成一片。所以说："人之所以为人，其理则天地之理，其气则天地之气。理无迹，不可见，故于气观之。要识仁之意思，是一个浑然温和之气。其气则天地阳春之气，其理则天地生物之心。"

从此再推说，乃有"仁者以天地万物为一体"，又"仁者浑然与物同体"之语。后语出自明道，前语出自伊川。朱子于二程此两语，皆未十分赞许。朱子自己说："须是近里着身推究，未干天地万物事。仁者，心之德，爱之理。只以此意推之，不须外边添入道理。若于此处认得仁字，即不妨与天地万物同体。若不会得，便将天地万物同体为仁，却转无交涉。"

朱子又说："仁是体，爱是用，又曰爱之理，爱自仁出也。然亦不可离了爱去说仁。"若仅说"仁者浑然与物同体"，或说"仁者以天地万物为一体"，最多只是从体上说，从理上说，从根上说，如此说来，则太深太广。而且理不可见，使人难入，无可捉摸。朱子只从爱上说，则易入易捉摸。但不可便唤爱做仁，此犹如谓不可便唤觉做仁，皆是剖析精微，朱子思想最擅长处在此。

理学家中善言人心者莫过于朱子。朱子又曰："某旧见伊川说仁，令将圣贤所说仁处类聚看。看来恐如此不得。古人言语，各随所说见意。那边自如彼说，这边自如此说。要一一来比并不得。"又曰："类聚孔孟言仁处以求仁之说，程子为人之意，可谓深切。然专一如此用功，却恐不免长欲速好径之心，滋入耳出口之弊，亦不可不察。"此皆深切中人之心病。

兹再录朱子一段话以终斯篇。朱子说:"凡看道理,要见得大头脑处分明。下面节节,只是此理散为万殊。如孔子教人,只是逐件逐事说个道理,未尝说出大头脑处,然四面八方合聚凑来,也自见得个大头脑。孟子便已指出教人。周子说出太极,已是太煞分明。如恻隐之端,从此推上,是此心之仁,仁即天德之元,元即太极之阳动。如此节节推上,亦自见得大总脑处。若看得太极处分明,必能见得天下许多道理条件,皆自此出。专事物物上皆有个道理,元无亏欠。"此处朱子以孟子"恻隐之心"与濂溪"太极"合并阐说。一面是一件极细碎底事,一面是一个极绾含之理,而朱子把来会合通说:"此心之仁,即天德之元,即太极之阳动。"天地万物,皆从此一动处开始。天与人,心与理,宇宙界与人生界,皆在此一仁字上绾合成一。天地间许多道理条件,皆由此处生出。此处亦可谓是朱子讲学一大总脑处,由此而推出其逐项分散处。

提纲十三

以人合天,以心合理:第一要端曰仁,上章略述朱子论人心之仁,又一要端曰诚,此章当续述。

仁可分为宇宙之仁与人心之仁两面说,朱子论诚亦然,亦可分为宇宙的与人心的两面。朱子说:"诚在道为实有之理,在人为实然之心。""诚,实理也,亦诚悫也。由汉以来,专以诚悫言诚,至程子乃以实理言,后学皆弃诚悫之说。不观《中庸》,亦有言实理为诚处,亦有言诚悫为诚处。不可只以实理为诚,而以诚悫为非诚。"从宇宙界言,则理为主,从人生界言,则心为主。程门言仁,重于言理,忽于言心,朱子矫之,已如上述。

又曰:"心字卒难摸索。心譬如水,水之体本澄湛,却为风涛不停,故水亦摇动。必须风涛既息,然后心之体静。人之无状污秽,皆在意之不诚。必须去此,然后能正其心。"此说《大学》"欲正其心先诚其意"之义。意之所发,则必求其与实理之诚相合一,而后始谓之诚。然苟知有未至,则此诚难于骤达。惟问我之斯意诚悫与否,则在人自无不知。苟能确然去其不诚而存其诚,然后乃有渐从诚悫之诚以达于实然之诚之境界。此乃人生修养一必然途径。

朱子又曰："'知至而后意诚'，须是真知了方能诚意。知苟未至，虽欲诚意，固不得其门而入。惟其胸中了然知得路径如此，知善之当好，恶之当恶，自然意不得不诚，心不得不正。"此说《大学》先格物致知而后意诚之义。知至而后意诚，乃是一种自然境界，亦可谓是一种终极境界。今日知到这里，今日即行到这里，乃是一种当下工夫。故阳明致良知之教，亦举诚意为纲宗。惟阳明只言当下工夫，朱子兼及最后境界，此其异。

朱子在易箦前三日，犹改定其《大学章句》之《诚意》章，此事为后世所传诵。兹节录其注文如次："诚其意者，自修之首也。欲自修者，知为善以去其恶，则当实用其力，而禁止其自欺。使其恶恶则如恶恶臭，好善则如好好色，皆务决去而求必得之，以自快足于己，不可徒苟且以徇外而为人也。然其实与不实，盖有他人所不及知而己独知之者，故必谨之于此以审其几焉。"阳明言"格物"与朱子异，其言"诚意"，则实与朱子此注无异。明末王学殿军刘宗周蕺山，改言"慎独"，亦即朱子此章注中意。朱子既言诚意为自修之首，与王学宗旨实相契合。惟王学言良知，主心即理，更不要方法工夫。二程说诚，则专言实理之诚，不言诚悫之诚，又似偏重在理，未说到人心。朱子终始本末，一以贯之。天人兼顾，心理并重。互发相足，最为细密而圆满。故自其论诚意又当进而究其论格物，乃可以窥朱子思想之大全。

提纲十四

上两章，一略述朱子论心之仁，一略述朱子论心之诚。仁之与诚，乃天之所赋于人而为心，亦可谓是心之本体。然而心多有不仁不诚之时，甚至有不仁不诚之人，此则必有害其仁与诚者。继此当略述朱子之天理人欲论。

理学家无不辨天理人欲，然天理人欲同出一心，此亦一体两分两体合一之一例。朱子论阳不与阴对，善不与恶对，天理亦不与人欲对。朱子曰："人欲隐于天理中，其几甚微。""有个天理，便有个人欲。盖缘这个天理须有个安顿处。才安顿得不恰好，便有人欲出来。人欲便也是天理里面做出来。虽是人欲，人欲中自有天理。"又曰："人生都是天理，人欲却是后来没巴鼻生底。""天理人欲，正当于其交界处理会，不是两个。"胡宏五峰说："天理人欲，同体而异用，同行而异情。"朱子不喜其上一语，而极赞其下一语，谓此语甚好。因说："饮食者，天理也。要求美味，人欲也。"要求美味，也还是饮食，故说同行。但要求饮食是自然。人同此心，心同此理。要求美味，则不是人人如此。所谓美味，亦人各不同。此中便夹带有私欲。故说是异情。同是饮食，一为饥渴，一为美味，求美味，其先还是从求解饥渴来，故曰"人欲即隐在天理中"，又说"人欲中自有天理"。惟为求美味，往往易于把饮食一事安顿得不恰好。若饮食兼求美味，而又能把来安顿得恰好，则自亦无所谓人欲。但不能说两者同体。因人心之体本属至善，只是一自然，只是一天理，不能说天理人欲同来合凑成一体。天理先在，人欲后起，如何忽然有人欲后起，朱子则说是"没巴鼻生底"，那是说无来由底。若人欲皆有来由，那便即是天理，更无所谓人欲。

　　朱子既不赞成凭空讨认天理，也不赞成一味克制私欲。他说："天理在人，亘万古而不泯，无时不自私意中发出。只于这个道理发见处当下认取，簇合零星，渐成片段。所谓私欲，自然消靡退散，久之不复萌动。若专务克制私欲，而不能充长善端，则吾心所谓私欲者，目相斗敌，纵一时按伏得下，又当复作。初不道隔去私意后，别寻一个道理主执而行。才如此，又只是私意。又如一件事，见得如此为是，如此为非，便从是处行将去，不可只恁休。误了一事，必须知悔。只这知悔处，便是天理。"此种指点，深中人心消息隐微，亦是洞见天理生机活泼，人人易知，人人能行，又何必更多张皇。又曰："学者先须置身于法度规矩中，使持于此者足以胜乎彼，则自然有进步处。若自无措足之地，而欲搜罗抉剔于思虑隐微之中，以求所谓人欲之难克者而克之，则亦代翕代张，没世穷年，而不能有以立。"自内心言，则曰"于发见处当下认取"。自外行言，则曰"先置身于法度规矩中"。内外交相养，则天理自易长，人欲亦易消，转移正如一翻手之易。又曰："说复礼，即说得着实。若说作理，则悬空是个甚物事。"复礼即是置身法度规矩中，岂不着实，可守可循。若悬空说个存天理，则究何者谓之是天理，又如何存法，皆易起争辨，使人难从。

若谓天理难见，此又不然。朱子又曰："圣人千言万语，只是说个当然之理。恐人不晓，又笔之于书。只就文字间求之，句句皆是。做得一分便是一分工夫，非茫然不可测。"就内面言，则此心纵在私欲中，天理亦自会时时发露。就外面言，则有礼法可循，有文字可玩，天理亦随处随事而见。朱子只教人各就自家日常生活中讨取，平平恁地做工夫。莫要凭空求讨天理，亦莫要一意搜剔私欲。立言平实深到。后人乃谓宋儒以理杀人，又要泯去天理人欲分别，更有认放纵人欲即是天理者。人之私欲，尚不能一意专务克制，又况要一意提倡与放任。

提纲十五

人心道心，与天理人欲，几乎是异名而同指。上章略述朱子之天理人欲论，本章继述朱子之道心人心论。

"人心惟危，道心惟微，惟精惟一，允执厥中"，此十六字见于《伪古文尚书大禹谟》，亦见于《荀子》书中所称引之《道经》。宋代理学家极重视此十六字，下及明代，则称之为"十六字传心诀"。此如天理、人欲两语，亦仅见于《小戴礼记》中之《乐记》篇。此篇或尚出《荀子》之后。今专为研讨宋儒理学思想，当探问理学家如何解释与运用此诸语，却不必过重在此诸语上辨论其出处。

朱子论人心道心，畅发其义于《中庸章句序》，其言曰："心之虚灵知觉，一而已矣，而以为有人心道心之异者，则以其或生于形气之私，或原于性命之正，而所以为知觉者不同。是以或危殆而不安，或微妙而难见耳。人莫不有是形，故虽上智不能无人心。亦莫不有是性，故虽下愚不能无道心。二者杂于方寸之间，而不知所以治之，则危者愈危，微者愈微，而天理之公，卒无以胜夫人欲之私矣。精则察夫二者之间而不杂，一则守其本心之正而不离，从事于斯，无少间断，必使道心常为一身之主，而人心每听命焉，则危者安，微者着，而动静云为，自无过不及之差矣。"《序》中又涉及传心传道之语，谓所以传圣人之道者，贵在传圣人之心。此心虽有人心道心之别，却同是一心，非有两心。故曰"虽上智不能无人心，虽下愚不能无道心"。惟一则原于性命之正，一则生于形气之私，此则犹是理气分言之意。

朱子又言："凡学须要先明得一个心，然后方可学。""人之所以为学者，以吾之心未若圣人之心故也。若吾之心即与天地圣人之心无异，则尚何学之为。"尧舜禹之相传授，虽曰传道，实亦只是传心，主要乃在传此心之道心。或人问："所谓形气，如口耳鼻目四肢之属，皆是人人共有，岂得便谓之私？"朱子说："但此属自家私有底，不比道，便公共。故上面有个私底根本。且如危，亦未便是不好，只是有个不好底根本。"人生界有许多私，许多危而不安，则都从私上来。此私字有一根本，即在各自底形气上。

朱子又曾说："道心犹柁也。船无柁，纵之行，有时入于波涛，有时入于安流，不可一定。惟有一柁以运之，则虽入波涛无害。"此说似是浅譬而喻，使人言下明白得道心人心之区别。但朱子后来即不赞成自己这一说。因若如此说之，则道心为主宰，人心供运使，在一心中明明有了两心对立。朱子论宇宙，理气非对立。论理，善恶非对立。论气，阴阳非对立。凡说成两体对立者，皆非朱子说。故人心道心，非有两心，只是在一心中有此区别。此一区别，贵能浑化，不贵使之形成敌对。故曰："有道理底人心，便是道心。"又曰："以道心为主，则人心亦化为道心。如《乡党》篇所记饮食衣服，本是人心之发，然在圣人分上，则浑是道心。"可见宇宙生人，并非与了人一道心，又与人一人心。圣人之心，则浑是一道心，更不见有人心。故能达到人与天合，心与理合之境界。今把此心分为道心人心二者说之，不过要人较易明白此心体，却不是说真有了两个心。朱子思想，尽多先后递变处，在先如此说，在后或如彼说，大抵总是后胜于前，此乃朱子自己思想之转进。然此亦成为研究朱子思想一难题。因朱子文集、语类乃及其它著作分量太多，一一分别其年代先后，一一对勘其义理异同，事甚不易。此处只是姑举一例。

凡朱子辨人心道心，略具如上，可谓明白而允贴。取与其辨天理人欲者相阐，当益可得其旨意所在。

提纲十六

以上略述朱子论心性，论心之仁与诚，论天理与人欲，人心与道心，凡此诸章，皆是指陈心体。人因赋有此心体，故能到达心与理合人与天合之境界。在各章中，已屡次涉及工夫即修养方法之一面。工夫必与本体相关。有此本体，始得有此工夫。亦因有此工夫，始得完成此本体。此亦是一而二、二而一者。大体言之，理学诸儒，于本体上争论尚较少，在工夫上，在修养方法上，则分歧较多。此下当继续略述朱子在工夫上，即修养方法上之各论点。所谓工夫与修养，则必一一归本于此心，此层可不烦再论。首当略述朱子之论敬。

朱子说："圣人言语，当初未曾关聚，到程子始关聚出一个敬来教人。因叹敬字工夫之妙，圣学之所以成始成终者皆由此。"又曰："敬字工夫，乃圣门第一义，彻头彻尾，不可顷刻间断。""敬之一字，真圣门之纲领，存养之要法。一主乎此，更无内外精粗之间。""伊洛拈出此字，真是圣学真的要妙工夫。"可见朱子言敬，乃是直承二程传统。

伊川又谓："涵养须用敬，进学则在致知"。朱子说之曰："主敬二字，须是内外交相养。人心活物，吾学非比释氏，须是穷理。"又曰："主敬穷理虽二端，其实一本。""持敬是穷理之本。穷得理明，又是养心之助。"又曰："苟不从事于学问思辨之间，但欲以敬为主，而待理之自明，则亦没世穷年而无所获矣。"朱子言敬，承自二程，但尤有契于伊川敬义夹持、涵养致知、居敬穷理两途并进之说。伊川亦言"未有致知而不在敬者"，但与说只敬便知自致、理自穷不同。朱子自认就二程思想言，自己尤接近伊川，大要即指此等处。同时陆九渊象山，深不喜伊川，而于明道无间辞。其反对朱子，亦正在此等处。

大抵汉以下诸儒，因于统一盛运之激动，都更注重在修齐治平之实际事务上，较少注意到本源心性上。魏晋以下，庄老道家代兴，释教继之传入，他们在两方面成绩上，似乎超过了汉儒。一是有关宇宙论方面，汉唐儒阐发似乎较弱，故朱子采取濂溪、横渠、康节三人之说以补其缺。其二是关于心性本源方面，尤其自唐代禅宗盛行，关于人生领导，几全入其手。儒家造诣，似乎更见落后。北宋理学在此方面更深注意。二程提出敬字，举为心地工夫之总头脑、总归聚处，而朱子承袭之。但程门言敬，颇不免染及禅学，如谢上蔡以觉训仁，以常惺惺说敬，皆有此弊，朱子亦已随时加以纠正。尤其言心性本源，亦不能舍却外面事物，故朱子力申敬不是块然兀坐，不是全不省事，须求本末内外之交尽，则致知穷理工夫，自所当重。不能单靠一边，只恃一敬字。此是朱子言敬最要宗旨所在。

提纲十七

宋明理学家言心地修养，或主敬，或主静，二者同属重要。上章略述朱子论敬，此章续述朱子论静。

朱子从学于李侗延平，但于延平"默坐澄心"之教，颇不相契。因曰："只为李先生不出仕，做得此工夫。若是仕宦，须出来理会事。"又曰："若一向如此，又似坐禅入定。"朱子于二程教人静坐，亦有辨解。"因举明道教上蔡且静坐，彼时却在扶沟县学中。明道言：'贤只是听某说话，更不去行。'上蔡对以无可行处。明道教他且静坐。若是在家，有父母合当奉养，有事务合当应接，不成只管静坐休。"又曰："伊川亦有时教人静坐，然孔孟以上却无此说。"又曰："游氏'守静以复其本'，此语有病。守静之说，近于佛老，吾圣人却无此说。"可见朱子对于程门相传静坐工夫，乃及守静澄心诸说，实颇不重视，抑且言外时露反对之意。

主静之说，始于周濂溪之《太极图说》，朱子力尊濂溪《太极图》，以为二程之学所自出。然于静敬二字之轻重上，则宁取二程。又曰："动静无端，阴阳无始，天道也。始于阳，成于阴，本于静，流于动者，人道也。然阳复本于阴，静复根于动，其动静亦无端，其阴阳亦无始。则人盖未始离乎天，而天亦未始离乎人也。"濂溪之"主静立人极"，此就人生界言。然人生界终是在宇宙界中，人极终自在太极之内，不能自外于太极。龟山道南一派偏主静，五峰湖湘一派偏主动，朱子皆所反对。二程主敬，敬兼动静，然专一主敬，朱子亦所反对。又有辨者。有动静相对之静，有主静立极之静。主静立极之静，乃是心体，非心工夫，朱子称之曰此心湛然纯一。然又必曰："直到万理明彻之后，此心湛然纯一。虚明洞彻，无一毫之累。"此则在境界上说，非工夫上语。朱子言主静，大意如此。后人遵守濂溪主静之说者，若依朱子言，乃是未得濂溪之本意也。故朱子非不言静，惟所言各有所指，各有分际，学者当分别细观。

朱子又说，"便是虚静，也要识得这物事。如不识得这物事时，则所谓虚静，亦是个黑底虚静，不是个白底虚静。而今须是要打破那黑底虚静，换做个白底虚静，则八窗玲珑，自无不融通。不然，则守定那黑底虚静，终身黑淬淬地，莫之通晓。"所谓识得这物事者，即是说要识得此心。朱子屡言心是活物，又言心是虚明灵觉，可容万理万物。朱子不要黑底虚静，犹如说不要死底敬，此等分辨，皆当细参。

"郭德元告行，先生曰：'人若于日间闲言语省得一两句，闲人客省见得一两人，也济事。若浑身都在闹场中，如何读得书。若逐日无事，有现成饭吃，用半日静坐，半日读书，如此一二年，何患不进。'"朱子《文集》、《语类》合共两百六十一卷，"半日静坐，半日读书"，惟此一见。乃对郭德元一人言之，其人殆是逐日无事吃现成饭者，故朱子教之且如此一二年，不怕无进步。清儒颜元习斋专拈此作诋訕，认为朱子以此八字教人，此乃习斋自己心不虚静，连黑底虚静也没有，故而闹此意气。

提纲十八

以上两章，略述朱子论敬论静。宋明理学家言心地修养，主要即在此两字。此下当续述朱子论心地修养工夫之其它方面，首当略述其论心之已发未发与涵养察识工夫者。

自伊川有"《中庸》为孔门传授心法"之说，杨龟山以下至李延平，相传以默坐澄心，观喜怒哀乐未发以前气象为宗旨。朱子从学延平，乃自始即于其默坐澄心之教不加深契。及延平卒后，朱子追寻师说，有"孤负教育之意，每一念此，未尝不愧汗沾衣"之语。而伊川又有"凡心皆属已发"之说，湖湘学者从之，遂主先察识，后涵养，与龟山延平一脉适处相反地位，朱子因又亲赴长沙，与张南轩讨论两月而归，又继之以书问往返。最先朱子折从南轩，亦主人心大体莫非已发，于延平默坐澄心以观大本之教显又放弃。但此下屡经转变，始主已发未发，兼顾交修，融会湖湘与道南之两派，而自创新义，乃曰"恨不得奉而质之李氏之门，然以先生所已言者推之，知其所未言者或不远矣"。此乃朱子斡旋师门之自信语。朱子汇集其与南轩往复诸书，合为一编，称之曰《中和旧说》。此诸书，虽为未臻定论前之意见，然其以工夫证验本体，剖析精微，悟解亲切，玩研心体，指陈其亲证实体之经过，曲折详明。此下理学诸儒，对此诸书，皆甚重视。因其于辨认心体工夫上指示绵密，可供寻索。惟此处不再重述，此下乃其获得结论后之所云。

朱子有《与湖南诸公论中和书》，大意谓："思虑未萌，事物未至之时，为喜怒哀乐之未发。当此之时，即是此心寂然不动之体。以其无过不及，不偏不倚，故谓之中。及其感而遂通天下之故，则喜怒哀乐之情发焉，而心之用可见。以其无不中节，无所乖戾，故谓之和。然未发之前，不可寻觅。已发之后，不容安排。但平日庄敬涵养之功至，而无人欲之私以乱之，则其未发也，镜明水止，而其发也，无不中节矣。此是日用本领工夫。至于随事省察，即物推明，亦必以是为本，而于已发之际观之，则其具于未发之前者，固可默识。"至是始确然提出程门敬字，奉为修养要法，以为持敬之功，贯通乎动静之际，而曰："静中之动，非敬孰能形之。动中之静，非敬孰能察之。"又曰："未发之前是敬，固已立乎存养之实。已发之际是敬，又常行于省察之间。"乃以一敬字双绾已发未发、涵养省察而求工夫之一贯。至于先涵养后省察之意，亦已于上引文中见之。

但《中庸》原文，明指喜怒哀乐之已发与未发，今所讨论，则已越出乎喜怒哀乐之外，而直指心体以为言。伊川又说，才说知觉便是动。朱子云："此恐说得太过。若云知个甚底，受个甚底。如知得寒，觉得暖，便是知觉一个物事。今未曾知觉甚事，但有知觉在，何妨其为静。不成静坐只是瞌睡。"知觉乃是心体，有个知觉，但非知觉了甚么，此乃心体未发时，只可谓之静中有动，不可谓才说知觉便是动，则又将成为心无未发。

朱子又一条云："'未发之前，须常恁地醒，不是瞑然不省。若瞑然不省，成甚么大本。'问：'常醒便是知觉否？'曰：'固是知觉'。'知觉固是动否？'曰：'固是动。然知觉虽是动，不害其为未发，若喜怒哀乐则又别。'"此条与上条不同。上条云有知觉何妨其为静，此条云知觉固是动。然此差异，无关宏旨，其谓心有知觉，仍属未发则一。然则如何乃可以谓之已发？伊川又云："才思即是已发。"朱子于此甚加赞许，谓"此意已极精微，说到未发界至十分尽头"。因曰："心之有知，与耳之有闻，目之有见，为一等时节，虽未发而未尝无。心之有思，与耳之有听，目之有视，为一等时节，一有此则不得为未发。"此等分别，显已越出《中庸》原书本旨甚远。凡宋代理学家辨认心体，不得不谓乃是受了唐代禅宗之影响。伊川"《中庸》为孔门传授心法"之语，亦可谓是从禅学转来。但谓理学受禅宗影响则可，谓理学即是禅学则大不可。此下再当论及朱子辟禅语，乃可明白到此两者间之区别。

提纲十九

以上略述朱子论已发未发以及涵养之与省察。此下当略述朱子之论克己。

朱子有言："君子之学，所以汲汲于求仁。而求仁之要，亦曰去其所以害仁者而已。夫子之所以告颜渊者，亦可谓一言而举。"此处朱子提出《论语》孔子告颜渊以克己，以为"求仁之要，一言而举"，此意当在其辨已发未发而提出程门敬字之后。仅言主敬，则是非未定，故涵养必兼之以察识，居敬必兼之以穷理。若言克己复礼，则义归一路，更不须分做两截，逐渐添入。《论语集注》此章有曰："愚案：此章问答，乃传授心法切要之言。非至明不能察其几，非至健不能致其决。故惟颜子得闻之，而凡学者，亦不可不勉。"伊川以中庸为孔门传授法心法，此注乃以《论语》孔子告颜渊问仁语为传授心法切要之言，显已把孔门心法转移了地位。伊川又言："敬便无己可克。"朱子先亦引其说，稍后则谓敬之外亦须兼用克己工夫，更后乃谓克己工夫尚在主敬工夫之上。关于此，朱子思想显有三变。然凡朱子立言创辟处，每不易见。《论语集注》此条，特加"愚按"二字，见其非有所承。然此下又引伊川《四箴》，而曰发明亲切，学者尤宜深玩，则见己意仍是一仍二程。故凡粗心读朱子书者，每不易见朱子立言之自有所创辟。

朱子理想中之颜子，与其理想中之圣学，则实在秦汉以下儒学传统中独开生面，迥不犹人。朱子实亦有意为儒学创出一新局面，亦要人天旋地转雷动风行般去做。惜乎此后理学界，绝不能在此一方面深识朱子之用心。欲深识朱子此一番用心者，上面当看其圣人难为论，下面当看其格物致知论。两面看人，庶易认取。

或说阳明致良知之学，亦重在存天理，去人欲，今日知到这里，今日即行到这里，将我之良知直直落落推致出去。岂不与朱子论颜渊克己复礼工夫相近。惟阳明撤弃了格物讲致知，此知字限在不学而知之良知上。如见父自然知孝，见兄自然知弟，孝悌忠信尽做得尽，由朱子论之，也还是乡里自好，至于善人君子之列而止。朱子重言仁，更胜过其言孝悌。朱子理想中之广大心知，当与心之仁相配合，不仅与心之孝悌相配合。《论语》仁智并言，此下儒家中最富重智精神，能真达到孔子仁智并重之教者，实当推朱子为第一人。

此下有两事当继续申说：一曰克己复礼乃一件事，非两件事。明道曾说："克己则私心去，自能复礼，虽不学文，而礼意已得。"此便是把克己复礼分成两件事说。朱子不谓然，有曰："如此等语，也说得忒高了。"所谓说得忒高，其实便是说得有差。朱子又说："释氏之学，只是克己，更无复礼工夫。""世间有能克己而不能复礼者，佛老是也。佛老不可谓之有私欲；克己私了，却空荡荡地。"又曰："克己便能复礼，步步皆合规矩准绳，非是克己之外别有复礼工夫。"

第二事当辨者，复礼之礼不当以理字释之。伊川有云："视听言动，非礼不为，礼即是理。不是天理，便是私欲。人虽有意于为善，亦是非理。无人欲即是天理。"朱子于此说，似不赞许，故曰："克己复礼，不可将理字来训礼字。见得礼，便事事有个自然底规矩准绳。""只说理，都空去了。这个礼，是那天理节文，教人有准则处。"理学家总不免过分重视了理，而轻视了礼。惟朱子时时加以分辨，谓礼即天理之节文，有规矩准绳，使人实可遵循。单言理，便易落空，教人无捉摸处。后来清儒常讥宋代理学家把理来替代了礼，至少不曾细读朱子书。又清儒力斥朱子克己胜私之训，谓"克己"只是"胜己"，谓由己来担当。此乃过于争持门户，强立异说。"胜己"岂能解作"由己"？论语本章下文说"由己"，自与上文说"克己"有异，清儒并此文理而不辨。若只依清儒解释，则亦并无方法可言。汉唐儒尚是依经解经，清儒则以门户解经，宜其离经益远。

提纲二十

以上略述朱子论克己。此下当略述朱子论立志。

言居敬，言主静，言已发未发涵养省察，皆不脱理学家气味，皆须费许多言语解释。言克己，言立志，则当下便易晓了，更不烦解释，而彻上彻下，浅深本末，随人自得，皆可持守奉行，减少了理学家之特有气氛。朱子指点人修养方法，每进益平实，使理学成为一种常人之通学，此亦是朱子思想之日益转进处。

朱子特拈"立志"一项，已在晚年。朱子有云："从前朋友来此，某谓不远千里，须知个趣向了，只是随分为他说为学大概，看来都不得力。今日思之，学者须以立志为本。如说求复性命之本，求超圣贤之极致，须是便立志如此，便做去始得。若曰我志只是要做个好人，识些道理便休，宜乎工夫不进。如颜子之'欲罢不能'，如小人之'孳孳为利'，念念自不忘。若不立志，终不得力。"

又曰："人不志学有两种：一是全未有知，不肯为学；一是虽已知得，又却道但得本，莫愁末了，遂不肯学。后一种古无此，只是近年方有。"无知便不能有志，此是常人之病。今说"但得本，不愁末"，此是知得错了。此病却是"近年方有"，此乃指陆学言。象山教人立志，朱子晚年亦教人立志，此见朱子肯兼取陆学之长。但陆学只言立志，不言学，故朱子特举五峰说以救其弊。此见朱子之博采，亦见朱子立言，必斟酌而达于尽善之境。朱子又说："大抵闲时吃紧去理会，理会得透彻，到临事时一一有用处。而今人多是闲时不吃紧理会，及到临事时，又不肯下心推究道理。只是安于浅陋，所以不能长进，终于无成。大抵是不曾立得志，枉过了日子。"此谓闲时不吃紧理会，不仅陆学轻视学问有此弊，即专务居敬，不兼穷理，亦必有此病。而朱子尽把来归在不曾立志上，此见朱子晚年思想之力趋简易而又更达会通处。

当伊洛讲学，风气初开，其知慕向而来者，皆是有志之人。及朱子时，理学风气已成，慕名响附，未必全属真有志。及朱子晚年，应接既多，感触日深，及始揭出此立志一字，以为教导之本。而陆氏兄弟，亦始终为朱子所敬重，虽论学轨辙有异，而在朱子之意，则必欲相互讲论，以求其能归于一是。此等深情，后人论朱陆异同者，惜亦未能认取。

朱子又论志与意之分别有曰："横渠云：'志公而意私。'看这自说得好。志便清，意便浊。志便刚，意便柔。志便有立作意思，意便有潜窃意思。公自仔细看，自见得意多是说私意，志便说匹夫不可夺志。"意属私。故须曰诚意。志则能立便得，更无有立伪志者。理学家中，惟朱子最善言心，而朱子言心，又常推称横渠。此等处，并不专在辨析文字训诂，更要乃是在辨析心理情态。此等辨析，亦不仅在外面观察，乃是从自己日常生活中亲修密证而得。指示人心，极须明白，如性与情，志与意，皆各有界分，各有路头，须认得清楚，始能下工夫。工夫一错，便又从此处影响及他处。那里是只说存心尽心即可了事。惟朱子言心学工夫，最于理学家中为细密而周到，细看上列诸章自见。

提纲二一

以上分章略述朱子所论各项心学工夫，其言静敬，言涵养省察，大体是承袭前人，而加以一番审辨与论定。其言克己与立志，则创辟新义，有未为北宋以来理学诸家所特加重视者。然朱子论心学工夫最要着意所在，则为致知。悬举知识之追寻一项，奉为心学主要工夫，此在宋元明三代理学诸家中，实惟朱子一人为然。欲求致知，则在格物。就理学家一般意见言，心属内，为本。物属外，为末。理学家所重之理，尤在心性方面。心性之理，则贵反求而自得。朱子不然，认为内外本末，须一以贯之，精粗俱到，统体兼尽。此为朱子在一般理学思想中之最独特亦最伟大处。故朱子不仅集北宋以来理学之大成，实欲自此开出理学之新趋。

后人莫不知朱子讲格物，乃于其所讲格物精义，则颇少能继续加以阐发与推进，此乃一大可惋惜之事。此章当略述朱子格物论。

格物之说，最先亦由伊川提出。伊川云："格犹穷也，物犹理也。犹曰穷其理而已矣。穷其理，然后足以致知。欲思格物，则固已近道矣，以收其心而不放也。"朱子于伊川言格物，备极推崇，其言曰："程子之说，切己而不遗于物，本于行事之实，而不废文字之功。极其大而不略其小，究其精而不忽其粗。学者循是而用力焉，则既不务博而陷于支离，亦不径约而流于狂妄。既不舍其积累之渐，而其所谓豁然贯通者，又非见闻思虑之可及。是于说经之意，入德之方，其亦可谓反复详备，而无俟于发明矣。若其门人，虽曰祖其师说，然以愚考之，则恐其皆未足以及此。"朱子虽极推伊川，然追其自立说，其精神意趣，亦实非伊川之说所能范围。此处亦可窥朱子学从伊川之转手处,亦即是朱子学之递年转进处。

朱子言格物,其最后结论,即见于《大学章句》之《格物补传》。今先录《补传》全文如次:"所谓'致知在格物'者,言欲致吾之知,在即物而穷其理也。盖人心之灵莫不有知,而天下之物莫不有理。惟于理有未穷,故其知有不尽也。是以《大学》始教,必使学者,即凡天下之物,莫不因其已知之理而益穷之,以求至乎其极。至于用力之久,而一旦豁然贯通焉,则众物之表里精粗无不到,而吾心之全体大用无不明矣。此谓物格,此谓知之至也。"或讥朱子此处分心与理学为二,不知一体两分,两体合一,此正朱子思想大体系所在,亦是其最着精神处,不得徒以分两说之为嫌。

朱子格物之要旨。一、朱子所论格物工夫,仍属一种心工夫,乃从人心已知之理推扩到未知境域中去。二、人心已知之理,如慈孝,如见牛而发不忍之心等,推扩所至,则礼乐制度治平之道,以及宇宙造化,种种物理现象,皆包在内。三、朱子所论理,认为万理皆属一理,理不离事物,亦不离心。理必寓于事物中,而皆为吾心所能明,所能知。四、人心自然之知,如知慈孝,如知不忍,非即是穷理后之知,必待穷理以后之知,乃始为透底彻骨之真知。五、专务于内,从心求理,则物不尽。专务于外,从物穷理,则心不尽。物不尽,心不尽,皆是理不尽。必心物内外交融,达至于心即理之境界,始是豁然贯通之境界。至是而"众物之表里精粗无不到,吾心之全体大用无不明"。至是而始是理尽。盖从外面言,万理皆属一理。从内面吾心所知之理言,亦将知其皆属一理,乃谓之贯通。故格物是零细做工夫,而致知则是得到了总体。

若从现代观念言,朱子言格物,其精神所在,可谓既是属于伦理的,亦可谓是属于科学的。朱子之所谓理,同时即兼包有伦理与科学之两方面。自然之理,乃由宇宙界向下落实到人生界。人文之理,则须由人生界向上通透到宇宙界。朱子理想中之所谓"豁然贯通",不仅是此心之豁然贯通,乃是此心所穷之理,能到达于宇宙界与人生界之豁然贯通。故朱子特举濂溪《通书》,谓其只是说这一事。盖因朱子心中认为周濂溪乃始是能将宇宙造化与人文治平之两方兼融交尽是于一致,而二程则犹有所未尽。故朱子说格物,虽上承伊川,而其标示格物之终极理想,则必举濂溪以为例。

以上略述朱子论格物,亦可谓乃是朱子言心学工夫之画龙点睛,最后结穴之所在。(下略)

当代学者对《朱子新学案》的评论

陈来氏在《朱子新学案述评》一文中开头说:"一九七一年,钱穆先生出版了他的新著《朱子新学案》。全书共五册,'分篇逾五十','超百万言'。其篇幅之巨,取材之富,为国内朱熹研究著作中所仅见。出版后受到了海内外学术界的关注。本书卷首《朱子学提纲》概括了著者对朱熹的研究和看法,长达二百余页,足以独立成书。全书在每一条目中也都结合整个体系加以评述,又多有对朱熹思想行事的专门考证。这些从深度和广度上都远远超过了旧学案的所谓评案。因此,这部著作既是朱熹思想资料的详细编汇,又是著者的专门研究。……本书的确是朱熹研究的一部比较理想的资料用书。

"本书一个最突出的特点是著者对朱熹思想演变和发展的重视。……本书的优点在于,它能够在每一篇中尽可能地体现著者对这一个问题的重视,特别是对于朱熹前后观点变化较大的思想按历史的发展给以详细说明。……然由此可见著者用力之深。钱先生研究思想史的指导思想虽然以唯心论为主,但能于具体问题上实事求是、苦力用力,在其高年实所不易。惟其如此,使本书作为资料用书,具有很高的价值。……本书的贡献在于,钱先生通过大量引证朱熹赴任同安前后的诗句来研究朱熹早年的思想发展,从而弥补了历来朱熹早年思想研究的不足。……略嫌不足的是著者对朱熹进士之前、进士之后及赴任同安之后几个阶段的思想未能很好地结合起来。

"本书另一特色是全面叙述朱熹的学术成就。……《朱子新学案》的工作是富有成效的。朱熹的思想体系诚如著者所说,'范围广大,涵义精深'。因此,对朱熹的研究要做到'揽其全而得其真'不是一件容易的事。纵观全书,对这部著作我们或许可以做这样一个评价:揽其全或有之,而得其真恐未能也。"(复智案:陈先生这篇《述评》,是在一九八七年二月二十七日下午我到素书楼上钱先生的课时［完全是免费的］，钱师母复印给同学们的，惟文章上面没有印出出处。）

十一月四、五日，《火珠林占易卜国事》，刊于《中央日报》。收入联经《全集》第二十三册及素书楼文教基金会·兰台出版社《中国学术思想史论丛》（十）页一五六页。摘要略。

十一月、十二月《中国史学名著：杜佑〈通典〉》，刊于《文艺复兴》第二十三、二十四期。收入同前出版社《中国史学名著》页一七八～二一四。摘要略。

十二月，《中华民族历史精神》，刊于《中央月刊》四卷二期。收入联经《全集》第二十九册及素书楼文教基金会·兰台出版社《中国历史精神》页一八八。摘要略。

十二月，《读史随札》八则：《宋初社会》、《宋初堕城郭》、《宋代之地方官》、《欧阳修与狄青》、《范仲淹与孙复》、《戚同文与范仲淹》、《陈次升论新法》、《刘元城论荆公》，重刊于《史学汇刊》第四期。收入联经《全集》第三十二册《中国史学发微》。摘要略。

十二月二十日，于日本"大陆问题研讨会"作专题演讲，讲辞《东方历史文化与现代世界》，刊于翌日《青年战士报》；又刊于一九七二年一月一日《中国时报》、一九七二年三月《中国与日本》第一百三十七期、一九七四年十月《国魂》第三百四十七期。收入联经《全集》第二十三册及素书楼文教基金会·兰台出版社《中国学术思想史论丛》（九）页一一一。摘要略。

冬，撰《黄君仲方画展序》。为赵氏宗亲会编纂《宋代历朝帝后遗像集》撰序文。均收入联经《全集》第五十三册《素书楼余沈》。摘要略。

一九七一年 辛亥 七十七岁

1609

一九七二年　壬子　七十八岁

一　国内大事

二月二十一日,美国总统尼克松访问中国大陆。二月二十七日,中共与美国发表《上海公报》。

三月二十一日,蒋中正当选"中华民国第五任总统"。

五月九日,"外交部"就美国政府将于十五日将琉球群岛交付日本及有关钓鱼台列屿一事发表声明,重申我政府本其维护领土完整之神圣职责,绝不放弃对钓鱼台列屿之领土主权。

九月二十九日,"外交部"发表声明宣布与日本断交。

十月三十一日,兴建历时四载,耗资五亿的南部横贯公路全部峻工,正式通车。

二　事略

先生本年续在文化学院历史研究所任教。

三　著述

一月,《中国史学名著:欧阳修〈新五代史〉与〈新唐书〉》,刊于《文艺复兴》第二十五期。收入联经《全集》第三十三册及素书楼文教基金会·兰台出版社《中国史学名著》页二一五。摘要见一九七三年五月所录。

一月,《陆稼书学述》,刊于《故宫图书季刊》二卷三期。收入联经《全集》第二十二册及素书楼文教基金会·兰台出版社《中国学术思想史论丛》(八)页一四八。大意谓:

自晚明诸遗老逝世,而清初理学之风渐熄。然尚有朱、王之争。在诸遗老间,不论述王反王,皆不失其宗邦之恫,有亡国之余悲。继起而尊朱者,则多朝廷显贵,仰承帝王意旨,其制行多为人指摘。而宗王者则多尚气节,不为权势屈抑。清廷于康熙五十一年壬辰,特升朱子配享孔庙;雍正二年甲辰,陆稼书从祠两庑;先后仅隔十二年。上距稼书卒岁则已三十二年。稼书两为县尹,一任谏官,仁宦不达。魏环溪荐疏称其"清操如冰,爱民如子",彭定求序其书,亦谓其"造履严苦,律己服官。一介不取以贞其操,直道而事以遂其志。凛然树乞墦垄断之防,泊然守陋巷箪瓢之素"。《四库提要》称其"操履纯正"。盖其为人,颇自与当时朝贵尊朱者有不同。故清廷崇扬朱子,而特以稼书从祠。

然夷考稼书之为学,于朱学后起中,如黄东发、吴草庐、罗整庵、陆桴亭诸人,深沉博大远不逮。又《四库》馆臣为《提要》,于宋、明理学家言,掎摭无所不至;独于稼书诸作,皆极称道,绝无贬斥。勇于呵先儒,怯于违朝旨,此亦可见《四库》馆臣之为态矣。

其实稼书于朱学,仅为一种《四书》之学而止。朱子生平学问,用力《四书》最深。其指示后学,亦必先《四书》,谓《五经》为可后,诸史百家自当更次。治朱学而特研《四书》,固不为非。特当以《四书》为主,从而求之即可;非谓逐字逐句读《四书》,即为尽学问之能事也。徒解字义,在汉儒为"章句",在明儒为"讲章",显非朱子之学。稼书亦只是明末之讲章家言,又乌得为朱子之正传。

余读稼书书,每感其尽是架空立说,未见着落处,殆因其无真知实见也。稼书论学,实是强不知以为知,徒在字面上掉弄,在朱子则必斥此曰"花言",谓"如今世举子弄笔端做文字者便是"。稼书之所以不脱为一种举业讲章之学者亦正在此。骤视之,若无可非刺。深究之,则空洞无物。此乃理学中一乡愿,而依傍门户以自高。清廷特举以为治朱学者之楷模。宜乎后起诸儒益滋反感,相率以反朱自见,而稼书乃特不为后人所称道。

二月,《中国史学名著:司马光〈资治通鉴〉》,刊于《文艺复兴》第二十六期。收入联经《全集》第三十三册及素书楼文教基金会·兰台出版社《中国史学名著》页二三三。摘要略。

三月，《中国史学名著：朱子〈通鉴纲目〉与袁枢〈通鉴纪事本末〉》，刊于《文艺复兴》第二十七期。收入同前书页二四八。摘要略。

四月，《王道先生碑文》，刊于《新亚生活》十四卷十六期。收入联经《全集》第五十册《新亚遗铎》页六一九。摘要略。

四月，《中国史学名著：郑樵〈通志〉》，刊于《文艺复兴》第二十八期；又刊于一九七九年十一月《大学杂志》第一百二十九期。收入联经《全集》第三十三册及素书楼文教基金会·兰台出版社《中国史学名著》页二六七。摘要略。

五月，《中国史学名著：马端临〈文献通考〉》，刊于《文艺复兴》第二十九期。收入同前书页二八八。摘要略。

六月，《中国史学名著：黄梨洲的〈明儒学案〉，全谢山的〈宋元学案〉》，刊于《文艺复兴》第三十期。收入同前书页三〇六。摘要略。

七月，《中国史学名著：从黄全两学案讲到章实斋〈文史通义〉》，刊于《文艺复兴》第三十一期。收入同前书页三二二。摘要略。

七月，余君英时《方以智晚节考序》，刊于《中国学人》第四期。收入同前出版社《中国学术思想史论丛》（八）页五八〇。大意谓：

晚明诸遗老之在清初，立节制行之高洁、成学著书之精严，影响清代两百六十年，迄今弗衰。惟方以智密之著书虽流传，而行事隐晦不彰，关心诸遗老史迹者，每以为憾。盖密之入清以来，即披剃为僧。不如夏峰、青主辈，虽曰高尚其事，遁匿终身，要是在士林冠带以列；其为学亦不出性理、经、史，虽亦蹊径各别，而承先启后，固同在学术大传统之下。密之则藏身方外，学思言行，不能无殊。轨途既隔，传述遂寡。

志犹合而道则乖，所以有显晦之相歧也。

英时此文之贡献，所谓"发潜德之幽光"，其对于密之生平志节之表扬，以证晚明诸遗老遭际沉痛深哀之一斑，乃及满清异族政权所加于中国传统士气之摧残压迫，不啻是钩画一轮廓，描绘一型态，使后之读者，更益有以想见其时之情况，而不禁穆然以思，惕然以惊，而油然生其对当时诸遗老无穷限之同情；而悼古愍今，亦必有不胜之感慨发乎其间者，则莫如此文最后之《死节考》一章。

《清史稿》密之本传、马其昶《桐城耆旧传》，皆仅记密之卒，不详其遇祸事。康熙十二年重修桐城县志，上距密之卒仅两年，亦不着其罹难死节。此事在当时，殆举世所讳，后人遂少传述；而英时独为搜剔抉发。密之死难在辛亥，英时此文适亦在辛亥，前后适三百年，事之难能与巧合有如此。而英时又推定密之死在惶恐滩一节，更可谓思入微茫，精通玄冥，三百年前人所怀心事，为三百年后人重新发得。所谓浩气之常存，精魄之不散，即此亦略可信矣。

八月十日，《孔孟的心性学》，刊于《中央日报》；又刊于《孔孟月刊》十卷十二期。收入同前出版社《孔子与论语》页三六五。摘要略。

八月，《中国史学名著：章实斋〈文史通义〉》，刊于《文艺复兴》第三十二期。收入同前出版社《中国史学名著》页三四。摘要略。

九月，《理学六家诗钞自序》，刊于《华学月报》第九期。收入联经《全集》第四十六册。摘要略。

九月，《孔子与中国文化及世界前途》，刊于《东吴学报》第二期。收入联经《全集》第四册及素书楼文教基金会·兰台出版社《孔子与论语》页二八五。摘要略。

十一月，《舜的故事》，刊于《国魂》第三百二十四期。此略。

十一月十三日，撰《中国史学名著》之《自序》。收入联经《全集》第三十三册及素书楼文教基金会·兰台出版社《中国史学名著》书前。其文云：

我在一九六九年至一九七一年这两年间，曾为文化学院历史研究所博士班学生开设"中国史学名著"一课程。第一年由听讲者随堂笔记，意欲汇集各本成一讲义，乃其事甚难。一则所记详略互异。并有共同所缺，欲为补入，亦复追忆无从。第二年仍开此课，戴生景贤来旁听，携一录音机，堂下照收录写出，由我删润，遂成此稿。故此稿乃一年之讲堂实录。每堂必标一讲题，然亦有前讲未毕，后讲补述，此稿皆一仍其旧。亦有前后所讲重复，并有一意反复申明，辞繁不杀，此稿均不删削。亦多题外发挥，语多诫劝，此稿皆保留原语。虽非著述之体，然亦使读者诵其辞，如相与謦欬于一堂之上。最先本有"通论读书为学方法"一堂，戴生未加录音，今亦不为补入。然各讲时申此意，读者可自参之。

十二月，《禹的故事》，刊于《国魂》第三百二十五期。此略。

十二月七日，致严耕望一书。收入联经《全集》第五十三册《素书楼余沈》页三九四~三九五。函中有云：

《双溪独语》常在手边，隔旬日，颇自校改一二处，然只在思想义理方面，增一字，改一句，颇自惬意。然此书付印，亦恐未必能多觅解人，学风颓败至此，自己生此时代，亦不能不分负其责。回想晚明诸遗老在清初情形，真如天半峨眉，可望不可即矣。

穆在此有"中国史学名著"一课，其课堂录音，由一台大旁听生录下，据此略删润其字句，顷在校正清样中，一月后可出版。此稿在文化学院《文艺复兴月刊》中先行刊载，乃颇为一辈人注意。大抵正式撰著极难望有读者，只降格作随笔性文字，则较易有人看，此诚大可嗟也。